# 介護保険制度の
# 総合的研究

二木 立

# は し が き

　本書は，私が1995年から2006年までの12年間行ってきた介護保険制度の政策研究と実態調査研究を集大成したものであり，全7章で構成する．今回新たに書き下ろした序章を除く各章は「歴史の証言」として，発表当時の論文をそのまま掲載する．その結果，本書は厚生労働省による介護保険の公式の解説や通史には欠落している重要な事実や視点を多数含んだ「もう1つの介護保険史」になったと自負している．

　序章では，第1章以下の各章の解題を行うとともに，本書の介護保険研究上の意義と限界，社会福祉研究への寄与の自己評価を行う．

　第1章は，里見賢治・伊東敬文氏との共著『公的介護保険に異議あり』（1996年3月）の私の執筆部分であり，私にとっての介護保険論争・研究の原点である．第1節では，介護保険が厚生省の従来の政策・路線の破綻，転換であることを3側面から明らかにした．第2節では介護保険の3つの不公正を批判し，第3節では介護保険に対する3つの過剰な期待が幻想である根拠を示した．第4節では，介護保険の将来予測を行い，それが厚生省の願望通りに制度化された場合には「サービスの普遍性」原則に反する「4段階システム」（公私に限れば2階建て制度）になる危険性を指摘した．最後に，介護保険を少しでもマシな制度にするための，「5つの改善提案」を行った．

　第2章には，介護保険論争がピークに達した1996年に発表した4論文を収録する．第1節では，老人保健福祉審議会「第2次報告」の批判的検討を行うとともに，厚生省の拙速主義を批判し，1年間の国民的議論を行うことを提唱した．第2節では，同審議会「最終報告」の3つの新しさを批判的に検討した．第3節では，介護保険論争の中間総括を行い，法案具体化により決着したと私が考える5つの論点を示した．第4節では，介護保険制度が成立

i

しても老後の不安が決して解消されない理由を示し，改善提案を行った．

第3章には，介護保険制度開始直前の1999～2000年2月に発表した4論文を収録する．第1節では，介護保険制度の全体的評価を述べた上で，介護保険の将来予測を大胆に行った．第2節では，私が概念を確立し全国調査を行った「保健・医療・福祉複合体」（以下，「複合体」）の全体像を示すとともに，それのプラス面とマイナス面を指摘し，介護保険下での「複合体」の展開を予測した．第3節では，居宅介護支援事業者に求められる「公正中立」の在り方について論じた．第4節では，訪問看護ステーションが介護保険の最大の被害者になる根拠を示し，それのサバイバルの2つの条件を示した．

第4章には，介護保険制度開始直後（2000～2002年）に発表した5論文を収録する．第1節では，介護保険制度開始後半年間の現実を検証し，それを踏まえた介護保険の3つの改革課題を提起した．第2節では，介護保険開始1年間の現実に基づいて，介護保険開始前に語られていた3つの夢・目的を点検した．第3節では，訪問介護の主役が長期的には介護福祉士になることを示した．第4節では，京都府の介護保険指定事業者の実態調査の結果を示し，それの約4割が「複合体」を中核とした私的医療機関を設立母体とすることを示した．第5節では，医療・福祉施設の連携か「複合体」化かという二者択一的な見方を批判し，両者は対立物ではなく連続していることを示した．

第5章には，2005年の介護保険制度改革前後に発表した2論文を収録する．第1節では，制度改革の方向を2004年時点で簡単に予測した．第2節では，介護保険制度改革の切り札とされた「新予防給付」（介護予防）の医学的・経済的効果についての文献レビューを行い，介護予防による介護・医療費の抑制効果を実証した研究は皆無であることを明らかにした．

補章には2つの論文を収録する．「わが国の高齢ケア費用」では，医療経済学の視点から，高齢者ケア費用に関する5つの代表的な「神話」を検討し，それらが事実に反することを示した．「日本の介護保険制度と病院経営」は大韓リハビリテーション医学会での講演録であり，日本の介護保険制度と

「複合体」の歴史と現状を概観した．合わせて，先進国中もっとも類似している日本と韓国の病院制度の比較も行った．

本書の介護保険研究上の意義は4つある．第1は，介護保険制度が提唱された直後から12年間にわたって，同制度創設と改革の問題点および制度開始前後の現実を，継続的かつ包括的に研究した初めての，しかも「生きた」研究なことである．

第2は，厚生労働省の非公式文書や担当者の発言を徹底的に発掘し，それらと公式文書との異同を詳細に検討することにより，介護保険制度創設に至る政策形成のプロセスを明らかにしたことである．

第3は，介護サービス提供組織の実態調査を独自に行い，それの主役は社会福祉法人あるいは営利企業であるとの介護保険開始前の通説を否定し，それの隠れた主役である「複合体」の全体像を明らかにしたことである．

第4は，従来別々の研究者によりバラバラに行われていた，介護保険についての政策研究と実態調査研究をはじめて統合したことである．

介護保険制度は，2006年の改正介護保険法施行以降，迷走・混迷を深めている．それだけに，本書が介護保険（保障）制度の歴史と現状を広い視野から再検討し，それの立て直しを考える一助になることを期待している．

　2007年1月

二　木　　立

# 目　　次

はしがき　i

## 序　章　もう1つの介護保険史 …………………………………………1

　　1　各章の概要／2　本書の介護保険研究上の意義と限界
　　／3　本書の社会福祉研究への寄与

## 第1章　介護保険論争の原点 ……………………………………19

　はじめに …………………………………………………………19

　第1節　公的介護保険は厚生省の政策・路線の3つの破綻，
　　　　　転換を示す ………………………………………………21

　　1　福祉政策の破綻／2　医療政策の破綻／3　財源調達
　　方式の転換

　第2節　公的介護保険の3つの不公正 …………………………26

　　1　社会保険方式一辺倒の議論は不公正／2　「高齢者以
　　外の障害者」排除は不公正／3　公的介護保険をめぐる情
　　報操作は不公正

　第3節　3つの公的介護保険「打ち出の小槌」論 ……………44

　　1　第1の打ち出の小槌論／2　第2の打ち出の小槌論／
　　3　第3の打ち出の小槌論

　第4節　公的介護保険の将来予測 ………………………………50

　　1　厚生省が社会保険方式に固執する5つの理由／2
　　「サービスの普遍性」原則に反する「4段階システム」が
　　形成される危険／3　公的介護保険が医療に与える影響の
　　予測

　おわりに …………………………………………………………58

v

第2章　介護保険法成立前の論争と中間総括 …………………………67

　第1節　老人保健福祉審議会「第2次報告」のもう1つの

　　　　　読み方 ……………………………………………………67

　　　はじめに／1　「最悪」の社会保険制度になる危険／2
　　　「拙速主義」をやめ、1年間の国民的議論を／おわりに

　第2節　老人保健福祉審議会「最終報告」の3つの新しさ …88

　　　はじめに／1　第1の新しさ／2　第2の新しさ／3　第
　　　3の新しさ／おわりに

　第3節　介護保険論争の中間総括 ………………………………105

　　　はじめに／1　第1の論点／2　第2の論点／3　第3の
　　　論点／4　第4の論点／5　第5の論点／6　介護保険法
　　　案の国会提出はなぜ見送られたか？／おわりに

　第4節　公的介護保険法が成立しても老後の不安が決して

　　　　　解消されない理由 …………………………………………116

　　　1　介護保険法案のままでは手続きが煩雑すぎる／2　サ
　　　ービス給付が医療保険より限定される／3　低所得老人は
　　　サービスを利用できなくなる／4　老後の不安をなくすた
　　　めの改善策とは

第3章　介護保険開始直前の評価・予測と

　　　　保健・医療・福祉複合体 ………………………………………121

　第1節　介護保険の全体的評価と将来予測 ……………………122

　　　はじめに／1　介護保険の全体的評価／2　介護保険の将
　　　来予測

　第2節　保健・医療・福祉複合体の功罪 ………………………139

　　　はじめに／1　保健・医療・福祉複合体の全体像／2　保
　　　健・医療・福祉複合体の功罪／3　介護保険下の保健・医療・
　　　福祉複合体の展開／おわりに

　第3節　居宅介護支援事業者の「公正中立」と利用者

　　　　　　　　　　　　　　　　　　　　　　　　　　　目　　次

　　　「囲い込み」を考える ……………………………………153
　　　はじめに／1　保健・医療・福祉複合体と利用者の「囲い込
　　　み」／2　厚生省自身が「囲い込み」を事実上奨励／3
　　　白澤政和氏の新しい提案／おわりに

　第4節　介護保険下における訪問看護ステーション …………157
　　　はじめに／1　「訪問看護は介護保険の最大の『被害者』」
　　　の理由／2　小山秀夫氏の訪問看護ステーションに対する
　　　「期待と確信」の検討／3　訪問看護ステーション「サバ
　　　イバル」の条件

第4章　介護保険制度開始直後の検証 ……………………………169
　第1節　介護保険施行半年間の現実と改革課題 ………………170
　　　はじめに／1　介護保険開始後の3つの現実／2　介護保
　　　険の3つの改革課題／おわりに

　第2節　介護保険開始後1年の点検 ……………………………186
　　　はじめに／1　老人医療費の削減は目標の半分／2　在宅
　　　サービス利用は低調で施設需要が急増／3　大手介護事業
　　　者の挫折と私的医療機関の進出／おわりに

　第3節　訪問介護の主役は長期的には介護福祉士 ……………195
　　　1　世界的に最高水準の介護福祉士の教育／2　現在の介
　　　護報酬では人材確保は難しい／3　介護保険は各職種の領
　　　地争いの場ではない／4　経営が成り立つのは事業者間の
　　　連携か複合化／5　専門職は給与が保証されれば在宅に向
　　　かう

　第4節　京都府の介護保険指定事業者の実態調査 ……………200
　　　はじめに／1　調査方法／2　調査結果／3　考察

　第5節　医療・福祉の連携か複合か ……………………………225
　　　はじめに／1　連携と「複合体」は対立物ではなく連続／
　　　2　本格的に地域ケアに取り組むと「複合体」化／3　介
　　　護保険は地域での連携を阻害し「複合体」化を促進／おわ
　　　りに

　　　　　　　　　　　　　　　　　　　　　　　　　　　　　　vii

目　次

# 第5章　2005年介護保険制度改革と新予防給付 ……………233

## 第1節　2005年介護保険制度改革の方向 ……………233

## 第2節　新予防給付の行方 ……………237

はじめに／1　厚生労働省発表の介護予防効果の文献集等の検証／2　厚生労働省の文献集には含まれていない重要文献／3　新予防給付の導入により介護費用が大幅に抑制できるとの厚生労働省の試算／おわりに

# 補　章 ……………255

## 1　わが国の高齢者ケア費用 ……………255

## 2　日本の介護保険制度と病院経営 ……………269

初出一覧　283

関連著書・論文一覧　285

図表一覧　289

あとがき　291

事項索引　293

人名索引　303

# 序　章　もう1つの介護保険史

## はじめに

　本書『介護保険制度の総合的研究』は，私が1995年から2006年までの12年間行ってきた介護保険に関する政策研究と実態調査研究を集大成したものである．

　私は，旧厚生省（2001年から旧労働省と統合し厚生労働省）の研究会が公式に介護保険の創設を提唱した直後の1995年3月から，2000年4月の介護保険制度創設を経て，2006年4月に改正介護保険法が施行されるまで，介護保険に対する「批判派」——ただし全否定派ではなく，「厳しい注文派」あるいは「条件付反対派」——の視点から，厚生労働省が時々に発表した公式・非公式の文書・情報の分析，介護保険制度開始前後の現実の検証，それぞれの時点での「客観的」将来予測，および介護保険制度の弊害を少しでも軽減するための改革提案を行ってきた．

　本書には，この間発表した55論文（講演録やインタビュー，対談・座談会等は除く）のうち主要18論文を発表時期とテーマごとに5つの章と補章に整理して収録すると共に，本序章でそれらの「解題」を行った．元論文の収録にあたっては，誤植の訂正と表記法の統一を行ったが，各論文は「歴史の証言」として，内容の変更は敢えて行わなかった．その結果，本書は，厚生労働省による介護保険の公式の解説や通史には欠落している重要な事実や視点を多数含んだ「もう1つの介護保険史」になったと自負している．

　本序章では，まず第1～5章と補章の構成と概要を示す．ここでは，各論文を書いた背景や書ききれなかったこと等についても簡単に説明する．次に本書の介護保険研究上の意義と限界について述べる．最後に本書の社会福祉研究への寄与についての自己評価を行う．本章の最後には，「介護保険制度

序　章　もう１つの介護保険史

創設・改正の動きと本書収録論文等との対応」を示す**表**を付ける．

## 1　各章の概要

### 第1章　介護保険論争の原点

　本章は，里見賢治氏と伊東敬文氏とともに1996年３月に出版した『公的介護保険に異議あり』の私の執筆部分（第２部「公的介護保険の問題点」）である．厚生省の高齢者介護・自立支援システム研究会が1994年12月に報告書「新たな高齢者介護システムの構築を目指して」を発表し，公的介護保険（正確には，社会保険方式による新介護システム）の創設を提唱した直後から，突然，マスコミや厚生省系研究者による公的介護保険早期導入の大合唱が始まった．それに対して，私は1995年３月に論文「公的介護保険一辺倒の議論に異議あり」を発表して以降，公的介護保障を拡充する立場から，公的介護保険批判の論陣をはった．本章は，1996年２月までに発表した４つの論文を統合したものであり，私にとっての介護保険論争・研究の原点となった．なお，「公的介護保険」は公式用語ではなく通称であったが，1995〜1996年には，厚生省関係者を含めて，広く用いられていた．

　第１節では，公的介護保険が厚生省の従来の政策・路線の破綻・転換であることを以下の３側面から明らかにした：①福祉政策の破綻，②医療政策の破綻，③財源調達方式の転換．

　第２節では，公的介護保険の３つの不公正として，①社会保険方式一辺倒の議論，②高齢者以外の障害者の排除，③公的介護保険をめぐる情報操作をあげて，批判した．③については，情報提供の不十分さ，意図的な情報操作，偽りの情報提供の具体例をあげて批判し，情報操作が長期的には厚生行政への不信を産むことを警告した．

　第３節では，公的介護保険に対する３つの過剰な期待——①介護費用の財源が急増，②24時間対応の在宅ケアが急速に普及，③医療費の枠が広がる——を「打ち出の小槌論」と呼び，それらが幻想である根拠を示した．

　第４節では，厚生省が社会保険方式に固執する５つの理由を示した上で，

2

序 章 もう１つの介護保険史

公的介護保険の将来予測を行い，それが厚生省の願望通りに制度化された場合には「サービスの普遍性」原則に反する「４段階システム」（公私に限定すれば，「２階建て制度」）になる危険性を指摘した．

最後に，高齢者ケア拡充の財源調達方式としては，社会保険方式よりも公費負担方式の方が優れていると私が考えているにもかかわらず，公的介護保険導入に「絶対反対」の立場はとらない理由を説明した上で，公的介護保険を少しでもマシな制度にする——社会保険方式の弊害を軽減し，社会的に一番弱い人々（貧しい人々や重度の障害をかかえている人々）が不利な扱いを受けないようにする——ために，以下の「５つの改善提案」を行った．

①無保険者が発生しないような制度的仕組みを導入する．②サービス受給者を高齢者に限定せず，「高齢者以外の障害者」を含む．③低所得者の利用を抑制しないように，利用料はできるだけ低く設定すると同時に，医療の「高額療養費制度」と同種の自己負担の上限額を設ける．しかも，医療保険と介護保険の自己負担上限額の「プール制」を導入する．④「重度の障害を持つような高齢者や１人暮らしで介護が必要な高齢者」に対応する「24時間対応を基本とした在宅サービス」給付を明記する．⑤在宅介護の給付を先行し，高齢者ケア施設の「一元化」や「一元的運用」は，関係者・国民の完全な合意が得られるまで先送りする．

## 第２章　介護保険法成立前の論争と中間総括

本章には，介護保険論争がピークに達した1996年に発表した４論文を収録した．

第１節では，老人保健福祉審議会が1996年１月に発表した「新たな高齢者介護制度について（第２次報告）」の批判的検討を行った．ここではまず，「第２次報告」に沿って介護保険制度が創設された場合には，社会保険方式の枠内で「最悪の制度」になるため，反対せざるをえないと私が考えるに至った以下の７つの理由を示した：①定額保険料は究極の逆進的負担，②事業主負担が法定化されない可能性，③利用者負担が急増，④社会的入院の事実

上の認知，⑤「若年障害者」を排除しながら現役世代から「負担金」を徴収するのは社会保険原則の自己否定，⑥老人介護施設の事実上の削減を予定，⑦基本理念に「高齢者自身の自立・自助を基本」とすることを密輸入（ただし，その後，①の定額保険料は5段階保険料となり，②の事業主負担は法定化された）．さらに，1997年度から介護保険制度を導入するとの厚生省の拙速主義と，「介護は待ったなし」・「老人は待てない」等の情緒的議論を批判し，1年間の国民的議論を行うことを提唱した．

　なお私は，老人保健福祉審議会「第2次報告」が発表されるまでは，介護保険制度そのものに対する賛否は保留しており，「厳しい注文派」と自称していたが，これが発表されてからは，厚生労働省が目指している介護保険制度には明確に反対するようになった．ただし，社会保険方式そのものに対する「絶対反対派」とは一線を画し，「条件付き反対派」の立場をとった．具体的には，公費負担方式に基づく最良の制度の実現可能性が短期的にはないため，「次善の策」として，社会保険方式により財源調達することには「消極賛成」するが，介護保険法案には反対であり，それの拙速成立に「大反対」するとともに，具体的な改善提案を行った（第3章第1節の「はじめに——介護保険に対する私の基本的立場」参照）．

　**第2節**では，老人保健福祉審議会が1996年4月に発表した「高齢者介護保険制度の創設について（最終報告）」の以下の3つの新しさを批判的に検討した：①公私2階建て・公私混合の介護保険制度，②保険料・負担金未納者に対する「厳格なペナルティ措置」の導入，③医療保険に比べてはるかに利用しにくい．③に関連して，要介護認定と機械的なケアプランの作成は「ムダの制度化」（都留重人氏）であることを指摘した．なお，①に関連して，私は「最終報告」の文面から，介護サービスの公定料金（介護報酬）が設定されず，介護サービス価格は自由化される可能性があると判断したが，これは私の「深読み」であり，最終的に介護報酬は設定された．

　本節では，合わせて介護保険が早晩財政破綻に陥ると私が考える次の3つの根拠を示した．①厚生省の介護費用の将来推計は過小推計．②定額保険料

では将来にわたって必要な財源が確保できない．③上述した「ムダの制度化」のために，直接的な介護サービス以外の支出が急増する．

**第3節**では，厚生省が1996年4〜6月に「介護保険制度試案」・「同修正試案」・「介護保険制度大綱」を矢継ぎ早に発表したことにより介護保険制度の骨格が固まったことを受けて，介護保険論争の中間総括を行い，法案具体化により決着したと私が考える以下の5つの論点を示した：①介護保険は現在の要介護老人のための緊急対策ではない，②「老人」介護保険制度の根本的矛盾が維持不可能になった，③介護保険は老人医療費対策にはならない，④介護保険は「医療保険の介護版」ではない，⑤社会保険方式美化の根拠が崩れた．合わせて，介護保険法案の1996年通常国会への上程が見送られた要因を検討した．

なお，介護保険法の成立は，1996年に生じた厚生省の2大不祥事（薬害エイズ裁判をめぐる厚生省の組織的証拠隠しの発覚と岡光事務次官・社会福祉法人彩グループによる「福祉汚職」事件）により，当初予定より大幅に遅れ，1997年12月にずれ込んだが，法の大枠は「介護保険制度大綱」と同じである．

**第4節**は『日本の論点'97』に発表した一般読者向けの小論文であり，介護保険制度が成立しても老後の不安が決して解消されない以下の3つの理由を簡潔に示した：①手続きが煩雑すぎる，②サービス給付が医療保険より限定される，③低所得老人はサービスを利用できなくなる．その上で，これらの不安を少しでも減らすための次の3つの改善提案を行った．①要介護認定及びそれに基づいた介護給付額の上限設定は導入せずに，厚生省は要介護度別の「サービスモデル」を「ガイドライン」として示すにとどめる．②各介護サービスの公定価格（介護報酬）を地域単位で設定し，ケアマネジメントで必要と判断されたサービスに関しては差額徴収を禁止する．③入所施設だけでなく訪問看護ステーションへの営利企業の参入を認めない．これは第1章で行った「5つの改善提案」の補足提案である．

序　章　もう1つの介護保険史

## 第3章　介護保険開始直前の評価・予測と保健・医療・福祉複合体

　本章には，介護保険制度開始直前の1999年〜2000年2月に発表した4論文を収録した．

　第1節では，まず介護保険に対する私の基本的・複眼的立場を示した上で，介護保険制度の全体的評価を以下のように3点述べた：①単なる福祉立法ではなく実態は「老人長期ケア保険」，②「社会保障構造改革具体化の第一歩」（これには3つの意味がある），③「介護保険は医療保険の介護版」ではない．さらに，以下のように介護保険の将来予測を大胆に行った．①介護保険「制度」は短命で，5〜10年で「高齢者医療・介護保険」に再編成される．②「加齢条項」は削除されない．③現金給付は導入されない．④北欧並みの介護は実現しない．⑤医療施設と福祉施設の競争が激化し，保健・医療・福祉複合体が勝者となる反面，営利企業の医療・福祉分野への参入は限定的にとどまる．補注では，介護保険の実施目前の1999年11月に政府が実施した「特別対策（介護保険法の円滑な実施に向けて）」の3つの背景を指摘した．

　第2節では，医療機関（病院・診療所）の開設者が同一法人または関連・系列法人とともに，保健・介護施設のいくつかを開設して，保健・医療・福祉サービスを一体的に提供しているグループを保健・医療・福祉複合体（以下，「複合体」）と命名して，1996〜1998年に行った全国調査に基づいて，「複合体」の全体像を示した．それにより，従来医療・福祉関係者はもちろん行政担当者にもまったく知られていなかった意外な事実を明らかにした．例えば，一般には典型的な福祉施設と思われている特別養護老人ホームや在宅介護支援センターのそれぞれ3割，5割が医療機関を設立母体としている（つまり「複合体」に所属する）こと，病院と老人保健施設と特別養護老人ホームの「3点セット」を開設している「複合体」が全国に259グループも存在することである（いずれも1996年現在）．次に，「複合体」の経営面の効果と患者・利用者にとっての効果を示した後に，以下のような4つのマイナス面を指摘した：①地域独占（患者・利用者の囲い込み），②「福祉の医療化」による福祉本来の発展の阻害，③クリーム・スキミング（利益のあがる分野への集中）に

よる利潤極大化，④中央・地方政治家・行政との癒着．

　最後に，介護保険下での「複合体」の展開を予測した．ここでは，介護保険が「複合体」への追い風になる以下の4つの理由を示した上で，今後「複合体」の多様化が進むと予測した．①介護保険では従来別々に給付されていた医療サービスと介護サービスの給付が一体化され，しかも要介護度ごとに給付費総額に上限が設けられる．②特別養護老人ホームの性格が一変する．③医療保険の出来高払い制度の下で他施設との競争や経営合理化に習熟している「複合体」は，措置制度に守られて経営努力をほとんど必要としなかった社会福祉法人に比べて，経営能力・人材の厚さという点ではるかに勝っている．④要介護者の発掘・確保の点で，「複合体」は福祉施設に比べて，圧倒的に有利になる．補注では，「複合体」や医療機関の「複合体」化戦略に対する3つの否定論について検討した．

　第3節では，「複合体」で問題となっている利用者の「囲い込み」にはマイナス面だけでなくプラス面もあることを示した上で，意外なことに厚生省自身がそれを事実上奨励していることを明らかにした．さらに，白澤政和氏の新しい提案（1999年）も踏まえて，居宅介護支援事業者に求められる「公正中立」の在り方について論じた．

　第4節では，日本看護協会等が描く「バラ色の未来」とは逆に，訪問看護ステーションが介護保険の最大の被害者になると私が予測した根拠を示した．私は，介護保険構想が明らかにされた直後の1996年にすでにそのことを指摘していたのだが，本節では2000年初頭の情報に基づいて，そのことを再確認した．次に，小山秀夫氏があげた訪問看護ステーションに対する4つの「期待と確信」の妥当性を個別に検討した．最後に，訪問看護ステーション・サバイバルの2つの条件（居宅介護支援事業の併設と在宅総合ケア施設化）を示した．


## 第4章　介護保険制度開始直後の検証

　本章には，介護保険制度開始直後（2000〜2002年）に発表した5論文を収

序　章　もう1つの介護保険史

録した．

　第1節では，まず介護保険制度施行後半年間の現実を検証し，以下の3点を明らかにした：①サービス利用の絶対的・相対的抑制，②介護支援専門員が給付管理に忙殺，③大手介護ビジネスの大苦戦．ここで，①の「絶対的抑制」・「相対的抑制」とは，私の造語であり，それぞれ，制度開始まで「無料または低額の在宅サービスを受けていた低所得者が，1割の利用料の導入により，サービス利用量を削減していること」，「1割の利用料により，低所得者だけでなく，大半の要介護者・要支援者が，要介護度別の支給限度額と比べてはるかに少額のサービスしか利用していないこと」である．さらにこの現実を踏まえて，介護保険の改革課題として，①低所得者の利用料・保険料の減免，②要介護認定システムの廃止，③医療施設の自己改革の3つを提起した．③では，介護保険開始後，厚生省が「複合体」育成に方針転換したとの意外な事実も示した．

　第2節では，介護保険開始1年間の現実に基づいて，介護保険開始前に語られていた3つの夢・目的を点検し，以下の3点を明らかにした：①老人医療費の削減は目標の半分，②在宅サービス利用は低調で施設需要が急増，③大手介護事業者の挫折と私的医療機関（特に「複合体」）の進出．

　第3節では，介護保険の訪問介護の担い手がヘルパーとの通説は誤りであり，訪問介護の主役が長期的には介護福祉士になることを簡単に示した．

　第4節では，介護保険制度開始直後（2000年8月）の京都府の介護保険指定事業者の実態調査の結果を示した．これは，介護保険指定事業者の都道府県レベルでの初めての全数調査であり，しかも名目的な開設者ではなくそれの設立母体にまで遡って調査した．この調査により，介護保険事業者数でも，介護給付費割合でも，入所施設を開設している「複合体」を中核とした私的医療機関が設立母体となっている事業者が総数の6割前後を占め，社会福祉法人や営利法人を圧倒していること，および私的病院の8割，私的診療所の4分の1が介護保険の指定事業者になっていることを明らかにした．これにより，第3章第1・2節で介護保険開始前に行った，介護保険の勝者は「複

序　章　もう1つの介護保険史

合体」という私の予測が，少なくとも事業者数・介護保険給付費の点から，確認できたと言える．

第5節では，まず介護保険制度開始後も一部で根強くみられる，医療・福祉施設の連携か「複合体」化かという二者択一的な見方を批判し，両者は対立物ではなく連続していることを指摘した．次に，病院だけでなく診療所も本格的に地域ケア・在宅ケアに取り組もうとすると「複合体」を形成する必要にせまられることを，「在宅ケアを支える診療所全国ネットワーク」会員診療所の実態調査に基づいて明らかにした．最後に，介護保険制度が地域での連携を阻害し「複合体」化を促進することを指摘した．

## 第5章 2005年介護保険制度改革と新予防給付

本章には，2005年の改正介護保険法成立前後に発表した2論文を収録した．

第1節では，2005年の制度改革の方向を2004年時点で簡単に予測した．ここでは，まずそれが介護保険給付費の急増を抑制するため，保険給付範囲を縮小・制限し，利用者負担を増やす「夢も希望もない」改革であることを示した上で，見落としてならないこととして以下の2点を指摘した．①厚生労働省はあくまで保険給付費の伸び率の抑制を目的としており，介護給付費の実額が今後も増加し続けることは容認している．②2種類のサービス（新予防給付と小規模・多機能型サービス）が新たに制度化される．その上で，介護保険制度改革は「複合体」への第2の追い風になると私が判断する2つの根拠を示した．それらは，①制度見直しの目玉とされた「新・予防サービス」は医療的色彩が強いこと，②新たなサービス体系の確立で，「医療と介護の関係」の強化が，多面的に強調されていることである．

なお，私は，2004年12月11日に開催された社会政策学会保健医療福祉部会シンポジウム「介護保険制度の見直しと介護サービスマネジメント」の特別報告で，「新・予防給付」・「予防重視型システムへの転換」に対する理念的疑問として，次の2点をあげた．①2003年6月の高齢者介護研究会報告「2015年の高齢者介護」では，「自立支援」から「高齢者の尊厳（を支えるケ

9

ア）」への転換が強調されたが，2004年7月の社会保障審議会介護保険部会「介護保険制度の見直しに関する意見」では，これが消失した．これは，介護保険制度改革の理念面での後退である．②介護保険制度改革で予定されている予防の強制は介護保険制度の理念に反し，ナチスの「義務としての健康」[1]を連想させる．これは決して杞憂ではなく，中村秀一老健局長は「がん検診未受診者にペナルティも検討」すると明言している[2]．ただし，私の怠慢でこの報告はまだ論文化できていない．

第2節では，軽度者への介護サービスの急増が介護給付増加の主因であるとの通説が事実に反することを示した上で，介護保険制度改革の目玉・切り札とされた「新予防給付」（介護予防）の医学的・経済的効果についての文献レビューを行った．それにより，介護予防のうち，施設入所者（主として重・中等度の要介護者）を対象にした口腔機能向上と栄養改善，および運動機能訓練による下肢筋力・歩行機能の向上については，「厳密な意味でのエビデンスが得られている」と言えるが，地域居住の軽度者に対する口腔機能向上と栄養改善の効果，および運動機能訓練による ADL または QOL の改善効果については，「厳密な意味でのエビデンスが得られている」とは言えないこと，しかも，なんらかの介護予防による介護・医療費の抑制効果を実証した研究は皆無であることを明らかにした．さらに，新予防給付の導入により介護費用が大幅に抑制できるとの厚生労働省の試算の根拠と妥当性を検討し，それが非現実的な仮定に基づいており，「介護予防対策が相当進んだ」段階でも，費用削減効果は期待できないことを示した．最後に，以上の検証・検討を踏まえて，長期的な健康増進効果のエビデンスも，介護費用抑制のエビデンスもない介護予防の推進を前提にして，今後の「介護給付費の見通し」を立てるのは，危険かつ無責任であると批判した．


補　章

補章には2つの論文を収録した．

最初の「わが国の高齢ケア費用」では，医療経済学の視点から，高齢者ケ

ア費用（医療費・介護費）に関する以下の5つの代表的な「神話」を検討し，それらが事実に反することを示した．これらのうち，③〜⑤は介護保険論争時にも，まことしやかに主張されたため，本書に収録した．

①人口高齢化によりわが国の医療費は急増する，わけではない．

②わが国の老人の1人当たり医療費は若人の5倍で世界一高い，わけではない．

③「終末期医療の在り方」の見直しにより老人医療費の抑制が可能，ではない．

④老人の社会的入院を解消すれば医療費は抑制できる，が福祉費はそれ以上に増加する．

⑤在宅ケアを拡充すれば施設ケアは減らせる，わけではない．

　2番目の「日本の介護保険制度と病院経営——保健・医療・福祉複合体を中心に」は，2005年10月に韓国ソウル市で開催された大韓リハビリテーション医学会年次総会で，韓国のリハビリテーション医療施設開設医を対象に行った講演に加筆したものである．まず，日本の介護保険制度について，制度の本質，制度創設の目的，制度創設後5年間の変化，2005年の法改正の特徴について，概括的に述べた．次に，日本と韓国の病院制度の簡単な比較を行い，両国の制度は先進国（OECD加盟国）中もっとも類似しているが，違いも少なくないことを指摘した．第3に，日本で介護保険制度創設前後から急増している「複合体」について，それの定義，実態，出現した制度的理由，功罪，介護保険制度が複合体への強い追い風になる理由，および「複合体」の新たな展開形態について述べた．最後に，介護保険制度下の医療機関の2つの選択とリハビリテーション医療施設・専門職の責務について，問題提起した．ここでは，日本の介護保険制度と「複合体」のプラス面とマイナス面の両面を指摘した．

## 2　本書の介護保険研究上の意義と限界

　次に本書の介護保険研究上の意義と限界を述べたい．まず，私の考える意

序　章　もう1つの介護保険史

義は以下の4つである．

第1の意義は，介護保険制度が提唱された直後の1995年から2006年までの12年間にわたって，同制度創設と改革の問題点および制度開始前後の現実を，継続的かつ包括的に研究した初めての研究なことである．しかも，「後知恵」的な研究ではなく，制度創設・改革の節目節目で発表した「生きた」研究であり，「はじめに」でも述べたように，各論文（章・節）が「歴史の証言」になっていると言える．しかも，現時点で再評価しても，その時々の評価と将来予測の大半が妥当だったと自己評価している．

第2の意義は，多くの政策研究が，厚生労働省等の公式文書の分析に終始するのと異なり，本研究では厚生労働省の非公式文書や担当者の発言を徹底的に発掘し，それらと公式文書との異同を詳細に検討することにより，介護保険制度創設に至る政策形成のプロセス（厚生労働省の試行錯誤を含む）を明らかにしたことである．ここで特に強調したいことは，厚生労働省が発表したデータ・数値を鵜呑みにせずに厳密に検証し，それにより厚生労働省による意図的な情報操作や偽りの情報提供を明らかにしたことである．

第3の意義は，介護サービス提供組織の実態調査を独自に行い，それの主役は社会福祉法人あるいは営利企業であるとの介護保険開始前の通説の誤りを明らかにしたことである．具体的には，まず介護保険制度開始前に，従来まったく見落とされていた医療機関の保健・福祉分野への進出（「複合体」化）の実態を全国調査により初めて明らかにした（それの原著論文である『保健・医療・福祉複合体』[3]は1999年に社会政策学会奨励賞を受賞した）．次に，介護保険制度開始直後に，京都府の介護保険事業者の全数調査を，事業者の設立母体にまで遡って行い，私の介護保険開始前の予測通りに，介護保険の勝者が「複合体」であることを明らかにした．

第4の意義は，介護保険についての政策研究と実態調査研究をはじめて統合したことである．従来，介護保険の政策研究と実態調査研究は別々の研究者によりバラバラに行われることがほとんどであった．それに対して，本研究では私自身が同じ課題意識から政策研究と実態調査研究を行った結果，両

序　章　もう1つの介護保険史

者を統合することが可能になった．

　と同時に本研究には限界・弱点もある．最大の限界は，第1の意義で述べた，制度創設・改革の節目節目で発表した「生きた」研究であることから来る限界であり，各時点での評価や「客観的」将来予測の中に，結果的に誤りとなったものがいくつかあることである．

　**最大の誤り**は，第3章第1節2の介護保険の将来予測の冒頭で，「介護保険は『制度』としては，ごく短命あるいは『過渡的』制度」であり，「最短5年〜遅くとも10年以内に，当初2000年に創設予定だった高齢者医療制度と統合され，『高齢者医療・介護保険制度』に再編成される」と断定的に予測したことである．今からふり返っても，2000年前後には，このような統合・再編案が最有力だったと私は判断している．その根拠は第3章第1節で詳述したし，第2章第2節の最後で紹介したように，介護保険制度開始前は，栃本一三郎氏や広井良典氏等，厚生行政に精通した研究者も介護保険は「ワンステップ」，「過渡的な産物」と見なしていた．

　しかし，この可能性のみに注目して，介護保険制度と障害者施策との統合というもう1つのシナリオがあることにまったく言及しなかったのは，一面的であった．それに対して，藤田伍一氏は介護保険制度開始2年前の1998年に，先駆的に「介護保険の将来展望として2つのシナリオ」があることを明示していた[4]．私は，現時点では，介護保険制度が高齢者医療・介護保険制度に再編成される可能性はほとんどなくなったと判断している．

　それ以外の個々の評価や予測で，その後誤りであることが判明したものについては，後に発表した論文（章・節）または本章で訂正したので，省略する．

## 3　本書の社会福祉研究への寄与

　最後に本書の社会福祉研究への寄与について述べたい．いくつかの元論文（章・節）でも明記したように，本研究は私の専門とする医療経済学と医療政策研究（医療経済・政策学）の視点と方法を用いて行ったものである．しか

13

序　章　もう1つの介護保険史

し，本書は医療経済・政策学研究の枠を超えて，社会福祉研究（特に福祉政策研究）にも寄与しえていると自負している．私の考える寄与は以下の4つである．

**第1の寄与**は，介護保険制度の創設を社会保障制度改革全体のなかで位置づけるとともに，それと医療制度改革とが一体的に行われることを明らかにしたことである．それに対して，従来の福祉研究（少なくとも介護保険論争初期のもの）では，介護保険法を狭く福祉立法と理解し，介護保険制度創設を福祉制度改革の枠内で検討するものが多かったと，私には思われる．

**第2の寄与**は，介護保険制度を財源調達面からだけでなく，介護サービス提供組織の面からも詳しく検討したことである．そのために膨大な実態調査を行ったことは上述した．このような研究方法は，医療制度の研究は医療保険（保障）制度と医療提供制度の両面から行うという医療経済・政策学の研究方法を応用したものである．それに対して，従来の福祉研究では，介護保険制度に限らず，財源調達とサービス提供組織の検討が別個に行われており，しかも後者の研究の大半は事例研究か対象を社会福祉法人に限定しているように，私には思われる．

**第3の寄与**は，政策研究と実態調査研究に基づいて，介護保険制度そのものと介護サービス提供組織の「客観的」将来予測に挑戦したこと，およびその予測の妥当性を常に検証したことである．ここで「客観的」将来予測とは，私の価値判断は棚上げして，現在の諸条件が継続すると仮定した場合，今後生じる可能性・確率がもっとも高いと私が判断していることである．

介護保険制度そのものの予測については，上述したような誤りも犯したが，介護保険制度構想が発表された直後で，まだそれに対するバラ色の夢が語られていた1995年3月の時点で，それが公私「2階建て制度化」する危険性を指摘した[5]．ちなみに，私はその前年の1994年から，厚生省が「医療・福祉・年金改革の共通戦略」として「中間層（中所得層）のニーズにこたえる2階建て制度」の確立を展望していると判断していた[6]．

介護サービス提供組織の「客観的」将来予測については，介護保険制度開

14

始前に行った，「複合体」が勝者になるとの私の予測は，制度開始後の現実によって証明されたと言える．それに対して，従来の福祉研究で「客観的」将来予測が行われることはほとんどなく，それがなされているようにみえる場合にも厚生労働省の計画の無批判な解説に終わっているものがほとんどだったと，私には思われる．

なお，私の医療政策の将来予測の視点と方法については，別に詳しく論じた[7]．そこで述べた方法の大半は，福祉政策の将来予測を行う上でも有効と思われるので，参照されたい．

**第4の寄与**は，介護保険制度を批判したり問題点を指摘するだけでなく，実現可能な対案を常に提示したことである．例えば，前述した介護保険についての私の最初の論文「公的介護保険一辺倒の議論に異議あり」の最後で提唱した「5つの改善提案」（本書第1章にそれの「増補版」を掲載）は，当時厚生省の担当者からも，「唯一の包括的な対案」と評価され，それの一部はその後の制度設計や2005年の制度改革等で採用された．例えば，「5つの改善提案」の③中の「医療保険と介護保険の自己負担上限額の『プール制』」は，2006年6月に成立した医療制度改革関連法により，2007年4月から「高額医療・高額介護合算制度」として実施されることになった．それに対して，介護保険制度に批判的な福祉研究者の多くは，実現可能性の検討をしないまま理想論のみを主張する傾向があるように，私には思われる．

これらに加えて，3で述べた本書の介護保険研究上の4つの意義も，福祉研究への寄与と言えると考えている．


**文　献**
1）ロバート・N・プロクター，宮崎尊訳『健康帝国ナチス』草思社，2003，150頁．
2）中村秀一氏の日本プライマリケア学会での講演録．『日本醫事新報』No.4181，2004．
3）二木立『保健・医療・福祉複合体――全国調査と将来予測』医学書院，1998．
4）藤田伍一「介護保険施行の問題点」『週刊社会保障』2018号，1998．
5）二木立「公的介護保険一辺倒の議論に異議あり」『社会保険旬報』No.1867，

序　章　もう1つの介護保険史

1868, 1995.

6）二木立『「世界一」の医療費抑制政策を見直す時期』勁草書房，1994，138頁．

7）二木立「医療政策の将来予測の視点と方法」『月刊／保険診療』59(9)，2004．（加筆の上，二木立『医療経済・政策学の視点と研究方法』勁草書房，2006に収録）．

序　章　もう1つの介護保険史

**表　介護保険制度創設・改正の動きと本書収録論文等との対応**

| | |
|---|---|
| 1994年12月 | 高齢者介護・自立支援システム研究会報告 |
| 1995年3月 | 「公的介護保険一辺倒の議論に異議あり」（未収録．第1章に統合） |
| 7月 | 老人保健福祉審議会中間報告「新たな高齢者介護システムの確立について」 |
| 9月 | 「公的介護保険の3つの問題点」（未収録．第1章に統合） |
| 1996年1月 | 老人保健福祉審議会第2次報告「新たな高齢者介護制度について」 |
| 3月 | 「老健審『第2次報告』のもう1つの読み方」（第2章第1節） |
| 3月 | 「公的介護保険に異議あり」（里見・伊東氏と共著）（第1章） |
| 4月 | 老人保健福祉審議会最終報告「高齢者介護保険制度の創設について」 |
| 5月 | 「老健審『最終報告』の3つの新しさ」（第2章第2節） |
| 6月 | 介護保険制度大綱発表，法案の閣議了解と通常国会への提出の見送り |
| 7月 | 「介護保険論争の中間総括」（第2章第3節） |
| 11月 | 「公的介護保険法が成立しても老後の不安が解消されない理由」 |
| | （第2章第4節） |
| 1997年12月 | 介護保険法成立 |
| 1998年11月 | 『保健・医療・福祉複合体』（医学書院） |
| 1999年6月 | 「保健・医療・福祉複合体の功罪」（第3章第2節） |
| 1999年10月 | 「介護保険の全体的評価と将来予測」（第3章第1節） |
| 2000年1月 | 「居宅介護支援事業者の『公正中立』と利用者囲い込みを考える」 |
| | （第3章第3節） |
| 2月 | 「介護保険下の訪問看護ステーション」（第3章第4節） |
| 4月 | 介護保険法施行 |
| 4月 | 『介護保険と医療保険改革』（勁草書房） |
| 6月 | 「わが国の高齢者ケア費用」（補章1） |
| 9月 | 「訪問介護の主役は長期的には介護福祉士」（第4章第3節） |
| 11月 | 「介護保険施行半年間の現実と改革課題」（第4章第1節） |
| 2001年11月 | 「京都府の介護保険指定事業者の実態調査」（第4章第4節） |
| 11月 | 『21世紀初頭の医療と介護』（勁草書房） |
| 12月 | 「介護保険開始後1年の点検」（第4章第2節．学会発表は6月） |
| 2002年6月 | 「医療・福祉の連携か複合か」（第4章第5節） |
| 2003年6月 | 高齢者介護研究会報告「2015年の高齢者介護」 |
| 2004年1月 | 高齢者リハビリテーション研究会中間報告 |
| 7月 | 社会保障審議会介護保険部会「介護保険制度の見直しに関する意見」 |
| 10月 | 「後期小泉政権の医療改革の展望」（第5章第1節に一部収録） |
| 2005年6月 | 改正介護保険法成立 |
| 7月 | 「新予防給付の科学的な効果は証明されているか？」 |
| | （未収録．第5章第2節に統合） |
| 8月 | 「同（その2）」（同上） |
| 2006年1月 | 「日本の介護保険制度と病院経営」（補章2） |
| 4月 | 改正介護保険法施行 |
| 4月 | 「新予防給付の行方」（第5章第2節） |

**注：** 各論文・著書の詳細は，「初出一覧」と「関連著書・論文一覧」参照．

# 第1章　介護保険論争の原点

[1996年3月]

[本章は，里見賢治・伊東敬文両氏とともに1996年3月に出版した『公的介護保険に異議あり』の私の執筆部分（原題は「公的介護保険の問題点」）であり，これが私にとっての介護保険論争・研究の原点となった。第1節では，公的介護保険が旧厚生省（以下，厚生省）の従来の政策・路線の破綻，転換であることを3側面から明らかにした。第2節では，公的介護保険の3つの不公正を批判し，第3節では，公的介護保険に対する3つの過剰な期待が幻想である根拠を示した。第4節では，厚生省が社会保険方式に固執する5つの理由を示した上で，公的介護保険の将来予測を行い，それが厚生省の願望通りに制度化された場合には「サービスの普遍性」原則に反する「4段階システム」になる危険性を指摘した。最後に，公的介護保険を少しでもマシな制度にするための，「5つの改善提案」を行った。なお，「公的介護保険」は公式用語ではなく通称であったが，1995～1996年には，厚生省関係者も含めて，広く用いられていた。]

## は　じ　め　に

　私は，高齢者介護・自立支援システム研究会（座長・大森彌氏）の報告書「新たな高齢者介護システムの構築を目指して」（1994年12月．以下，「研究会報告」と略す）および老人保健福祉審議会「中間報告」（1995年7月．同「中間報告」）が提唱した，「介護の社会化」——公的責任による「在宅ケアの推進」——の「方向」には大賛成である[1,2]。
　特に私が注目しているのは，「研究会報告」が，「重度の障害を持つような高齢者や1人暮らしで介護が必要な高齢者の場合には，24時間対応を基本とした在宅サービス体制を整備する必要がある」と，従来の各種報告書よりも

19

第1章　介護保険論争の原点

大きく踏み込んだ提言を行っていること，および「在宅ケアにおける家族の最大の役割」を，「高齢者を精神的に支えること」に限定した上で，「高齢者自身による選択」の第1条件として，「所得の多寡や家族形態等に関わりなく，サービスを必要とする全ての高齢者が利用できること」と，高齢者に対象を狭めつつも「サービスの普遍性」を提起している点である．もしこれが本当に実現すれば，わが国の在宅ケア政策は，従来の家族介護依存・支援から大きく転換することになる．

　ただし，この2点は，「中間報告」では，大幅に後退した．さらに，「研究会報告」を含めて，厚生省サイドが検討している公的介護保険には問題点や不明な点が多すぎる．私は，このような「複眼的」立場から今までに批判的論文を4つ発表した[3-6]．本章はこれら4論文の「総集編」としたい．なお，本章は1995年12月末までに発表された情報に基づいて執筆している．

　本章では，第1節で，公的介護保険が従来の厚生行政の破綻，転換の産物であることを示す．続く第2節で，公的介護保険そのもの，および公的介護保険をめぐる議論の3つの問題点（不公正）を示す．これが本章の中心である．

　さらに第3・4節で，公的介護保険に対する過剰な期待——私はそれらを3つの公的介護保険「打ち出の小槌」論と名付けている——が幻想に終わる可能性が高いこと，逆にこのまま厚生省ペースで公的介護保険が創設されれば，「サービスの普遍性」原則に反し，国民の支払い能力，貧富の差によって受けられる介護の量・質が変わる，4段階介護システムが形成される危険性が強いこと，を示す．さらに，公的介護保険創設が医療——老人患者と医療供給制度——に与える影響を，簡単に予測する．

　最後に，それにもかかわらず，私が公的介護保険に「絶対反対」の立場をとらない理由を説明した上で，公的介護保険を少しでもマシな制度にするための「5つの提案（増補版）」を行う．

## 第1節　公的介護保険は厚生省の政策・路線の3つの破綻，転換を示す

公的介護保険の問題点自体を検討する前に，公的介護保険と従来の厚生行政との関係を，簡単に検討しておきたい．私は，公的介護保険は，三重の意味——福祉政策，医療政策，財源調達方式の3つの分野——で，厚生省の従来の政策・路線の破綻と部分的転換を示している，と考える．

### 1　福祉政策の破綻

まず福祉政策に関しては，伝統的な家族介護依存政策，および1980年代に「臨調行革」路線により試みられた福祉分野への民間活力導入政策——介護保険に関しては公的介護保険ではなく私的介護保険の育成政策——の破綻である．

「研究会報告」も「中間報告」も，伝統的な家族介護依存政策の破綻は，事実上認めているが，私的介護保険育成政策の破綻には，口を拭っている．しかし，今からわずか4年前の『平成3年版厚生白書』において，厚生省は，「高度化，多様化した需要に迅速，的確に応えていくためには，むしろ民間サービスの創意，工夫に委ね，利用者の選択に任せることが適切」と主張し，「寝たきりや痴呆等により要介護状態になったときに備える（私的——二木）介護保険……に対する関心も高まってきている」ことを強調していたのである[7]．厚生省OBの「最高実力者」で，厚生行政の「先を読む」ことでは定評のある幸田正孝氏ですら，当時は，「介護の問題については，ある程度の所得のある階層以上は民間サービスに委ねていいのではないか．中間層については，福祉サービスと民間サービスとの組み合わせでやっていくことが現実的」と述べていた[8]．

つまり，厚生省は，わずか数年前には，介護問題は民間サービス，私的介護保険で乗り切れると誤認し，公的介護保険はもちろん「高齢者介護に対する社会的支援体制の整備」は，ほとんど考えていなかったのである．

第1章　介護保険論争の原点

**家族による長期介護は「まったく新しい事態」ではない**

　ここで，従来の福祉政策の破綻に関連して，公的介護保険の「出発点」についての誤解を指摘しておきたい．それは，家族による「長期介護はまったく新しい事態」ではない，ことである．

　一般には，公的介護保険の目的は，家族介護負担の軽減，つまり「介護の社会化」にある，とされている．「はじめに」で述べたように，この点については私も大賛成である．

　しかし，それの根拠として，「研究会報告」に書かれているように，「かつて」は短期間の「最期を看取る介護」であったが，「今日」の家族介護は長期化しているだとか，ある厚生省担当者のように「今日，『長期介護』というまったく新しい事態が出現」している，と言われると，それは事実誤認だ，と言わなければならない（9：24頁）．

　なぜなら，「介護期間の長期化」は，少なくともすでに30年前に生じていたからである．**表1-1**「全国調査にみる『寝たきり老人』の寝たきり期間分布等の推移」を見られたい．この場合の「寝たきり期間」とは，寝たきりになってから死亡に至るまでの期間ではなく，調査時に「寝たきり」であった方が，調査時点までどのくらいの期間「寝たきり」であったかを調べたものである．

　寝たきり期間を調べた全国調査でもっとも古いものは，1968年——今から28年前——に全社協が行った「居宅ねたきり老人実態調査」である[10]．それによると，70歳以上の「寝たきり老人」のうち1年以上寝たきりが8割（78.8％），3年以上寝たきりが5割（46.7％）にも達していた．この数値は，もっとも新しい1992年の数値とほとんど同じである．つまり，「介護期間の長期化」は「まったく新しい事態」ではなく，少なくとも30年前には生じていたのである．

　「老人人口の増大にともない，傷病などで長期間ねたきりの老人が急増し，本人はもちろん，家族の物心両面に及ぼす苦痛，負担ははかりしれないものがある」．これは最近の報告書にでも出てきそうな表現だが，この全社協調

第1節　公的介護保険は厚生省の政策・路線の3つの破綻，転換を示す

**表1-1　全国調査にみる「寝たきり老人」の寝たきり期間分布等の推移**

| 調　査　年 | 1968 | 1978 | 1981 | 1984 | 1986 | 1989 | 1992 |
|---|---|---|---|---|---|---|---|
| 寝たきり老人　総数（千人） | 191 | 386 | 438 | 495 | 282 | 335 | 289 |
| 　　　　　　出現率（％） | 5.2 | 3.91 | 3.94 | 4.22 | 2.23 | 2.35 | 1.81 |
| 寝たきり期間　総数（％） | 100.0 | 100.0 | 100.0 | 100.0 | 100.0 | 100.0 | 100.0 |
| 　　　　　　6か月未満 | | 22.1 | 23.8 | 25.4 | 15.4 | 19 | 15.3 |
| 　　　　　　6か月以上 | | 77.0 | 74.0 | 74.0 | 79.1 | 79.2 | 84.7 |
| 　　　　　うち1年以上 | 78.7 | 65.7 | 62.7 | 62.4 | 63.3 | 66.2 | 74.1 |
| 　　　　　　3年以上 | 46.7 | | | | 40.1 | 40.4 | 47.3 |
| 　　　　　　5年以上 | 26.6 | | | 25.3 | | | |
| 排せつ要介助者の割合（％） | 55.2 | 63.5 | 59.8 | 50.7 | 64.7 | | 69.8 |

注：1．「寝たきり者（老人）」の定義は1986年と1992年に「狭く」なっている．
　　2．1968年の調査対象は70歳以上．他は65歳以上．
　　3．1978，1981，1984年は，在宅・入院合計．他は在宅のみ．
　　4．「寝たきり期間」は，調査時点以前の「寝たきり期間」．
資料：全社協「居宅ねたきり老人実態調査報告書」（1968）
　　　厚生省「厚生行政基礎調査報告」（1978，1981，1984）
　　　厚生省「国民生活基礎調査」（1986，1989，1992），より計算．

査「報告書」の冒頭に書かれている言葉である．

　なお，この全社協調査は全国の民生委員13万人の協力を得て行われた大規模なもので，その結果は新聞やテレビなどでも大きく報じられた．たとえば朝日新聞は「長寿嘆く20万人寝たきり老人．冷遇・衰弱・不衛生……」と，毎日新聞は「『福祉法』にほど遠い――寝たきり老人の実態」と，報じた[11]．さらに，高齢者問題を初めて本格的に検討した『昭和45年版厚生白書』も，この全社協調査を詳しく紹介した[12]．

　以上から得られる結論は，厚生省は「まったく新しい事態」である介護問題の解決に果敢に挑戦する「正義の味方」ではない，逆に「介護の社会化」を30年間も遅らせてきた責任がまず問われる，ということである．

　私が，なぜこのような「昔のこと」にこだわるのか？　それは「寝たきり老人」の問題を「全く新しい事態」と誤解し，公的介護保険を無批判に推進しようとする人々の中には，少しでも公的介護保険に批判的な意見を述べると，介護保険に「『待った』をかける」とか，「お年寄りは待てない」といっ

第1章　介護保険論争の原点

た情緒的な発言を行い，公的介護保険に関する自由な議論を封じようとする方が少なくないからである[13]．しかし，「寝たきり老人」は集団としては，すでに30年間も「待たされている」のである．

　ここで誤解のないように．私が表1-1で強調したいのは，高齢者の長期介護が少なくとも30年前から存在していた事実である．量的に言えば，この問題は現在では30年前に比べ，はるかに深刻化している．この間「寝たきり老人」の定義は何度か変更されている（狭められている）ため，出現率を単純に比較することはできない．しかし1968〜1992年の24年間に65歳以上人口が573.5万人から1598.6万人へと2.79倍に増加したことを考慮すると，「寝たきり老人」総数も同じ期間に約3倍増加したと推定される．しかし，このことは30年前から十分に予測できたことである．

## 2　医療政策の破綻

　次に医療政策に関しては，伝統的な「福祉の医療化政策」（本来，福祉として扱うべきものを医療に転嫁し代替してきた政策)[14]，および1980年代以降の老人保健法によるそれの徹底の破綻である．「研究会報告」や「中間報告」は，高齢者介護の「現在の仕組み」の問題点の第1に，「実態的には同じような介護を必要とする高齢者でありながら，福祉の措置制度や医療保険（老人保健）制度など異なった制度の下で別々な対応がなされてきたため，利用する介護サービスや施設の種類によって，利用者負担や利用手続き等に不合理な格差や差異が生じている」ことを指摘している．

　しかし，両者が黙して語らないのは，このような「不合理な格差や差異」を，厚生省自身が，1980年代前半以降の福祉費・医療費抑制政策により，意図的に制度化してきたことである．具体的には，1983年の老人保健法実施時の老人病院規定の抜き打ち的な導入，1987年の老人保健法第1次改正による老人保健施設の創設，1990年の診療報酬改定によるいわゆる「介護力強化型病院」規定の新設，および1993年の医療法「第2次改正」による療養型病床群規定の導入である．

24

この点を，先駆的に批判したのは，滝上宗次郎氏である．氏は，公的介護保険で「厚生省の目指しているものは，今最も恵まれていない在宅を扱う『福祉の社会化』というよりも，施設を主眼においた財源対策としての“公的介護保険制度”である．それは，より本質的には厚生省の本丸であり，行き詰まりを見せている医療制度の立て直し策にすぎない……老人保健法の延命策」という厳しい批判をしている[15]．

実は，このような「老人保健法の延命策」という狙いは，「研究会報告」では，明らかにされてはいなかった．しかし，「中間報告」では，「高齢者が利用できる介護サービスが量的にも質的にも不十分」な理由の③の最後に「わが国経済が低迷し所得水準の伸びがみられない中で，増大する医療費，とりわけ老人医療費をまかなう各種医療保険の保険料負担の在り方についても問題が提起されている」という，本来別次元の問題が「挿入（密輸入）」された．その結果，それまで一部の関係者しか理解していなかった，公的介護保険にかけた厚生省の狙いが誰の目にも明らかになった．たとえば「朝日新聞」は，「中間報告」の報道・解説記事に，「医療保険の負担軽減へ」，「財政事情を前面に」という，的を射た見出しを付けた[16]．

## 3 財源調達方式の転換

第3に財源調達方式に関しては，消費税方式から社会保険方式——正確には保険料と消費税との混合方式——への転換である．この転換は，1989年の消費税導入の大義名分が「高齢化社会に備え」ることだったこと，さらに1994年3月に発表された「21世紀福祉ビジョン」[17]が，社会保障財源の「安定的確保を図る見地から，間接税の増収が講じられる場合には，その一定程度を社会保障の経費に充当すること」，「その際，間接税収を……当面の方向としては，緊急の課題である介護対策の充実等に充てていくことが適切」と主張していたことを想起すれば明らかであろう．

この点は，マスコミ報道からも確認できる．たとえば「日本経済新聞」は，1994年2月の細川内閣での国民福祉税構想がとん挫し，消費税率の引き上げ

第1章　介護保険論争の原点

が7％ではなく5％にとどまったことで，厚生省が「新たな社会保険の創設に走りだした」という政府関係者の証言を報道し，「朝日新聞」も「国民福祉税より税率が下がった分を保険料に置き換えて福祉の費用をまかなう，という性格が介護保険にある」と論評している[18,19]。

ここで公平のためにつけ加えなければならないことは，厚生省は決して一枚岩ではなく，厚生省主流が福祉・医療費の単純な抑制路線をひた走っていた1980年代中葉から，「介護費用の社会化」の視点から公的介護保険の創設を地道に検討していた若手官僚もいることである[20,21]。しかしそのような方は，栃本一三郎氏（現・社会保障研究所）等，ほんの一握りにすぎない。

ともあれ，公的介護保険は，このような3つの破綻，失敗に頬かむりしたままの，厚生省の「反省なき政策転換」の産物であり，それだけに過度の期待をすべきではない。ましてや，無批判・無条件に早期実現を求めるべきではなく，それの制度化にあたっては，社会保険方式の欠点を少しでも減らすために，厳しい「注文」をつけるべきだ，と私は思っている。

## 第2節　公的介護保険の3つの不公正

次に，公的介護保険（をめぐる議論）の問題点を検討したい。問題点は多岐にわたるが，私はそれらを以下の3つの「不公正」に整理している。①社会保険方式一辺倒の議論は不公正，②「高齢者以外の障害者」排除は不公正，③公的介護保険をめぐる情報操作は不公正。

### 1　社会保険方式一辺倒の議論は不公正

公的介護保険の第1の問題点は，高齢者介護システムの「介護費用の保障」方式として社会保険方式のみが提案されている——「はじめに社会保険方式ありき」——ことである。「高齢者自身による選択」を強調している「研究会報告」が，「介護費用の保障」方式に関しては，最初から「選択」を放棄していることは，理解に苦しむ。

第2節 公的介護保険の3つの不公正

　私も，現在の行財政制度，行政府内での力関係（特に大蔵省に対する厚生省の圧倒的な非力）および国民の強い反増税意識を前提にすれば，社会保険方式の選択は，厚生省にとっては，それなりに合理的，現実的な「政治判断」だ，と考える．しかし，私は，八田達夫氏が強調されるように，「高齢化対策を論ずるにあたっては，『もし政治的な難しさを無視するとしたならば，何が望ましい政策であるか』をまず明らかにするべき」とも，考える[22]．

　しかも，「研究会報告」を含めて，社会保険方式一辺倒の議論では，社会保険方式が原理的にもっとも優れているかのように主張され，それに対する過度の期待や幻想がふりまかれている点を考慮すると，この点の批判は不可欠である．以下，「研究会報告」によりながら，社会保険方式一辺倒の議論の問題点を3側面から検討する．

## (1) 社会保険方式の利点と措置制度の欠点のみを指摘

　第1の問題点は，理想化された「社会保険方式の意義」と公費負担方式の一形態である措置制度の誇張された欠点を対比させる議論は，不公正かつ一面的なことである．

　私が専門とする医療（費）保障のあり方を論じる場合には，どんな立場をとるにせよ，必ず，社会保険方式と公費負担方式（国民保健サービス方式），出来高払い制と包括払い制との優劣が比較検討される．しかも，欠点のない方式・制度がないことについては，各国の研究者，政策担当者間で完全な合意が得られている．さらに，給付の普遍性という点に関しては，公費負担方式の方が優れている点に関しても，ほぼ合意がある．

　それに対して，「研究会報告」の「介護費用の保障」では，「社会保険方式の意義」と措置制度（公費負担方式の一形態）の欠点のみが指摘されている．このような一面的な論法は，厚生省担当者だけでなく，公正であるべき研究者にまで蔓延している．私が知る限り，公的介護保険に「基本的に賛成」な研究者で，「介護サービス制度化の選択肢」を包括的に明示し，しかも公費負担方式に関して，「措置制度中心」と「普遍化した公的サービスへの切り

27

第1章　介護保険論争の原点

替え」とを区別して論じているのは，丸尾直美氏のみである[23]．

## 社会保険方式の最大の欠点は無保険者の発生

　このような一面的議論の問題点は，社会保険方式の最大の欠点である，保険料未納者→無保険者の発生をまったく無視していることである．

　わが国は1961年に国民皆保険・皆年金制度を確立したことになっている．しかし年金制度のうち，国民年金が「空洞化」していることは，厚生省の担当者（中村年金課長）自身が認めている[24]．事実，公文昭夫氏の推計によると，現在，無年金者は160万人も存在する（厚生省の国会答弁では，80〜100万人）[25]．さらに，将来の無年金者が520万人（保険料免除者260万人，保険料滞納者260万人）存在し，その上「年金未加入者」も193万人存在する．そのために，年金研究者の間では，社会保険方式をとる限り，無保険者の発生が避けられないことが常識化している．たとえば高山憲之氏は，「社会保険方式で皆保険（年金——二木）を実現している国は世界中どこにもなく，無理がある」と明言している[26]．

　医療保険のうち国民健康保険に関しては，医療保険審議会・国保部会が，「低所得者や高齢者を被保険者として受け入れざるを得ない仕組みとなって」おり，「給付に見合った保険料が徴収できないこと」が「最も大きな構造問題である」ことを公式に認めている[27]．事実，低所得で保険料（税）軽減措置を受けている世帯の割合は1992年度には24.61％に達し，市町村国保では保険料（税）収納率も1990年度以来連続して低下し続けている（1992年度は金額ベースで93.87％）[28]．

　しかも，1987年の国民健康保険法改正により保険料滞納者に対する保険証の取り上げ（「資格証明書」の交付）が制度化された結果，皆保険の一角が崩れている．具体的には，資格証明書の交付世帯は4万5819世帯，短期保険証交付世帯も8万4278世帯（1993年6月現在）にのぼっている[29]．このような人々の多くは，意図的に保険料を払わない「悪質な滞納者」ではなく，低所得のために払えない善良な人々である．

28

第 2 節　公的介護保険の 3 つの不公正

　公的介護保険で保険料未納者，無保険者がどの程度発生するかは，保険料
の水準と徴収方式および介護給付受給資格の設定の仕方で変わってくる．し
かし 私は，公的介護保険の保険料未納者は，国民健康保険の場合よりはる
かに多く年金並みになる，と予測する．その根拠は 2 つある．

　1 つは，医療保険や年金保険と異なり，公的介護保険では高齢者は「被保
険者かつ受給者」と位置づけられ，「年金給付から，その一部を高齢者の保
険料として支払うこと」が提案されていることである．

　最近，「高齢者かわいそう論」批判を精力的に行っている高山憲之氏が指
摘しているように，高齢者世帯の「平均」所得が高くなっているのは事実で
ある[30]．しかし，他面，「平成 6 年版国民生活白書」が，厚生省「国民生活
基礎調査」に基づいて明らかにしているように，高齢者世帯の「所得階級別
の分布をみると低所得層に大きくかたよっている」という，もう 1 つの事実
もある[31]．八代尚宏氏の「国民生活基礎調査」を用いた推計によると，現行
の生活保護基準における最低生活保障水準を下回る所得水準の高齢者世帯は
全体の 3 割（32.6%）も存在し，しかもこのような低所得世帯のうち現実に
生活保護の適用を受けているのは約15%にすぎないのである[32]．また，1992
年度の老齢年金受給者の50%以上を占める国民年金の月額平均は3.5万円に
すぎない[33]．これらの低所得老人層から大量の保険料未納者が発生するのは
確実である．

　もう 1 つの根拠は，必ずしも低所得ではなくとも，自営業の「現役世代」
の相当部分が保険料未納者となる可能性が高いからである．なぜなら，彼ら
は「被保険者」としてのみ位置づけられ「受給者」とはされず，しかも，年
金の場合と異なり，65歳になっても，必ず受給できるわけではない．

　公的介護保険の受給資格が厳しく設定された場合には，これらの 2 種類の
保険料未納者が即無保険者となり，介護サービス給付を受けられなくなる可
能性が高い．

　それに対して，公費負担方式では無保険者は原理的に発生し得ない．つま
り，「介護リスクの普遍性」に対して「リスクの共同化」をはかるためには，

社会保険方式より公費負担方式の方が優れているのである．しかし，「研究会報告」はこの点についてはまったく沈黙している．「研究会」委員でもある樋口恵子氏によると，「この辺の議論（無保険者問題）は……まったくされ」なかった，そうである（9：70頁）．

このように社会保険方式の美化に終始した「研究会報告」と異なり，「中間報告」は，「社会保険方式には，……保険料未納などの問題がある」ことを，一応認めてはいる．これは，私を含めた公的介護保険批判論に対する，厚生省サイドの反応として，それなりに評価できる．ただし，「中間報告」の反応はいわば「リップ・サービス」にとどまっている．

### 現行の措置制度の複眼的検討が欠落

現行の措置制度にさまざまな欠陥があることは，それを擁護する人びとも等しく指摘している．しかし，ここで見落としてならないことは，措置制度自体の欠点とされているものの多く（ほとんど？）が，福祉予算制約のための施設・サービスの供給量の絶対的不足や，措置制度の硬直的な運用により生じていることである[34,35]．しかも，1980年代以降の，臨調行革路線による「福祉見直し」政策により新たに発生した問題も少なくない．

例えば，「研究会報告」が指摘するように，現在，措置制度の下での福祉サービスの利用者負担は「中間層にとって過重な負担」となっている．ホームヘルプサービスの課税世帯への派遣費用は原則として全額利用者負担である．しかしこれは，1982年に導入された厳しい費用徴収制度のためで，措置制度の固有の欠陥ではない[34]．

逆に，「研究会」委員で，措置制度を厳しく批判する岡本祐三氏ですら，保育所に関しては，措置制度の下でも，「今やきわめて普遍化した社会サービスと理解されるようになって」いることを認めている[36]．事実，1993年の保育所問題検討会の審議でも，契約制の導入は少数派であり，その「報告書」（1994年1月19日）では措置制度の改善・拡充を求める意見が「第1の考え方」とされた[34,37]．

第2節 公的介護保険の3つの不公正

　以上の事実は，措置制度を単純に清算するのではなく，制度全体としての「複眼的」評価と分野ごとの分析的評価の両方が不可欠なことを示している．その上で，措置制度を利用者の利用権・選択権を確立する方向で改革するか，あるいはそれに代わる新たな公費負担方式を考えるべきだ，と私は考える．ただし前者の場合でも，「研究会報告」が指摘するように「言葉そのものに対して違和感が感じられる」措置に代わる名称変更（たとえば「公的責任・契約」制度）は行うべきである．


(2)　北欧諸国の公費負担方式になぜ学ばないのか？

　社会保険方式一辺倒の議論の第2の問題点は，北欧諸国等で行われている公費負担方式を無視していることである．

　北欧諸国が世界最高水準の老人福祉制度を有していることは，厚生省の担当者を含めて，誰もが認めている．そして，これらの国の「介護費用の保障」が公費負担方式なこともよく知られている．ところが，老人のケア（システム）に関しては，北欧諸国，特に「デンマークに学ぶ」ことを主張する研究者すら，これらの国の公費負担方式に「学ぶ」ことなく，社会保険方式が原理的にもっともすぐれているかのごとく主張している[36,38,39]．このような「論理矛盾」は，私の理解を超える．

　しかも，わが国では，公的介護保険の「モデル」として，ドイツの介護保険が脚光を浴びているが，なぜ「福祉サービスが貧しい」（大熊由紀子氏）[40]ドイツの，しかも始まったばかりでまだ実績も十分にない介護保険のみが注目されるのかも，私には理解できない．「昨日デンマーク，今日ドイツ」，日本の研究者の「事大主義」のあらわれと言えよう．

　表1-2に示したように，ヨーロッパ諸国の中では，公的ホーム・ケア（ホームヘルプサービス）を受けている老人（65歳以上）の割合は，北欧諸国が飛び抜けて高く（デンマーク25％，ノルウェイ19％，スウェーデン18％），次いでオランダ（12％）・イギリス（9％）・フランス（8％）が「第2グループ」を形成している．それに対して，ドイツはわずか3％にすぎず，西ヨーロッパ諸

第1章　介護保険論争の原点

**表1-2　公的ホームケアサービスを受けている 65歳以上老人の割合（1980年代後半）**

| 国 | ％ | 国 | ％ |
|---|---|---|---|
| オーストラリア | 2 | イタリア | 2 |
| ベルギー | 5 | ルクセンブルグ | 7 |
| チェコスロバキア | 5 | オランダ | 12 |
| デンマーク | 25 | ノルウェイ | 19 |
| フィンランド | 16 | ポーランド | 1 |
| フランス | 8 | ポルトガル | 1 |
| ドイツ | 3 | スペイン | 1 |
| ギリシャ | 1 | スウェーデン | 18 |
| ハンガリー | 3 | イギリス | 9 |
| アイルランド | 3 | | |

出所：Hugman, R., 1994, p. 125.（文献[41]）

国の中では「最下位グループ」に属するのである[41]。ただし，言うまでもないことだが，このドイツでさえも，日本の比率（0.5〜1％）よりは，相当高い[42]。また，ドイツも，老人ホームのケアの質は高水準だと言われている[43]。

　この表1-2は，国際的にみれば，高齢者の在宅ケアの水準は，公費負担方式の国の方が高いことを示唆している。少なくとも，社会保険方式の国の方が高いとは言えない。どんなに「控えめ」にみても，高齢者ケアの水準と費用負担方式とは別次元の問題，つまりそれぞれの国の政策の優先順位の問題だと言える。

## (3)　社会保険方式導入で利用者の選択が高まるとは言えない

　社会保険方式一辺倒の議論の第3の問題点は，社会保険方式を導入すれば，利用者のサービス「選択の自由」が自動的に保障されるかのように，主張していることである。

　「研究会報告」は，費用の負担方式として，公費負担方式ではなく社会保険方式をとる理由として，措置制度では「サービスを選択できない」，「サービス受給に関する権利性」が弱いのに対して，「社会保険方式を導入することにより，高齢者自身がサービスを選択するシステムを確立」できる，社会

第2節　公的介護保険の3つの不公正

保険方式により「利用者の権利的性格が強」まると，主張している．

これは一見常識的な指摘だが，やはり一面的である．まず，北欧諸国は，公費負担方式であるが，高齢者の自己決定権が確立している．この点に関しては，「研究会」委員でもある岡本祐三氏自身が，デンマークの「老人ケアの3原則」が「継続性，自己決定，残存能力の尊重」であることを紹介している[38]．その後，この「3原則」は，『平成7年版厚生白書』でも紹介された[44]．さらに，1995年6月に開催されたユニベール財団の公的介護サービスセミナーでは，小林良二氏が，北欧諸国だけでなく，イギリス，オーストラリア等でも「介護サービスは公費負担方式で行われているが，権利性や選択性は損なわれていない」ことを明らかにした[45,46]．

それに対して，公費負担方式の一形態であるわが国の措置制度の下では，サービスを選択するシステムが確立していないのは事実だが，これは同制度の固有の欠陥と言うよりは，福祉予算制約のための施設・サービスの供給量の絶対的不足のために生じたと言うべきである．現に，措置制度によりサービス供給が十分に行われ，「今やきわめて普遍化した社会サービス」となっている保育所に関しては，事実上利用者の選択が確保されつつある（ただし，供給が絶対的に不足しているゼロ歳児保育や夜間保育は別）[34,37]．特別養護老人ホーム入所に関しても，空きがあれば利用者が選択できる．たとえば，東京都内で老人ホームへの入所待ちをしている高齢者の25%は，希望の施設が空くまで待っているのである（東京都調べ）[47]．

さらに，東京都など2都県3市が独自に実施している「全身性障害者介護人派遣事業」では，障害者が介護人を選び（実質的な契約制度），その上で費用が公的に負担されている[48]．

主として社会保険方式で賄われている医療では，医療機関の選択の自由は，外来医療に関しては十分確保されており，この点では「世界一」と言える．しかし，（保険給付内での）サービス選択の自由は大幅に制限されており，インフォームド・コンセントを含む「患者の権利」も未確立である．

この点に関して，医療保険審議会は1993年の「建議書」で，「現行（医療）

33

第1章　介護保険論争の原点

保険給付の仕組み」は「画一的」であり，「患者自身の選択になじむサービスについては，自己負担を求めていく」ことを建議している[49]．同じ厚生省の委員会・審議会でも，一方が社会保険方式により自動的に選択の自由が確立するかのごとく主張し，他方が同方式ではそれが欠如していると指摘する「論理矛盾」も，理解に苦しむ．ただし，厚生省の「本音」が後者にあることは確実である[50]．

　ともあれ，以上の事実は，サービス選択の自由の有無や権利性の強弱は，費用負担方式（社会保険方式か公費負担方式か）よりは，費用・サービスの水準と運用のあり方に規定されることを示していると言えよう．

　この私の主張に対して，最近，大蔵省と厚生省から，強い「援軍」を得ているので，紹介したい．1人は，大蔵省主計局厚生担当主査の向井治紀氏である．彼は，『ばんぶう』誌で，こう語っている．「全額公費負担の場合でも，措置制度をやめて契約の考え方を導入する方法が考えられるので，一方的に保険方式を強調するのは論理的ではない」[51]（ただし，同氏は続けて「保険方式の方が現実的」とも述べている）．

　もう1人は，厚生省高齢者介護対策本部事務局の若手伊原和人氏である．彼は，1995年2月に開かれた朝日新聞社等主催のフォーラム「公的介護保険をめぐって」の基調講演で，こう述べている．「確かにサービスの選択といってもサービス供給量が絶対的に不足しているなかでは，制度の姿がどのようなものであっても，選択できないという問題があります」（9：28頁）．

## 2　「高齢者以外の障害者」排除は不公正

　公的介護保険の第2の問題点は「高齢者以外の障害者」を排除することである．私は，理念的にも，保険制度設計上も，これが公的介護保険の最大の欠陥だ，と考える．その理由は3つある．

　先ず，理念的には，「国民誰もが，身近に，必要な介護サービスがスムーズに手に入れられるようなシステム」の構築という「普遍主義」の原則に反することである．なおこのステキな表現は，「研究会報告」の「はじめに」

に書かれている．ただし，この報告書の本文では，なぜか高齢者のみを対象
にした「新介護システム」が提案されている．

それはともかく，障害の原因，種類だけでなく，年齢によって障害者の区
別・差別をしないという「普遍主義」の原則は，国際的にだけでなく，国内
的にも障害者基本法等により確認された，障害者福祉の大原則である．たと
えば，総理府が発表した『平成6年版障害者白書』の「第2章障害者の状
況」は，障害種類別の障害者数のみを示し，年齢区分別の障害者数は示して
いないほどの徹底ぶりである[52]．

岡本祐三氏の指摘するように，「寝たきり老人」とは「高齢障害者」であ
る[53]．障害者全体のうち「高齢障害者」のみを対象にし，「高齢者以外の障
害者」を排除する制度を創設することは，少なくとも障害者福祉の理念とい
う点からみると，大きな後退である．なお，わが国の公的介護保険の「お手
本」と言われているドイツの介護保険には，年齢制限はない．

このような批判に対して，高名な医事評論家である水野肇氏は，加藤寛氏
との共著『医療バブルが日本を潰す』の中で，厚生省を弁護して，こう主張
している．「若い人を外すという意見には，そう主張するだけの根拠がある．
つまり，老齢になって動けなくなったとか，ハンデが出てきたというような
人には，（身体）障害者手帳が出ない．この手帳が出るのは，若い人だけな
のである」[54]．しかし，これは誤りである．なぜなら，制度上，身体障害者
手帳の交付対象には年齢制限はいっさいないし，現実にも，身体障害者手帳
を持っている障害者のうち半数（1991年は48.6%）が65歳以上の高齢者であ
り，彼らは身体障害者福祉法に規定されているさまざまな給付を受けている
からである[55]．

厚生省の計画——「障害者保健福祉施策推進本部中間報告」——では，
「高齢者以外の障害者」の介護は，従来通り公費負担方式で行われるようで
ある[56]．しかしその場合には，彼らは，「研究会報告」の表現を用いると，
「サービスを選択でき」ず，「利用者の権利的性格」が弱く，「利用にあたっ
て心理的な抵抗」が強いサービスしか受けられないことになる．これにより，

第1章　介護保険論争の原点

障害者差別が拡大・固定する危険がある．

　私が，公的介護保険の対象から「高齢者以外の障害者」を排除することに反対する第2の理由は，介護サービスにかかわる社会資源の有効利用という点からみても，高齢障害者用と高齢者以外の障害者用の2つのシステムをつくることにより，ムダや非効率が発生することである．この点に関して，高齢者の地域ケアの経済分析の世界的権威者であるワイザート氏も，地域ケアの効率を高めるためには，対象を高齢障害者から障害者全体に変更すべきだ，と提案している[57]．

　私の第3の反対理由は，保険設計上も，現役世代を被保険者としてのみ位置づけ受給者とはしない方式では，現役世代の保険料拠出意欲が大幅に低下し，大量の無保険者が発生することである．


**厚生省が「高齢者以外の障害者」排除に固執する理由——本音と建て前**

　では，逆に厚生省が，公的介護保険の対象からの「高齢者以外の障害者」排除に固執する理由は何か？　これには，建て前と本音がある．

　建て前は，「総合的な障害者施策」から「介護サービス（のみ）を取り出して社会保険の対象にする」ことは不適当だ，とするものである．しかし，一番ケ瀬康子氏が，以前から主張しているように，高齢者の在宅福祉が成り立つためには，介護サービスの提供だけでは不十分であり，先ず住宅がよくなければならない[58]．つまり，高齢者に対しても「総合的な……施策」が必要なのであり，「介護サービス（のみ）を取り出して社会保険の対象にする」ことは不適当ということになる．

　では厚生省の本音は何か？　それは，「高齢者以外の障害者」のうち，介護を要する障害者の大半は低所得者であり，保険料を徴収できないからである．しかも，「高齢者以外の障害者」を公的介護保険の対象に加えると，厚生省には，精神病院に長期間入院している高齢者以外の大量の精神障害者（後述）の「社会的入院の是正」と「在宅（地域）ケアの推進」を行う義務が生じる．しかし，部分的にせよ家族介護に依存できる高齢者とは異なり，精

神障害者の地域ケアを家族介護に依存して進めることは不可能なため，公的費用が急騰するからである．つまり，公的介護保険から「高齢者以外の障害者」を排除する一番大きな理由は，財政的理由なのである．もう１つの理由は，「局あって省なし」と言われる厚生省内での縦割行政を維持する，つまり行政改革を「予防する」，ためである．

## 3　公的介護保険をめぐる情報操作は不公正

　公的介護保険をめぐる第３の問題点は，公的介護保険の是非を判断するために必要な情報提供が十分に行われていないこと，さらには意図的な「情報操作」や偽りの情報「提供」さえ行われていることである．これは，老人保健福祉審議会「中間報告」の「公約」（「高齢者介護問題に……関する国民各層の理解が深まり，広範な議論が進められる」ために「広く国民に情報を提供する」）に，反する．

　ここで公平のために言えば，厚生省も公的介護保険に関しては，今までに比べると，情報公開に努力している．老人保健福祉審議会の毎回の「議論等の概要」と「審議経過」は公表されているし，審議会に提出された「参考資料」も公開されている．この点は，例えば中医協（中央社会保険医療協議会）の審議も提出資料も非公開なことに比べれば，大きな前進である．この点を認めつつも，私は情報提供の不十分さ，意図的な「情報操作」，偽りの情報提供を，なお指摘せざるを得ない．以下，それぞれについて具体例をあげる．

### (1)　情報提供の不十分さ

　まず，情報提供の不十分さで真っ先にあげなければならないのは，公的介護保険に関するもっとも基本的情報であり，それだけにもっともよく（無批判に）引用される２つの推計である．１つは，「寝たきり高齢者数等の将来推計」（1993年200万人が2025年には520万人になる）の推計方法が未公表なこと，もう１つは「高齢者介護費用の推計（新ゴールドプランをベースとしたもの）」（国民所得の伸びを４％とした場合，平成７年度＝1995年度2.1兆円が平成12年

第1章　介護保険論争の原点

度＝2000年度には4.3兆円になる）の推計方法も断片的にしか示されていない
ことである（2：82,63頁）．そのために，この2つの推計とも，その信頼性・
信憑性の「追試」は不可能である．

　しかも，「高齢者介護費用の推計」は，明らかに極端な過少推計である．
まず1995年度の推計値（総額2.1兆円）に関しては，理由は3つある．第1に，
公的在宅サービスおよび特別養護老人ホームの費用推計にあたって，「非現
実的」に低い「国の定める事業費単価と国の定める人員分の費用しか計上さ
れず，地方自治体による超過負担分や……地方単独事業の費用はまったく含
まれない」こと[59]．第2に，厚生省は，後述するように老人医療費中の社会
的入院費用——つまり介護的費用——が約2兆円と公表しながら，この「推
計」では，医療機関分の介護費用としては「療養型病床群など」の費用0.7
兆円しか含めていないこと．第3に，老人病院等で常態化している，お世話
料等の「保険外負担」が含まれていないこと，である．

　さらに，2000年度の将来推計は1995年度に輪をかけて過少推計である．そ
の追加的理由は2つある．1つは，現行の低水準の人員・施設基準を改善す
るための費用の増加がまったく見込まれていないこと．もう1つは，「今後，
高齢化の伸びに比例して，新たに増えると見込まれる施設入所者の伸び」が，
新ゴールドプランの実施により，10％も抑制されると「仮定」されているか
らである（2：65頁）．しかし，新ゴールドプランレベルの「手薄い」在宅サ
ービス，リハビリテーションによって，施設入所者が抑制されると考えるの
は，非現実的である．

## (2)　意図的な情報操作

　次に，意図的な情報操作の例を2つあげる．1つは，厚生省の担当者は，
介護「サービスの量や質は北欧を目指したい」と言いながら，そのための国
民の費用負担を極端に低く見積もっていること．つまり，「高福祉低負担」
があたかも可能なようにみせかける情報操作である．

　具体的には，厚生省が1995年12月20日の老人保健福祉審議会に提出した

38

第2節　公的介護保険の3つの不公正

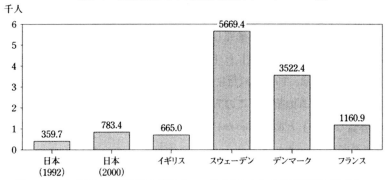

図1-1　65歳以上人口の10万人当たりホームヘルパー数

注：1. 日本の2000年の数値は「新ゴールドプラン」による目標値に基づき筆者試算．
　　2. 日本以外の数値は1990年前後．
出所：経済企画庁編『平成6年版国民生活白書』

「人口1人当たり高齢者介護費用額の推計（粗い計算）」によると，公費負担が5割として，20歳以上が保険料を支払う場合の保険料は，2000年でも月1700〜1950円，40歳以上が保険料を支払う場合でも2650〜3050円にすぎない．確かにこの程度の保険料負担で，北欧並みの福祉が「買える」としたら，安いものである（ただし，低所得層にとっては「安い」とは言えない）．

しかし，この保険料推計の基礎になっているのは新ゴールドプランであり，この保険料で得られるサービスは「北欧並み」からはほど遠い．例えば，図1-1に示したように，わが国の2000年の「65歳以上人口10万人当たりのホームヘルパー数」は，現在のデンマークの4分の1である．伊東敬文氏からいただいた資料によると，わが国の2000年の水準は，2000年のデンマークの計画水準の5分の1にすぎない．逆に，もし「北欧並み」のサービスを社会保険方式（正確には公費5割負担）で実現するためには，厚生省推計の少なくとも3〜4倍の保険料——40歳以上が保険料を支払う場合には，2000年で月1万数千円——が必要である．

もう1つの意図的な情報操作——しかもより悪質なもの——は，厚生省が，国民向けには，公的介護保険による「お金の集め方はドイツ流だが，サービ

第1章　介護保険論争の原点

スの量や質は北欧並みのサービスを目指したい」と言いながら，（損害）保険業界に対しては「公的介護保険のカバー範囲は医療保険以上に限定的なものになり，民間の介護保険と補完しあえる」と説明していることである．これらは，それぞれ「読売新聞」と「朝日新聞」が報道した厚生省担当者の発言である[60,61]．私は，1995年11月に開催された「第7回国民の健康会議」の講演・シンポジウムの折に，この方に「この2つの矛盾する発言のうち，どちらが本音なのか」と直接問いかけたが，明確な返答はなかった（報道された発言も否定しなかった）．

### (3)　偽りの情報提供

　第3に，偽りの情報「提供」の例を2つあげる．1つは社会的入院医療費（老人の6カ月以上入院患者の医療費）の極端な過大推計である．実はこれについての厚生省の発表は一貫していない．「高額」なものでは，石本薬務局企画課長の5兆円説や，岡光保険局長の3兆円説があるが，これらは厚生省内でも一笑に付されている「放言」である[62,63]．しかし，厚生省の公式推計すら2種類ある．1つは，高齢者介護対策本部が発表しているもので，平成4年度（1992年度）1兆8700億円である（2：113頁）．一般には，これを元にして，社会的入院医療費は約2兆円と理解されている．ところが，同じ厚生省でも保険局は，平成7年度で介護力強化病院以外の老人の6カ月以上入院医療費1兆200億円，介護力強化病院の医療費5600億円——両者を単純に加算すると1兆5800億円——と発表している[64]．

　しかし，これらはいずれも過大推計である．私が，厚生省統計を用いて再計算した真実の数値は，**表1-3**に示したように，1993年度でも9500億円である[65][**補注**：その後1993年の老人の社会的入院医療費は正しくは1兆1000〜2000億円であることが判明した（『日本の医療費』医学書院，第2刷39頁，1997年1月）．これでも厚生省推計よりははるかに少ない]．

　もう1つの偽りの情報「提供」——そして私が絶対に許せないもの——は，厚生省の発表している「入院期間別年齢構成」である．厚生省は，図1-

40

第 2 節　公的介護保険の 3 つの不公正

表1-3　70歳以上の 6 か月以上入院患者の医療費の推移

| 年 | 6 月以上〜 1 年未満入院 | | | 1 年以上入院 | | | 合計年間医療費 | 国民医療費に対する割合 | 国　民医療費 |
| | 患者数（千） | 1 日当たり医療費（円） | 年　間医療費（億円） | 患者数（千） | 1 日当たり医療費（円） | 年　間医療費（億円） | （億円） | （％） | （億円） |
|---|---|---|---|---|---|---|---|---|---|
| 1991 | 62.3 | 12,055 | 2,741 | 188.3 | 9,872 | 6,785 | 9,526 | 4.36 | 218,260 |
| 1992 | 60.5 | 11,777 | 2,601 | 178.3 | 10,199 | 6,637 | 9,238 | 3.93 | 234,784 |
| 1993 | 58.7 | 12,346 | 2,645 | 173.3 | 10,923 | 6,909 | 9,554 | 3.92 | 243,631 |

注：1．患者数には病院だけでなく一般診療所の入院患者も含む．
　　2．患者調査は 3 年ごとで1990年と93年に行われているため，91，92年の患者数は90年と93年度の数値から線形補完法により推計．90年 6 か月以上〜 1 年未満の入院は64.1千人，同 1 年以上は188.3千人．
　　3．入院期間別 1 日当たり医療費（点数）は1991年から公表．
　　4．1 日当たり入院医療費は入院期間が長くなるにつれて逓減するため，1 日当たり「平均」医療費を用いて計算すると長期入院患者の医療費総額は過大推計となる．
資料：厚生省「平成 2，5 年患者調査」，「平成 3，4，5 年社会医療診療行為別調査」，「平成 5 年度国民医療費」．
出所：二木立『日本の医療費』(1995)，p. 33.

2 (A) を用いて，あたかも長期入院患者の大半（約 4 分の 3）が老人であるかのようにように見せかけた上で，公的介護保険が，このような老人の「長期入院（社会的入院）の是正」の切り札になるかのように，主張している．

　ところが，この図からはあらかじめ「精神分裂病等の精神障害に罹患している者」が除かれているのである．なお，図では見出しにこのことを明記しているが，厚生省が発表している原図では，このことは注に小さく書かれているだけである．そこで，図1-2 (B) のように，精神障害者を除かないで再計算してみると，1 年以上の長期入院患者のうち老人患者の割合は46％に低下し，過半数（53％）が15〜64歳の青壮年患者になる．そしてこれらの患者のうち56％が，精神病院入院患者である．

　入院患者統計からのこのような精神障害者の恣意的除外・抹消は，精神障害者差別以外の何者でもない．厚生省は即刻この図を撤回し，精神障害者・精神医療関係者に謝罪すべきである．

第1章　介護保険論争の原点

図1-2　入院期間別年齢構成（1990年）

(A) 精神障害者を除いた場合（厚生省発表）

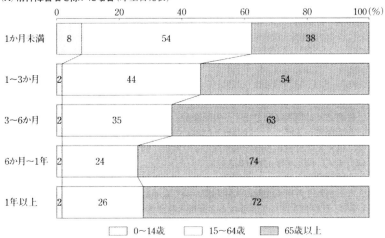

(B) 精神障害者を除かない場合

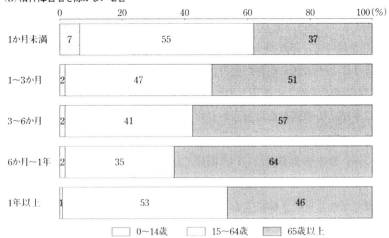

注：(A) は厚生省高齢者介護対策本部資料（『週刊社会保障』No. 1837, p. 78 図10）．
「精神分裂病等の精神障害に罹患している者を除く」
資料：厚生省「平成2年度患者調査」
出所：二木立『日本の医療費』(1995), p. 30.

第2節　公的介護保険の3つの不公正

### 情報操作は厚生行政不信を生む

　私は，以前，複数の厚生省関係者から異口同音にこう言われたことがある．「厚生省統計情報部の発表するデータは100％信用して結構です．しかし，本省が発表するデータは，すべて特定の政策的意図に基づいて加工されていますから，信用しないで下さい」．今回，公的介護保険に関する厚生省発表のデータや厚生省担当者の発言を検討して，彼らの指摘が正しいことを，再確認した．

　しかし，それで良いのだろうか？　今までに示してきた，不十分な情報提供，意図的な「情報操作」，および偽りの情報「提供」は，いずれも国民の間で公的介護保険に対する支持を拡大するために行われている．そして，各種世論調査の結果が示す公的介護保険に対する国民の高い支持率で見る限り，厚生省のこのような「情報戦略」は成功している．しかし国民の公的介護保険に対する強い期待——後述するようにその中にはさまざまな「幻想」も含まれる——と，現実に制度化されるであろう公的介護保険との間には，大きな「落差」がある．そのために，公的介護保険に対する国民の大きな期待・幻想は，元NHK解説委員の行天良雄氏の言葉を借りると，制度発足後は，「大失望・大落胆」に一変する危険がある[66]．その結果，現在国民の間に蔓延している「政治不信」・「大蔵省不信」は，厚生「行政不信」にまで拡大するであろう．

　私が危惧するのはこの点なのである．私は，厚生省の現在の政策に批判的ではあるが，厚生省解体論者ではない．逆に，厚生省の役割は今後ますます大きくなるべきだ，と考えている．この点では，私は，大局的には，厚生省の「応援団」である．しかし，もし国民の厚生行政に対する不信が生まれてしまえば，福祉・社会保障の拡大は現在以上に困難になる．このような厚生行政不信を予防するためにこそ，厚生省は情報公開を徹底すべきだし，関係する団体・個人は，公的介護保険の問題点を徹底的に洗い出し，それを国民に示すべきである．

第1章　介護保険論争の原点

## 第3節　3つの公的介護保険「打ち出の小槌」論

　以上，公的介護保険（をめぐる議論）の3つの問題点について，述べてきた．次に，公的介護保険に対する過剰な期待——3つの「打ち出の小槌」論——を，簡単に検討する．なお，この「打ち出の小槌」という表現（ネーミング）は，宮武剛氏の著書『「介護保険」とは何か』第8章「介護保険は，打ち出の小槌か」から，借用した[67]．

### 1　第1の打ち出の小槌論——介護費用の財源が急増

　第1の打ち出の小槌論は，社会保険方式を導入すれば，介護費用の財源が急増し，それにともない介護サービスの供給も急増するというものである．

　公的介護保険をめぐる第1の問題点で指摘したように，「論理的」に考えると，公的介護サービス保障のあり方として，社会保険方式がとくに優れているわけではない．しかし，それにもかかわらず，厚生省だけでなく，多くの団体・研究者が，社会保険方式を支持しているのは，このような「現実的」判断からである．私にとって特に残念なことは，かつては「デンマークに学ぶ」ことを提唱する公費負担方式論者だった研究者までが，わが国では公費負担方式では財源が確保できないという理由から，社会保険方式の無批判な推進論者に転換した現実があることである．これが，公的介護保険推進論の最後の「切り札」と言える．ただし，社会保険方式にすれば，現行の公費負担方式に比べて，どのくらい財源が拡大するのか，具体的試算は誰も示していない．

　それはともかく，私は，この「打ち出の小槌」論は，短期と中長期に分けて考えなければならない，と思っている．私も，公的介護保険が創設されれば，短期的には，介護費用の財源が急増する，と予測している．

　しかし，介護保険により財源が急増するのは，ほんの数年（せいぜい5年）で，その後は，現在の政治・行財政システムを前提にする限り，公的介護費

44

第3節　3つの公的介護保険「打ち出の小槌」論

用の伸びは医療費以上に厳しく抑制されるようになる，と懸念してもいる．その理由は2つある．

　1つは，公的介護保険は純粋の社会保険ではなく租税・保険料の「混合負担」制度であり，しかも公費負担割合は医療保険よりはるかに高い——医療保険の3割に対して5割（以上）——ため，大蔵省は公費負担部分の増加を厳しく抑制するからである．それに規定されて，介護保険の給付総額も抑制される．

　もう1つの理由は，公的介護保険でも介護サービスの「基盤整備は一般財源に依存する」可能性が強いことである．これは，社会保障制度審議会の勧告の表現である[68]．山崎史郎高齢者介護対策本部事務局次長も，『月刊福祉』の座談会で，次のように発言している．「社会保険という方式と施設整備費というのは必ずしも矛盾しません．……（介護費用の）イニシャルコスト分はやはり施設整備的な公費によってある程度カバーしていくという方式も十分検討すべきであると考えられます」[69]．私も，この考えに賛成である．

　しかし，この場合には，施設整備費は従来通り，直接大蔵省・厚生省のコントロール下に置かれ続ける——「研究会報告」の表現を用いると，「財政的なコントロールが強くなりがちで，結果として予算の伸びは抑制される傾向が強い」——ことになる．言うまでもなく，施設整備が抑制された場合には，サービス供給も抑制されることになる．

　以上2つの理由から，公的介護保険創設による介護費用・サービスの急増効果はごく短期的にとどまる，と私は予測する．これは私の独断ではなく，栃本一三郎氏（社会保障研究所主任研究員）も認めている．彼は1995年8月に開かれた日本病院会のセミナーで，次のような公的介護保険の「ワンステップ」論を展開した．「医療・福祉を問わず介護の領域を広げていくためには，社会保険方式がワンステップとして必要だ．その後，税方式にダイナミックに変化することもあり得る．スウェーデン方式がいいといっても，少しも進まないし，それでは国民は待ってくれない」[70]（ただし，栃本氏は，長期的視点から，税法式への転換を展望している）．

第1章　介護保険論争の原点

表1-4　国民医療費と老人福祉費対前年度伸び率の比較

| 年度 | 国民医療費<br>（A） | うち65歳以上<br>（B） | 老人福祉費<br>（C） | 国民所得<br>（D） | （C－B） |
|------|------|------|------|------|------|
| 1980 | 9.4 | 13.1 | 11.8 | 9.5 | −1.3 |
| 1981 | 7.4 | 11.7 | 10.5 | 5.1 | −1.2 |
| 1982 | 7.7 | 10.7 | 7.0 | 4.6 | −3.7 |
| 1983 | 4.9 | 7.1 | 7.3 | 5.2 | 0.2 |
| 1984 | 3.8 | 7.8 | 4.8 | 5.5 | −3.0 |
| 1985 | 6.1 | 11.7 | 0.5 | 6.6 | −11.2 |
| 1986 | 6.6 | 8.5 | 8.7 | 3.8 | 0.2 |
| 1987 | 5.9 | 8.4 | 13.2 | 4.6 | 4.8 |
| 1988 | 3.8 | 5.0 | 6.9 | 6.3 | 1.9 |
| 1989 | 5.2 | 7.6 | 13.2 | 6.9 | 5.6 |
| 1990 | 4.5 | 6.7 | 12.7 | 7.1 | 6.0 |
| 1991 | 5.9 | 6.5 | 13.8 | 4.7 | 7.3 |
| 1992 | 7.6 | 7.3 | 15.9 | 0.3 | 8.6 |

注：1．65歳以上医療費は「一般医療費」．
　　2．老人福祉費は「実支出」（決算額）．
資料：1．厚生省「国民医療費」
　　　2．総理府社会保障制度審議会事務局編「社会保障統計年報」

　　第1の打ち出の小槌論の検討の最後に，一般の「常識」とは逆の事実を示す．表1-4「国民医療費と老人福祉費の対前年度伸び率の比較」から，1980年代末以降は，社会保険方式の老人医療費の伸び率よりも，公費負担方式の老人福祉費の伸び率の方が，はるかに高いことが，一目瞭然である．1992年度を例にとると，65歳以上医療費の対前年伸び率7.3％に対して，老人福祉費のそれは15.9％であり，2倍以上も高い．言うまでもなく，この理由は，1990年度を計画初年度とする高齢者保健福祉推進10か年戦略が開始されたからである．

　　この「現実」は，高齢者ケア費用の伸びは，社会保険方式か公費負担方式かという財源調達方式の違いよりも，国レベルでの政策優先度（の転換）に規定されることを示している．

　　それに対して，岡本祐三氏は，別の歴史的事実をあげて，社会保険方式が「サービス供給を促進すること」を「実証」しようとしている[71]．それは，

46

1960年代前半の「国民皆保険制度の発展過程で……『無医地区』解消や国保直営の診療所や病院が急速に普及した歴史」である．滝上宗次郎氏によると，厚生省の担当者も，同様の主張（「国民皆保険を達成した昭和36年当時もやはり医療サービスは乏しかったが，その後の充実ぶりは目を見張る」）を繰り返しているという（15：169頁）．しかし，同氏が指摘されているように，これは「高度経済成長の下で，好運にも実現した話」であり，「戦後経済の枠組みの全てが一新」している現在および将来に「あの状況が再来することはない」と，考えるべきである．歴史の安易なアナロジー（類推）は控えねばならない．

## 2　第2の打ち出の小槌論
### ──24時間対応の在宅ケアが急速に普及

　第2の打ち出の小槌論は，公的介護保険が創設されれば，24時間対応の在宅ケアが急速に普及し，「重度の障害を持つような高齢者や1人暮らしで介護の必要な高齢者」の在宅生活が可能になる，と言うものである．この24時間対応の在宅ケアは，今や公的介護保険の「目玉」・「公約」となっているため，私も，最初から公的介護保険の給付範囲に含まれる，と予測している．

　しかし，同時に，それは，①在宅ケアに理解がありしかも富裕な自治体が「上乗せ給付」や（サービス供給者への）補助金支払いを行う地域や，②在宅ケア実施に特別に熱心な医療・福祉施設が存在する地域を除いては，ほとんど実施されない「ショーウィンドウ・サービス」化する可能性が大きい．その結果，公的介護保険で実際に広く給付される在宅ケアは，限定的で「手薄いもの」になる，と私は危惧している．

　この理由は2つある．1つは，先述したように新ゴールドプランの「整備目標」が低すぎることである．

　もう1つの理由は，「中間報告」では明示的には書かれていないが，「研究会報告」に書かれているように，「社会保険を補完する」「私的保険の役割」を，確保するためである[1]．

第1章　介護保険論争の原点

具体的には，公的介護保険が導入された場合にも，財政制約を理由にして，保険給付に上限が設定されるとともに，医療における特定療養費制度のように，公定料金と「自由料金」の差額の徴収（全額利用者負担）が合法化され，高額の利用者負担を支払える，中の上〜高所得層しか，高水準で多様なサービスを利用できなくなるであろう．これは，私の「深読み」ではなく，先に紹介した厚生省の担当者自身の発言（「公的介護保険のカバー範囲は，医療保険以上に限定的なものとなり，民間の介護保険と補完し合える」）からも，明らかである[61]．

私は，厚生省は，高齢者介護の分野でも，医療・年金分野と共通の，「強制加入を基本とする社会保険」とそれを「補完する」私的保険との「2階建て制度」を創設することを目指している，と理解している[50]．

その結果，24時間対応の在宅ケア・サービスは，建て前としては公的介護保険の給付範囲に含まれても，次の3つの制約から，実際には，一部地域以外ではほとんど提供・利用されない可能性が大きい．①保険による給付条件が厳しすぎて，利用しにくい．②利用者負担が定率で，しかも上限がない場合には，利用料が高額になり，中の上〜高所得層しか利用できない．③保険からサービス提供機関に支払われる「介護報酬」が低く設定されるために，それを提供する機関はごく限られる．

これは，決して机上の空論ではなく，医療では，ホスピスに「先例」がある．ホスピス（緩和ケア病棟）給付は1990年に新設された．しかし，①施設基準が非常に厳しい，②それにもかかわらず診療報酬は高額のコストを補填するほどには高くないために，医療保険認可の緩和ケア病棟を有する病院は，1994年10月1日現在，わずか14病院293床（病院総数の0.14％）にすぎない[72]．③しかも，聖隷福祉事業団三方原病院ホスピス等を除けば，これらのホスピスの多くは赤字を補填するために多額の差額徴収をしているため，ホスピス利用者は中の上〜高所得層に限られている．

たとえば，全国的に有名な淀川キリスト教病院のホスピスは，一般個室1万2000円〜特別室2万7000円であり，ホスピス病棟の室料差額収入は医業収

48

第3節　3つの公的介護保険「打ち出の小槌」論

入の18.7%（1994年4，6月）にも達している[73]．これは中医協「1994年医療経済実態調査」による，一般病院総数の医業収入に対する室料差額収入割合の全国平均（1.5%）の12倍の高さである．

## 3　第3の打ち出の小槌論（幻想）——医療費の枠が広がる

　公的介護保険に対する3つめの過剰な期待，というより「幻想」そのものは，公的介護保険が導入されれば「（医療保険でみていた福祉的な要素が介護保険に移ることで）医療費の枠が広がるだろう」というものである．これは，日本医師会の中村常任理事の発言（1994年8月）である[74]．そして同氏は，このような立場・期待から公的介護保険に「基本的に賛成」した．その後，日本医師会幹部の公的介護保険に対する発言は動揺しているが，このような幻想は完全には払拭できていないように，私には見受けられる．同じような幻想は，与党の有力医系議員からも発せられた．たとえば，今井澄議員（社会党）は，公的介護保険を「医療費のパイを大きくする千載一遇のチャンス」と位置づけ，医療保険から介護保険に「もっていかれる部分を少なくすれば，医療費財源は増える」と主張した[75]．

　しかし，私は，逆に，公的介護保険が導入された場合には，社会保障費総枠抑制の視点から，（公的）医療費抑制がさらに強まると，予測している．その「予告」こそ，社会保障給付費に対する医療の割合を4割から3割に削減することを提言した，「21世紀福祉ビジョン」である[9]．

　また，現在の公的介護保険をめぐる政治的な力関係を考慮しても，経営者団体や健康保険組合等に根強く存在する公的介護保険慎重派を説得するためにも，厚生省が，医療費総枠の抑制をさらに強めることは確実である．

　さらに，「研究会報告」で，「将来的」課題としてにせよ提起された，特別養護老人ホーム，老人保健施設，療養型病床群，老人病院（入院医療管理病院）の「高齢者ケア施設としての一元化」が，「中間報告」では事実上棚上げされた．その上，老人保健福祉審議会のその後の議論では，老人の「社会的入院」の大半（3分の2）を占める老人病院以外の入院患者患者の費用は，

49

第1章　介護保険論争の原点

公的介護保険の給付対象に含めないことが予定されている．この場合には，「医療保険でみていた福祉的な要素」のうち，「介護保険に移る」ものはごく限られるために，「医療費の枠」は大きくは広がらない．そもそも，厚生省サイドが発表する老人医療費に含まれる「介護的費用」が過大すぎることは，すでに述べたので，繰り返さない．

この点に関して，厚生省OBの「最高実力者」である幸田正孝氏も，最近は，あるセミナーで，「医療費でまかなっている介護は1兆数千億円にすぎ」ず，「これが介護保険に移ったとしても，医療保険の負担はそれほど軽くならないと強調」している[76]．

ここで，想起すべきことは，1993年から1994年にかけて，病院給食の患者負担導入が検討されたときに，医師・医療団体の間に「その分で浮いた財源が医療サービスの改善に回る」との幻想がふりまかれたことである．村瀬日本医師会会長も，「患者に食費の一部を負担してもらっても良い……このくらいのところは患者に持ってもらって，その分で医療サービスや技術を充実したい」と，発言した[77]．

しかし，現実には，患者負担導入により浮いた財源（当初予定では1994年度平年度ベースで3270億円）は，医療費の総枠拡大にはほとんど用いられず，付き添い看護制度の廃止という「（私費から公費への）コストシフト」の財源に「流用」された．このことは，医療・福祉団体が，厚生省の政策を，近視眼的な利害得失の視点から判断すべきではないことを，示している．

## 第4節　公的介護保険の将来予測

次に，厚生省の願望通りに公的介護保険が制度化された場合の，将来予測を行いたい．

## 1　厚生省が社会保険方式に固執する5つの理由

その前に，これまでの検討で明らかなように，社会保険方式が公費負担方

式より原理的に優れているわけでないにもかかわらず，厚生省が，なぜ社会保険方式（正確には「混合型」）の導入に固執するのか，について検討したい．私は，以下の5つの理由があると考える．

第1は，行財政改革による財源の捻出を最初から放棄し，厚生省・官僚の既得権を堅持しようとしているからである．これについては，特に説明は要らないだろう．

第2は，一見逆説的だが，消費税引き上げのための「深謀遠慮」である．先に述べたように，「研究会報告書」や「中間報告」で提案されている公的介護保険は純粋の社会保険ではなく，租税負担が相当組み込まれた「混合型」である．そのために，この保険制度が創設されるときには，保険料負担だけでは財源を賄えないことを理由にして，消費税の引き上げが同時に実施される可能性が強い．しかも消費税は透明な「目的税」ではないため，介護保険への公費負担組み込みに必要とされるよりも，はるかに高い引上げ率になるであろう．ちなみに，高齢社会対策を名目にして導入された消費税税収額のうち実際に「高齢者保健福祉推進10か年戦略」に用いられたのはわずか2.4％にすぎない（1989～1992年）と，試算されている[78]．私はこの点に関して，厚生省と大蔵省の間で「裏取引」がなされていると想像している（ただし「物証」はない）．

第3は，大蔵省管理下の租税と異なり，社会保険料は厚生省の「自主財源」となるからである．厚生省は，公的介護保険の導入により，「大蔵省保険係」（大熊由紀子氏）から部分的にせよ脱却し，厚生省の権限を拡大しようとしていると考えられる．当然のことながら，新しい制度ができれば，彼らの天下り先も拡大する．

第4は，公的介護保険の導入を，措置制度そのものの廃止（＝国庫負担の大幅減少，および応能負担原則から応益負担原則への転換による利用者負担の大幅増加）の突破口とすることである．この面からみれば，公的介護保険は，1980年代の「福祉改革」の仕上げと言える．

第5は，公費負担方式では，介護システムの「2階建て制度」化は困難だ

第1章　介護保険論争の原点

からである．「厚生省の医療・福祉・年金改革の共通戦略」は，「中間層のニーズにこたえる2階建て制度の確立」であり，このためには，介護分野でも社会保険方式の導入が不可欠なのである[50]．（この点については後述する．）

## 2　「サービスの普遍性」原則に反する「4段階システム」が形成される危険

次に，公的介護保険が制度化された場合の，将来予測を行いたい．結論的に言えば，このまま厚生省の願望通りに公的介護保険が導入されれば，新しい介護システムは，新ゴールドプラン以来厚生省が高齢者介護の「基本理念」としてうたっている「普遍主義」，「サービスの普遍性」（「研究会報告」）原則に反する「多段階（4段階）システム」になる危険性が強い．

具体的には，最下位に，保険料を拠出できない最低所得層対象の租税負担制度（生活保護法による）．次に，「高齢者以外の障害者」対象の租税負担制度（現行措置制度またはそれの改革による）．第3の中核的制度として，保険料を拠出できる一般の国民対象の公的介護保険．そして，最後にそれに上乗せされる私的介護保険，である．

先に述べたように，社会保険方式では，無保険者の発生が避け難い．しかし，島崎謙治氏（現・厚生省）が指摘するように，「現に要介護状態が発生している場合，（保険料）未納者であるという理由をもって給付自体を行わないということは，理論的にはあり得ても，実際問題としては困難である」[79]ため，公的介護保険を公費負担方式の制度で補完することが必要である．わが国でもっとも早く，1988年に社会保険方式による介護保障を提案した研究者の1人でもある山崎泰彦氏が，率直に認めているように，「社会保険は社会保障の主要な手段であっても，オールマイティでない．社会保障論の教科書に書かれているように，社会福祉や公的扶助による補完が不可欠なのである」[80]．

この4段階システムが制度化された場合，公費負担方式の下位2制度では，「利用者自らによるサービス選択がしにくいという制度上の制約や，所得調

査等がありサービス利用に心理的抵抗感が伴う」制度（「中間報告」）にならざるを得ない．「研究会報告」の表現を用いると，「利用者の権利的性格」が弱い制度である．

　ただし，下位2制度のうち，「高齢者以外の障害者」対象の制度に関しては，現在の障害者団体の政治的力と国民意識を考慮すると，厚生省が，公的介護保険と同水準のサービス給付に踏み切る可能性がある．しかしこの場合には，公費負担方式でも，権利性が強く，サービス選択ができる制度が実現可能なことを証明したことになり，客観的には，公費負担方式に代わって公的介護保険制度を創設する大義名分が根底から崩れることになる．「研究会」の委員でもある京極高宣氏はこの矛盾に気づいているようであり，「ドイツと同様に介護保険の対象に，近い将来，障害者を組み入れるべきだ」と述べている[81]．この発言は，公的介護保険から「高齢者以外の障害者」を排除することの，非合理性と不当性を改めて示している．

　それに対して，保険料を拠出できない最低所得層対象の公費負担方式による制度の給付水準が，懲罰的意味合いも込めて，保険制度よりも相当低くなることは確実である．この点に関しては，厚生省関係者（匿名）も，「生活保護受給高齢者の医療や介護はサービスの質において，一般の高齢者と差別化されることになる」と明言している[82]．

　また，公的介護保険で給付されるサービスの範囲・水準も，先述したように，予算制約と私的介護保険育成のために，相当低い水準に設定される可能性が高い．

　一般には公的介護保険が導入された場合には，潜在需要が顕在化し，加入者の在宅ケア利用が急増すると言われている．私も，公的介護保険加入者の大半を占めることになる中所得層に関しては，現在よりも利用者負担が減るためもあり，在宅ケアの利用が急増すると予測する．

　しかし，ここで見落としてならないことは，公的介護保険加入者のうち，現在無料またはごく低額の自己負担で在宅ケア・サービスを受けている低所得層は，定率（1割または2割と言われている）の利用者負担導入により，サ

53

第1章　介護保険論争の原点

ービス利用を相当抑制する可能性が強いことである．これは，決して杞憂ではない．実は1982年に，ホームヘルプサービス事業の有料化が導入された時に，新たに有料になった老人世帯のうち実に31.6％もが，利用を辞退したのである[83]．

　このように公的介護保険の給付範囲・水準が抑制される結果，「24時間対応」等の高水準の在宅ケアが受けられるのは，先述した一部の地域を除けば，私的介護保険加入者に限られることになる．

　ただし，一般の商品と異なり，介護サービスには，効率化・省力化の余地がほとんどないため，私的保険が費用を補填し，一般の営利企業が提供する介護サービスは，高所得層を対象にした「高かろう良かろう」式のサービスに限定される．このようなサービスの利用者は，東京圏等大都市部に限られているため，在宅ケア分野への営利企業の参入はサービスの種類面でも，地域面でも，ごく限定的なものにとどまることは確実である．そのために，将来的にも，全国的には，「在宅ケアの普及度は公的責任のケアの普及度に規定される」ことになる，と私は予測している[84]．

　大局的にみれば，このような4段階の階層的介護システム（公私に限定すれば「2階建て制度」）は，最近の「厚生省の医療・福祉・年金改革の共通戦略」，つまり，租税だけでなく保険料の大幅引き上げにも強い抵抗を示すが，私費負担は相当可能な中間層（中所得層）のニーズにこたえる（公私）「2階建て」制度を，医療・福祉・年金の全分野で確立する戦略の一環である，と私は位置づけている[50]．

　そしてこのような公私「2階建て制度」は，橋本龍太郎新首相の持論でもある．橋本氏は『アエラ』の1994年9月15日臨時増刊号「老人を棄てない」で，率直に，「健康保険や年金にも私的なものが上乗せされているように，（福祉でも）自己責任の分野で私的保険を組み合わせるべき」と語っている[85]．なお，橋本氏の福祉改革論は，『Vision of Japan ── わが胸中に政策ありて』の第II部「『長寿社会』への長期的視点と政策」で詳細に展開されているので，一読をお薦めする[86]．

54

第4節　公的介護保険の将来予測

### 「2階建て制度化」下の在宅ケアと施設ケア

ただし，同じ「2階建て制度」といっても，医療サービス給付と在宅ケア給付との間には，本質的な違いがある．

医療に関しては，概念的には，中核的サービスと周辺サービス（「アメニティ」）に2分して，後者にのみ自己負担を課すという論理も成立し得る（私は反対）．現に，厚生省は「第2次保険・医療改革」の第1段階でこれを行おうとしている[50]．

それに対して，在宅ケアでは，「アメニティ」に相当する部分はほとんどない．なぜなら，医療でアメニティとされる，食事，住居，寝具等は最初から全額自己負担だからである．そのために，在宅ケアでは給付範囲の狭さが，即ケア水準の低さを意味する．この点に関しては，上記橋本氏は，「例えば，週に3回の介護までは税金で設定して，それ以上のサービス，毎日ほしいとか，夜も来てほしい，といったことには私的な保険があっていい」と主張している[85]（橋本氏は，ここで「税金」という表現を使っているが，これは1994年9月時点では公的介護保険は公式には提案されていなかったためである）．これは，医療分野で今後拡大が予想される特定療養費制度と同じ方式である．

ここで見落としてならないことは，公的介護保険の強力な受け皿として期待されている訪問看護ステーションでは，すでにこの方式が導入されていることである．つまり，訪問看護ステーションでは，「平均的な老人訪問看護の時間（2時間）を超える老人訪問看護」と「営業日以外の日，営業時間以外の時間における老人訪問看護」に関しては，全額患者負担の利用料の徴収が認められているのである[50]．

他方，「研究会報告」で将来一元化が提唱されている「高齢者ケア施設」では，「個室＝アメニティ＝自己負担化」が確実である．この点に関しては，公的介護保険を最初に提示した「高齢者トータルプラン研究会報告」（厚生省内部文書）が，高齢者介護施設の「個室化については，アメニティとして自己負担により対応」と明言している[87]．つまり，厚生省の思惑通りに公的介護保険が導入されると，公的費用による「個室化」の道が制度的に閉ざさ

55

第1章　介護保険論争の原点

れることになる．それどころか，福祉関係者には信じられないかもしれない
が，大部屋でさえ新たに差額徴収の対象になる可能性がある．なぜなら，病
院は1994年4月から（療養型病床群のみは1993年4月から），4人部屋でも条
件付きで差額徴収が可能となっているからである．しかも，その条件の中心
は，患者1人当たりの病室面積6.4平方メートル以上であり，これは特別養
護老人ホームの最低基準8.25平方メートル（1995年度からは10平方メートル）
よりはるかに狭いのである！　このような基準が，将来一元化された「高齢
者ケア施設」全体に「普遍化」＝「低位平準化」する可能性がある．

　ただし，公的介護保険の給付水準・範囲に関しては，厚生省内も一枚岩で
はない．「研究会報告」に書かれている「重度の障害を持つような高齢者や
1人暮らしで介護が必要な高齢者の場合には，24時間対応を基本とした在宅
サービス体制を整備する必要がある」と，真剣に考えている官僚も少なくな
い．このような北欧並みのサービスが公的介護保険で給付される場合には，
民間の介護保険の出る幕はなくなる．また，上記「高齢者トータルプラン研
究会報告」には，措置制度の維持を主張する意見も併記されている．しかし，
現在の厚生省内部の力関係，厚生省と大蔵省，大企業等との力関係を考える
と，公的介護保険の給付は低水準にとどまる可能性が高い．

## 3　公的介護保険が医療に与える影響の予測

　次に視点を変えて，公的介護保険創設が医療に与える影響を簡単に，4点
予測したい．

　まず，老人の負担は3段階で拡大する可能性が大きい．つまり第1段階と
して，公的介護保険創設とほぼ同時に，老人医療の患者負担（一部負担金）
も現行の定額負担から公的介護保険と同じ定率負担（1割または2割）へと
変更される．第2段階として，勤労世帯の被扶養者となっている老人からも，
個人単位で，（定額）医療保険料が徴収されるようになる．そして第3段階
として，高齢者ケア施設の「一元的運用」に伴い，現行の老人入院医療の給
付範囲が大幅に縮小され，合法的患者負担の範囲・額が大幅に拡大・増加す

る．具体的には，老人福祉施設の場合と同じく，食費が全額患者負担となる（現在は材料費相当分）．他面，「お世話料」等の保険外負担は現在と同じく，「黙認」される．このように老人の負担が拡大した場合には，低所得層の老人の受診機会は大幅に抑制される．

次に，営利企業の医療・福祉分野への参入が段階的に進む．やや図式化すると，これにも3段階が考えられる．第1段階として，公的介護保険創設時に，在宅福祉分野への営利企業参入が認められるのは確実である．これは彼らの「既得権」でもあり，全面否定は不可能である．第2段階として，訪問看護ステーション事業への営利企業参入が新たに認可されるのも，ほぼ確実である．ここで見落としてならないことは，そのための法改正は必要ないことである[88]．第3段階として，老人保健施設への営利企業の参入も，中長期的には認可される可能性がある．それに対して，病院・診療所への営利企業の直接的参入は長期的にも認められないと思われるが，「間接的参入（「周辺業務」の営利企業への外注）」が拡大することは確実である．

ただし，営利企業の参入は，将来的にも，高額所得者が多数居住している大都市部に限定されるため，日本全体でみれば，医療分野でも福祉分野でも，非営利団体（医療法人と社会福祉法人）が主流であり続ける，と私は予測している[89]．

第3に，公的介護保険創設に対応して，医療法の第3次改正が行われ，それにより医療法人の業務が「規制緩和」され，医療法人の社会福祉事業への参入が認められるようになる．当面は「在宅ケア3本柱」に限定されるが，将来的には特別養護老人ホーム等の経営も可能になる．その結果，病院主導の「保健・医療・福祉複合体」——つまり，病院を開設している医療法人等による，老人保健施設，特別養護老人ホーム，訪問看護ステーション，在宅介護支援センター等の併設——の形成が，全国的に急速に進む．ドラッカーの表現を借りれば，これは，部分的には「すでに起こった未来」でもある[90]．たとえば，医療法人病院を対象にしたある全国調査によると，別に社会福祉法人（おそらく大半は特別養護老人ホーム）を開設している医療法人は全体の

第1章　介護保険論争の原点

2割に達していた。このような保健・医療・福祉複合体には，地域住民に対して総合的サービスを提供できるというメリットがある反面，適切な「規制」——私は公的規制だけでなく専門職団体の自主規制も含んで考えている——がない場合には，一部が営利的行動に走る危険も大きい。

　第4に，一部の老人病院経営者の懸念，つまり公的介護保険による在宅ケアの拡充で，老人病院入院患者が激減する事態は，残念ながら，起こらない。なぜなら，公的介護保険による「手薄い」在宅ケア給付で，在宅生活がはじめて可能になる障害老人はごく限られているからである。他面，老人慢性患者を多数受け入れている一般病院の介護力強化型病院，療養型病床群への「転換」誘導政策は，従来よりも桁違いに強まる。

## おわりに——5つの改善提案（増補版）

　以上，公的介護保険の問題点と将来予測を行ってきた。これまでの説明でお分かりいただけると思うが，私は，高齢者ケア拡充の財源調達方式としては，社会保険方式よりも公費負担方式の方が優れていると考えている。しかも，その場合には，逆進性が強い消費税ではなく，「景気の自動安定化機能と所得の再分配機能という優れた特色を持っている」直接税を主たる財源にすべきだと思っている[22]。この視点から，私は，『公的介護保険に異議あり』（ミネルヴァ書房，1995）第1部で里見賢治氏が提起された，租税を財源とする「公的介護保障システム」——公的介護保険に対する「対案」——を，基本的に支持する。また，同書第3部で伊東敬文氏が明らかにされたように，社会保険方式により北欧並みの介護サービス水準を確保することは不可能である，とも考える。

　と同時に，私はリアリストとして，この対案の実現可能性が，現状では（短期的には），ほとんどないことも，認めなければならない。さらに，政財界等の「実力者」の中には，時代遅れの「日本型福祉社会論」にいまだにしがみつき，「介護の社会化」，公的責任による「在宅ケアの推進」そのものに

58

反対する人々が少なくない現実もある．たとえば，1995年9月に発表された
日経連社会保障特別委員会の「高齢者介護についての基本的考え方（中間報
告）」は，「高齢者介護についても，基本的には，自助（自立）努力が最も重
要と位置づけ」，事実上「介護の社会化」に反対するとともに，介護保険の
保険料については，定額の個人負担を主張し，事業主負担の導入を拒否して
いる[91]．私は，これらの団体や個人とはまったく逆の立場から，公的介護保
険構想を批判しているのだが，「反対論では共通している」と誤解あるいは
利用されかねない．

　この2つの理由から，私は，公的介護保険導入に「絶対反対」の立場はと
らない．そのために，私は，1995年3月以来，公的介護保険を少しでもマシ
な制度にする——つまり，社会保険方式の弊害を軽減し，社会的に一番弱い
人々（貧しい人々や重度の障害をかかえている人々）が不利な扱いを受けない
ようにする——ための，「5つの提案」を行っている[3]．以下に示すのは，
それの「増補版」である[6]．

　第1は，無保険者が発生しないような制度的仕組みを導入する．具体的に
は，次の3つ——①保険料は所得に応じた定率負担にする，②低所得者の範
囲を現行規定より大幅に拡大した上で保険料の減免を行う，③生活保護に
「介護扶助」を新設し，それの受給資格を大幅に緩和すると同時に，それの
給付範囲・水準を公的介護保険と同等にする．

　①とは逆に，老人保健福祉審議会では，保険料は「定額制を基本とするこ
と」が考えられている（1995年12月13日「制度分科会における議論の概要」）．
しかし，定額保険料は究極の逆累進制であり，低所得者を中心に大量の保険
料未納者・無保険者を生む危険が大きい．これを避けるために，低所得者も
支払い可能なように保険料をごく低くすると，財源不足で給付水準を低くせ
ざるを得なくなる．逆に，給付を高水準にしようとすると保険料を引き上げ
ざるを得ず，保険料未納者が急増する．つまり定額保険料には，保険料未納
者と給付水準との「トレードオフ（二律背反）」があるのである．これは机
上の空論ではなく，拠出制国民年金（定額保険料）で現実に生じている問題

第1章　介護保険論争の原点

である.

　第2は，サービス受給者（対象者）を高齢者に限定せず，「高齢者以外の
障害者」を含む. この場合，低所得の障害者の保険料は，一般の低所得者以
上に，大幅に減免する.

　このような受給者の拡大は，既存の在宅ケア（ホームヘルプサービス，訪問
看護等）で年齢制限が撤廃されていることと整合性を保つだけでなく，「現
役世代」の保険料拠出意欲を高めるためにも不可欠である. 公的介護保険に
「高齢者以外の障害者」を含める利点はもう1つある. それは，「朝日新聞」
社説が指摘しているように，「日本のいまの高齢者は，不当に低いサービス
にも我慢してしまう傾向がある」のに対して，若い障害者は権利意識が強い
ため，彼らを公的介護保険の対象に含めば，保険の給付・運営の両面で，質
の向上が期待できるからである[92].

　かりに制度発足時は高齢者以外の障害者を対象としないとした場合でも，
福祉施策の体系（一般財源）において同等のサービス水準を確保することが
最低限求められる（これは，私の書いた文章ではなく，1995年6月に作成された
厚生省「障害者保健福祉施策推進本部検討方針ペーパー（スケルトン案）」に明記
されていたものである）[92].

　第3は，低所得者の利用を抑制しないように，利用料はできるだけ低く設
定すると同時に，医療の「高額療養費制度」と同種の自己負担の上限額を設
ける. しかも，医療保険と介護保険の自己負担上限額の「プール制」を導入
する.

　第4は，「重度の障害を持つような高齢者や1人暮らしで介護が必要な高
齢者」に対する「24時間対応を基本とした在宅サービス」給付を明記する.
さらに，ケアマネジメントで必要と判断されたサービスは，家事援助から24
時間対応の在宅サービスまで，上限なしに給付する，および24時間対応の在
宅サービスの介護報酬は，一般のサービスの介護報酬よりも高めに設定する.

　「さらに」以下は，今回補足した. 以下に，その理由を説明する. 私は，
つい最近まで，現在のホームヘルプサービスの大半を占めている家事援助サ

60

ービスは，当然，公的介護保険から給付されると思っていた．ところが，老人保健福祉審議会の「これまでの審議経過」を読んで，「ホームヘルプサービスのうち家事援助業務」を「保険給付の対象」に含めるか否かは「今後検討する必要がある」とされていること——つまりこのままでは給付の対象から外される可能性が大きいこと——を知った（2：24頁）．これは私の「深読み」ではなく，1995年12月13日の老人保健福祉審議会介護給付分科会の「議論の概要」でも，「いわゆる虚弱老人に対する家事援助サービス」を介護給付の対象にすべきか否かについて，「両論併記」されている．しかし，もし対象外になったら，私の地元の名古屋市で住民参加型のホームヘルプ活動を行っている野村文枝氏が「朝日新聞」の「フォーラム東海」で指摘しているように，「現在，（ホーム）ヘルプサービスを利用している高齢者の8割は（公的介護保険の）給付対象にならない」という，とんでもない事態が起こる[94]．

　ホームヘルパー業務の実態を知らない人々は，それの中心が寝たきり老人に対する身体介護だと考えているが，これは二重の誤解である．1990年の「ホームヘルパー派遣事業実態調査報告書」によれば，ホームヘルプを受けている老人のうち「まったくの寝たきり」・「ほとんど寝たきり」はあわせても14.8%にすぎない．また，ホームヘルパーのうち，「身体の介護」を「訪問のたび」に行っているのは1割にも満たない（排泄の介護を例にとると，「訪問のたびに行う」5.4%，「時々必要に応じて行う」8.8%，「ほとんど行わない」84.3%）．この報告書も，「ホームヘルパーの仕事は，"相談型"，"家事型"が主であって，"介護型"ではない」と認めている[95]．そして，もし家事援助が介護保険の給付対象にならない場合でも，高齢者介護対策本部の伊原和人氏が認めているように，「今の公費サービスを切り捨てるわけにはいかないので，重度の人が保険を，軽度の人が税金を使うというおかしな状態も生まれてくる」のである[96]［補注：1996年1月31日に発表された「第2次中間報告」では，家事援助は条件付きながら給付対象になった］．

　「24時間対応の在宅サービスの介護報酬は，一般のサービスの介護報酬よ

第1章 介護保険論争の原点

りも高めに設定する」ことをつけ加えたのは，厚生省が，このサービスを公的介護保険の給付範囲に含んでも，それに対する介護報酬をサービス原価を下回るごく低いレベルに設定して，それの普及を間接的に抑制しようとする可能性が高いからである．これは私の「邪推」ではなく，医療保険では「ホスピス」給付にその先例があることは，先に述べた．

第5は，在宅介護の給付を先行し，高齢者ケア施設の「一元化」や「一元的運用」は，関係者・国民の完全な合意が得られるまで先送りする．

ここで第5の提案に対して，誤解のないように．私は，高齢者ケア施設の「一元化」や「一元的運用」の方向そのものに反対しているわけではない．逆に，今から11年前の1985年から，「病院の一部分が『重介護を要する老人の収容施設』に転換する必要」を指摘している[97]（ただし，現時点で反省すると，「収容施設」という表現は不適切であり，「ケア（介護）施設」と呼称すべきであった）．しかし，それは，医療費抑制のためではなく——現実にもそれは不可能——，高齢者の施設ケアの質の向上ために行われるべきだ，と考えている．このような視点から，高齢者ケア施設の「一元化」のための3条件を提案して，本章を終わりたい（65:37頁）．

①病院の療養環境の改善．最低限，特別養護老人ホームや老人保健施設並みの水準——入院患者1人当たりの病室面積8.0平方メートル——にする．あわせて，4人部屋からの差額徴収を廃止する．将来的には，保険での個室給付をめざす．

②病院，施設とも，患者（入所者）対看護・介護職員の最低基準を2対1に引き上げる．将来的には，1対1をめざす．あわせて，特別養護老人ホームの医療機能を高める．

③老人病院等の不透明な保険外負担を解消する．


**文 献**
1）高齢者介護・自立支援システム研究会（座長大森彌氏）「新たな高齢者介護システムの構築を目指して」1994年12月．

第1章 文献

2）厚生省高齢者介護対策本部事務局監修『新たな高齢者介護システムの確立について ―― 老人保健福祉審議会中間報告』ぎょうせい，1995．

3）二木立「公的介護保険一辺倒の議論に異議あり」『社会保険旬報』1867・1868号，1995．

4）二木立「公的介護保険をめぐる諸問題」『公衆衛生』59巻10号，1995．

5）二木立「公的介護保険の3つの論点」『社会保険旬報』1887・1888号，1995．

6）二木立「公的介護保険 ―― 問題点，予測，そして改善提案」『月刊／保険診療』1996年1，2月号．

7）『厚生白書平成3年版 ―― 広がりゆく福祉の担い手たち ―― 活発化する民間サービスと社会参加活動』ぎょうせい，1992，28，45頁．

8）幸田正孝「わが国の保健医療サービスの過去・現在・未来」『社会保険旬報』1725号，1991．

9）岡本祐三監修『公的介護保険のすべて』朝日カルチャーセンター，1995．

10）全国社会福祉協議会『居宅ねたきり老人実態調査報告書』1968．

11）「長寿嘆く20万人寝たきり老人 ―― 社会福祉協議会調査」「朝日新聞」1968年9月14日朝刊15面．「『福祉法』にほど遠い ―― 寝たきり老人の実態」「毎日新聞」1969年1月14日朝刊15面．

12）厚生省編『昭和45年版厚生白書 ―― 高齢者問題をとらえつつ』大蔵省印刷局，1970，11〜31頁．

13）山井和則「介護財源は保険の方が現実的」「朝日新聞」1995年7月28日朝刊4面（論壇）．

14）川上武『日本医療の根本問題』勁草書房，1979，46〜50頁．

15）滝上宗次郎『福祉は経済を活かす ―― 超高齢社会への展望』勁草書房，1995，147頁．

16）岸善樹「医療保険の負担軽減へ ―― 介護も『社会保険方式』」「朝日新聞」1995年7月27日朝刊．

17）高齢社会福祉ビジョン懇談会「21世紀福祉ビジョン ―― 少子・高齢社会に向けて」1994年3月28日（『社会保険旬報』1837・1838号，1994）．

18）小竹洋之「福祉再考2 ―― ひた走る介護保険」「日本経済新聞」1995年7月18日朝刊．

19）坂井俊彦・辻陽明「介護保険 ―― 隠された論点（上）」「朝日新聞」1995年7月6日朝刊．

20）全国社会福祉協議会・社会福祉研究情報センター『介護費用のあり方 ―― その社会的負担を考える』中央法規，1989．

21）栃本一三郎「ドイツにおける公的介護保険の導入とわが国の対応」『月刊福祉』1995年2月号．

22）八田達夫『消費税はやはりいらない』東洋経済新報社，1995，189頁．

23）丸尾直美「高齢者介護の重点政策」『週刊社会保障』1826号，1995．

24）「全国保険・国民年金課長会議詳報」『社会保険旬報』1864号，1995．

25）公文昭夫「今次年金『改正』にみる戦略的構図」医学史研究会，1994年11月

21日.

26) 高山憲之「税制と社会保険システム」(社会保障研究所30周年記念シンポジウム「21世紀の社会保障の思考軸」『週刊社会保障』1827号，1995.

27) 医療保険審議会・国保部会「これまでの検討内容の中間まとめ」1994年6月29日（『社会保険旬報』1847号，1994）.

28) 『保険と年金の動向1994年』厚生統計協会，1994，147頁.

29) 島田務「国保証の未交付とたたかう」『月刊保団連』1995年3月号.

30) 高山憲之『年金改革の構想』日本経済新聞社，1992.

31) 経済企画庁編『平成6年版国民生活白書』大蔵省印刷局，1994，58頁.

32) 八田達夫・八代尚宏編『「弱者」保護政策の経済分析』日本経済新聞社，1995，248頁.

33) 川上則道「老後の生活保障に役立つ年金制度改革は可能である」『エコノミスト』1995年3月7日号.

34) 小川政亮・垣内国光・河合克義編著『社会福祉の利用者負担を考える』ミネルヴァ書房，1993.

35) 武田宏「高齢者介護福祉システムと財源」『週刊社会保障』1823号，1995.

36) 岡本祐三「21世紀の介護システムをめざして」『社会保険旬報』1860号，1995.

37) 垣内国光『保育「改革」と保育の未来』ひとなる書房，1994.

38) 岡本祐三『デンマークに学ぶ豊かな老後』朝日新聞社，1990.

39) 山井和則・斉藤弥生『体験ルポ日本の高齢者福祉』岩波書店，1994.

40) 大熊由紀子・他（座談会）「QOLを支える介護システム」『月刊福祉』1995年2月号.

41) Hugman R: *Ageing and the Care of Older People in Europe*. St.Martin's Press, 1994.

42) Sundstroem G: Care by families: An overview of trends. In: *Caring for Frail Elderly People - New Directions in Care*. OECD, 1994.

43) 坂井洲二『ドイツ人の老後』法政大学出版局，1991.

44) 厚生省編『平成7年版厚生白書』ぎょうせい，1995，202頁.

45) 『公的介護サービスセミナー報告書——公的介護保険で日本人の老後は安心か』ユニベール財団，1995.

46) 大熊由紀子「新介護システムと公的介護保険——大争点と小争点」『社会福祉研究』63号，1995.

47) 篠崎次男「『新たな高齢者介護システムの構築をめざして』の危険な狙いと当面する医療生協の課題（前編）」『医療生協運動』1995年3月号.

48) 共同作業所全国連絡会「第18回全国集会基調報告（第1次案）」『月刊きょうされん』181号，1995.

49) 医療保険審議会「保険給付の範囲・内容の見直しに関する建議」1993年12月8日.

50) 二木立『「世界一」の医療費抑制政策を見直す時期』勁草書房，1994.

51) 向井治紀「医療の構造的問題を見直す契機に」『ばんぶう』1995年10月号.

第1章 文　献

52)　総理府編『平成6年版障害者白書』大蔵省印刷局，1994．

53)　岡本祐三『医療と福祉の新時代』日本評論社，1993．

54)　加藤寛・水野肇『医療バブルが日本を潰す』PHP研究所，1995，136頁．

55)　厚生省社会・援護局更生課監修『日本の身体障害者——平成3年身体障害者実態調査報告』第一法規，1994．

56)　「厚生省・障害者保健福祉施策推進本部中間報告」1995年7月25日．

57)　Weissert WG: Seven reasons why it is so difficult to make community-based long—term care cost-effective.Health Serv Res 20: 423-433, 1985.（本論文の要旨は，65）191〜192頁）

58)　一番ケ瀬康子「『公的介護保険』は空手形になる心配があります」『月刊保団連』482号，1995．

59)　城戸喜子「社会福祉行政に関する統計の整備を」『週刊社会保障』1719号，1992．

60)　「支え合う老後——公的介護保険を考える7」「読売新聞」1995年9月13日朝刊．

61)　「介護保険の『公民補完』構想——厚生省，業界だけに説明」「朝日新聞」1995年7月4日朝刊．

62)　厚生省平成6年度医薬分業指導者協議会での石本宏薬務局企画課長の発言．『日本医事新報』3701号，1995．

63)　「岡光保険局長が介護や診療報酬改定巡り講演」『日本医事新報』3701号，1995．

64)　「医療保険審議会『中間とりまとめ』の参考資料」『社会保険旬報』1883号，1995．

65)　二木立『日本の医療費——国際比較の視点から』医学書院，1995．

66)　行天良雄「存在する介護への幻想」『フェイズ3』1995．

67)　宮武剛『「介護保険」とは何か』保健同人社，1995，115頁．

68)　社会保障制度審議会勧告「社会保障体制の再構築——安心して暮らせる21世紀の社会をめざして」1995年7月4日（『社会保険旬報』1881号，1995）．

69)　髙岡國士・宮武剛・山崎史郎・京極高宣「（座談会）介護保険の考え方」『月刊福祉』1995年11月号．

70)　「日病のセミナーで新介護システムを検証」『社会保険旬報』1885号，1995．

71)　岡本祐三「介護保険構想——21世紀高齢者介護・自立支援システムについて」『市政研究（大阪市政調査会）』107号，1995．

72)　『診療報酬算定のための施設基準等の事務手引き（平成6年10月版）』社会保険研究所，1994，355頁．

73)　武田京子「赤字体質脱却した緩和ケア病棟」『日経ヘルスケア』1994年10月号．

74)　「日医の中村常任理事医師急増などで講演——介護保険に基本的に賛同する立場を表明」『日本医事新報』3761号，1994）．

75)　「すべての医療関係者は団結せよ！」「今井きよしの保健・医療・福祉 News Letter」9号，1995．

第 1 章　介護保険論争の原点

76) 辻陽明「介護保険に期待と不安（負担増の前に―― 健保組合・高齢化の重圧
　　―― 下）」「朝日新聞」1995 年 8 月 10 日刊刊 11 面.

77) 有岡二郎「村瀬敏郎・日本医師会会長に聞く―― 病院給食費に患者負担は必要
　　か」「朝日新聞」1993 年 7 月 2 日朝刊.

78) 河合克義編著『住民主体の保健福祉計画』あけび書房，1993，30～31 頁.

79) 島崎謙治「医療保険と介護保障の将来 (3)」『社会保険旬報』1878 号，1995.

80) 山崎泰彦「新介護保障システムの課題」『共済新報』1995 年 6 月号.

81) 京極高宣「高齢者介護問題の現状と新介護システムの基本的考え方」『社会福
　　祉研究』63 号，1995.

82) 「（霞ヶ関インサイド）国民年金の空洞化現象で未加入者を責めるのは責任の
　　すりかえ」『ぱんぷう』1995 年 3 月号.

83) 河合克義・小川栄二「地域福祉における費用徴収問題」．小川政亮・他編著『社
　　会福祉の利用者負担を考える』ミネルヴァ書房，1993.

84) 二木立『90 年代の医療と診療報酬』勁草書房，1995，133 頁.

85) 橋本龍太郎「税で全部は賄えない．健保や年金のように私的保険の上乗せを」
　　『アエラ』1994 年 9 月 15 日，臨時増刊「老人を棄てない」.

86) 橋本龍太郎『Vision of Japan ―― わが胸中に政策ありて』KK ベストセラー
　　ズ，1993.

87) 厚生省「高齢者トータルプラン研究会報告（内部文書）」『日経ヘルスビジネ
　　ス』1993 年 3 月 29 日号，4 月 5 日号.

88) 岡光序治編著『老人保健制度解説』ぎょうせい，1993，439～440 頁.

89) 二木立『複眼でみる 90 年代の医療』勁草書房，1991，139 頁.

90) P. F. ドラッカー，上田惇生他訳『すでに起こった未来 ―― 変化を読む眼』ダ
　　イヤモンド社，1994.

91) 日本経営者団体連盟社会保障特別委員会「高齢者介護についての基本的考え
　　方（中間報告）」1995 年 9 月.

92) 社説「公的介護保険に必要な視点」「朝日新聞」1995 年 7 月 9 日朝刊.

93) 「厚生省・障害者保健福祉施策推進本部検討方針ペーパー（スケルトン案）」
　　1995 年 6 月 12 日.

94) 野村文枝「気になる介護保険の区分け ―― 8 割，給付対象外になる恐れ」「朝
　　日新聞」1995 年 9 月 16 日夕刊（名古屋版「フォーラム東海」）.

95) 長寿社会開発センター「平成 2 年 2 月実施ホームヘルパー派遣事業調査結果
　　報告書」1991.

96) 「支え合う老後 ―― 公的介護保険の審議は今 ――」「読売新聞社」1995 年 12 月
　　19 日朝刊.

97) 二木立『医療経済学 ―― 臨床医の視角から』医学書院，1985，210 頁.

# 第2章　介護保険法成立前の論争と中間総括

［本章には，介護保険論争がピークに達した1996年に発表した4論文を収録した．第1節では，老人保健福祉審議会が1996年1月に発表した「新たな高齢者介護制度についての（第2次報告）」の批判的検討を行うとともに，厚生省の拙速主義を批判し，1年間の国民的議論を行うことを提唱した．第2節では，同審議会が同年4月に発表した「最終報告」の3つの新しさを批判的に検討した．第3節では，厚生省が「介護保険制度大綱」を発表したことにより介護保険制度の骨格が固まったことを受けて，介護保険論争の中間総括を行い，法案具体化により決着したと私が考える5つの論点を示した．第4節では，介護保険制度が成立しても老後の不安が決して解消されない3つの理由を簡潔に示した上で，これらの不安を少しでも減らすための3つの改善提案を行った．］

## 第1節　老人保健福祉審議会「第2次報告」のもう1つの読み方
### ——「老人介護保険制度」に反対，1年間の国民的議論を

［1996年3月］

### はじめに

　老人保健福祉審議会は1996年1月31日「新たな高齢者介護制度について」の「第2次報告」を発表した．ただしこの報告は，新たな制度の下で提供される「介護サービスの具体的な内容，水準，利用手続」等についてのみ取りまとめたにすぎない．「公的介護保険の制度や費用負担のあり方」については今回も先送りされ，「別紙」で「制度分科会で検討された主な論点と基本的な考え方に関する議論の概要」が示されるにとどまった．しかしそれでもこの「別紙」から，保険料・「負担金」，利用料等の「費用負担のあり方」の骨格はほぼ固まったことがうかがわれる．

第 2 章　介護保険法成立前の論争と中間総括

　この「第 2 次報告」発表前後の厚生省担当者の公式発言によると，厚生省は，2 月末の老人保健福祉審議会「最終報告」の取りまとめを受けて，3 月中に「老人介護保険法案」・「老人介護保険法施行法案」（いずれも仮称）を予算非関連法案として今通常国会に提出して成立させ，1997年度から施行という，「超特急」スケジュールを考えている（ただし，本節執筆時点（1996年 2 月19日）での新聞報道によると，「最終報告」の取りまとめと法案の国会提出はこれよりもかなり遅れる見込みである）．

　私は，1 年前から，公的介護保険に対して，以下のような「複眼的」発言を続けてきた[1]．①公的責任による高齢者介護，特に在宅ケアの拡大には大賛成である．②しかし厚生省が検討している公的介護保険は，内容面でも，新しく作る制度に対する国民の合意を形成するというプロセス面でも，問題が多すぎる．③私は高齢者ケアの財源調達方式としては，社会保険方式よりも直接税を主たる財源とする租税負担方式の方が優れていると考える．しかしこの方式の実現可能性が現状ではほとんどないため，公的介護保険に「絶対反対」の立場はとらず，それを少しでもマシな制度にする――社会保険方式の弊害を軽減し，社会的に一番弱い人々（貧しい人々や重度の障害をかかえている人々）が不利な扱いを受けないようにする――ための「5 つの改善提案」を行う．表2-1に示す「5 つの改善提案（増補版）」は，1995年 3 月に『社会保険旬報』に発表した原案を1995年11月に補足したものである[2]．このような私の主張について詳しくは，今までに発表した 4 つの論文の「総集編」を最近一書（共著）にまとめたので参照されたい[3]．

　このような発言からお分かりいただけるように，私は公的介護保険に対する「絶対反対派」ではなく，「厳しい注文派」である．私としてはたいへん不本意なことだが，「条件付き賛成派」と誤解されたことすらある．

　しかし，「第 2 次報告」で骨格が明らかにされた「老人介護保険制度」は，私の「改善提案」とはまったく逆方向どころか，社会保険方式の枠内で「最悪」の制度であり，反対せざるをえない．さらに，上述した老人介護保険法の成立・施行をめざした「超特急」のスケジュールは，あまりに性急である．

第 1 節　老人保健福祉審議会「第 2 次報告」のもう 1 つの読み方

**表2-1　公的介護保険を少しでもマシな制度にするための 5 つの改善提案**

(1)無保険者が発生しないような制度的仕組みを導入する．
①保険料は所得に応じた定率負担にする．
②低所得者の範囲を現行規定より大幅に拡大した上で保険料の減免を行う．
③生活保護に「介護扶助」を新設し，その受給資格を大幅に緩和すると同時に，その給付範囲・水準を公的介護保険と同等とする．
(2)サービス受給者（対象者）を高齢者に限定せず，「高齢者以外の障害者」を含む．この場合，低所得の障害者の保険料は，一般の低所得者以上に大幅に減免する．
(3)低所得者の利用を抑制しないように，利用料はできるだけ低く設定すると同時に，医療の「高額療養費制度」と同種の自己負担の上限額を設ける．しかも，医療保険と介護保険の自己負担上限額の「プール制」を導入する．
(4)「重度の障害をもつような高齢者や一人暮らしで介護が必要な高齢者」に対する「24時間対応を基本とした在宅サービス」給付を明記する．
　さらに，ケアマネジメントで必要と判断されたサービスは，家事援助から24時間対応の在宅サービスまで，上限なしに給付する．24時間対応の在宅サービスの介護報酬は，一般のサービスの介護報酬よりも高めに設定する．
(5)在宅介護の給付を先行し，高齢者ケア施設の「一元化」や「一元的運用」は，関係者・国民の完全な合意が得られるまで先送りする．
〔補〕高齢者ケア施設の「一元化」のための 3 条件
①病院の療養環境の改善．最低限，特別養護老人ホームや老人保険施設並みの水準（入院患者 1 人当りの病室面積8.0㎡）にする．
　あわせて，4 人部屋からの差額徴収を廃止する．
　将来的には，保険での個室給付をめざす．
②病院・施設とも，患者（入所者）対看護・介護職員の最低基準を 2 対 1 に引き上げる．将来的に 1 対 1 をめざす．
　あわせて，特別養護老人ホームの医療機能を高める．
③老人病院等の不透明な保険外負担を解消する．

出所：二木立「公的介護保険の問題点」里見・二木・伊東『公的介護保険に異議あり』ミネルヴァ書房，1996.2.

　本節では老人介護保険制度に対する私の 7 つの反対理由を述べるとともに，新たな公的介護保障制度創設のために，「拙速主義」を排して 1 年間の国民的議論を行うことを提唱する．

## 1　「最悪」の社会保険制度になる危険——その 7 つの理由

　私は，「第 2 次報告」に沿って老人介護保険制度が創設された場合には，国際的・国内的に確認された社会保険の原則に反するだけでなく，日本が「お手本」にしているはずのドイツの介護保険と比べても欠陥だらけな，社

69

第2章　介護保険法成立前の論争と中間総括

会保険方式の枠内で「最悪」の制度になる，と考える．その理由は7つある．

　なお以下の7つの理由のうち，第1，第2，第3の理由はまだ確定しておらず，「第2次報告」の「本文」ではなく「別紙」に示されている．また，第6の理由も報告の「参考（資料）3」に含まれているものである．そのため，これらは新しい制度の根幹に関わる重大な問題・論点であるにもかかわらず，「第2次報告」の報道ではほとんど無視されている．たとえば，専門誌である『週刊社会保障』誌（2月12日号）ですら，「第2次報告」の報道時にこの「別紙」をまるまる省略している．そのためこのままでは，以下に述べる問題点は，ジャーナリズムによる検証や国民的な議論を経ないまま「最終報告」で確定され，一気に法制化される可能性が強い，と私は危惧している．

## 第1の理由——定額保険料は究極の逆進的負担

　第1の理由は，（高齢者の）保険料は「定額制を基本とすることが考えられて」いることである．これは社会保険の保険料は「定率制を基本とする」従来の国際的・国内的原則に反する．言うまでもなく，ドイツの介護保険の保険料は定率制（当面所得の1％）である．私の知る限り，定額の保険料・税は，イギリスのサッチャー政権が強行的に導入し，結果的に同政権の命取りともなった，悪名高い「人頭税」（定額地方税）——貴族も失業者も同額——くらいである．

　しかも驚くべきことに，このような社会保険の根幹に関わる大原則の変更が，「当面の保険料水準や事務の簡素化（！——二木），所得補足の相違等」の技術的・実務的理由により，まともな議論もなく行われようとしている．

　しかしもし，保険料が「定額制を基本とする」ことになれば，究極の逆進性となり，低所得者への負担の重さは消費税の比ではない．

　確かに，最近，「高齢者かわいそう論」批判論者が指摘しているように，高齢者世帯の「平均」所得が高くなっているのは事実である．しかし，他面，『平成6年版国民生活白書』が，厚生省「国民生活基礎調査」に基づいて明

70

らかにしているように，高齢者世帯の「所得階級別の分布をみると低所得層に大きくかたよっている」という，もう1つの事実もある．八代尚宏氏の「国民生活基礎調査」を用いた推計によると，現行の生活保護基準における最低生活保障水準を下回る所得水準の高齢者世帯は全体の3割（32.6％）も存在し，しかもこのような低所得世帯のうち現実に生活保護の適用を受けているのは約15％に過ぎないのである[4]．また，1992年度の老齢年金受給者の50％以上を占める国民年金の月額平均は3.5万円に過ぎない[5]．そのためこのままでは，定額保険料がこれら低所得老人層に重い負担となり，大量の保険料未納者→無保険者が発生する危険が大きい．

　さらに定額保険料は，財源調達という面でも，保険料水準と給付水準との「ジレンマ」を生むという致命的欠陥を持っている．具体的には，低所得者に配慮して保険料を低く設定すると，財源が十分に確保できず，低い給付水準にとどまる．逆に給付水準を高くするためには，保険料を引き上げねばならず，その場合には低所得者は保険料を支払えず，大量の保険料未納者→無保険者が出現する，というジレンマである．これは決して「机上の空論」ではなく，キャンベル氏が指摘しているように，わが国の拠出制国民年金（定額保険料）で生じている現実である[6]．

### 第2の理由――事業主負担が法定化されない可能性

　第2の理由は，このままでは，事業主負担が法定化されず，「企業福祉の観点から労使の話し合いで負担するような取扱い」になる可能性が強いことである．もしそうなれば，被用者の保険料は労使折半（あるいは使用者側の負担割合がさらに高い）という国際的・国内的な社会保険のもう1つの原則を崩すことになる．言うまでもなく，ドイツの介護保険では事業主負担（保険料の労使折半）が法定化されている．

　しかも，事業主負担が法定化されず「労使の話し合い」に任されることになれば，財政的余力のあるエリート企業・大企業のみで事業主負担が行われることになる．

もしそうなれば，①給与水準がもっとも高い労働者の「負担金」（これの意味は後述）が，低所得の中小零細企業労働者・自営業者よりも低くなるという，究極の不公平が生じることになる．その上，②公的介護保険が企業の労務管理の道具になる．さらに，③事業主負担が法定化されなければ，老人介護保険制度の財源が十分に確保できないことにもなる．

なお，堀勝洋氏や山崎泰彦氏等，公的介護保険支持派でも社会保険の専門家は，事業主負担の法定化を当然視している[7-9]（ただし，堀氏は当初，「介護保険料に事業主負担を導入することに問題はない」と企業側の抵抗を過小評価していた[7]）．

ここで公平のために言えば，厚生省は，現在でも水面下では，事業主負担の法定化の努力を続けている．しかし，厚生省は老人介護保険制度の早期成立を最優先しているために，財界・日経連と妥協して事業主負担の法定化を断念する可能性がある，と私は危惧している．

### 第3の理由—— （介護施設入所者の）利用者負担が急増

第3の理由は，利用者負担——少なくとも介護施設入所者の負担——が急増することである．具体的には，①利用者負担は，所得の多寡によらず，「受益に応じた公平な負担という観点から，定率負担を基本に置く」と同時に，②「施設における食費等日常費は，利用者本人の負担」とされる可能性が大きい．その上，③老人病院等の多額の保険外負担は従来通り温存・黙認される．さらに，④1994年4月医療費改定（療養型病床群では1993年4月改定）で導入された，4人部屋の差額徴収の容認もそのまま続けられることになる．

①の利用者の定率負担に関して，公的介護保険を最初に公式に提唱した「高齢者介護・自立システム研究会報告」（以下，「システム研究会報告」）では，「利用者負担のあり方」として，「サービス費用の一定率又は一定額を負担することが適当」とされていた．

利用者負担を定率とするか定額とするかも，社会保険の制度設計上の重要

第1節　老人保健福祉審議会「第2次報告」のもう1つの読み方

な問題である．しかも，現行の老人医療制度では定額負担が原則となっていることを考慮すると，老人介護保険で定率負担に変更するためには，相当の議論と理由づけが必要とされる．しかし，先述した定額保険料の場合と同じく，公表された「議事概要（議論の概要）」からみる限り，老人保健福祉審議会でこの点についてのまともな議論はなされていない．

　そもそも私は，医療・福祉サービスに「応益負担（受益者負担）」原則を当てはめるのは誤っている，と考える．なぜなら，宇沢弘文氏が指摘されるように，「医療（介護でも同じ——二木）はもともと，病気，怪我によって健康を喪失した人々を健康な状態に戻すという，防御的な面を持つ」のであり，「自分から進んで積極的に求め，享受しようとするという一般的な財・サービスとは異なって」いるからである[10]．

　それに対して，②の「施設における食費等日常費は，利用者本人の負担」とすることには，私も原則的には反対しない．ただし，その場合の絶対条件は，(a)医療・介護サービスは10割給付，(b)保険外負担の解消，(c)低所得者の利用料の大幅な減免，の3つである．これは決して「理想論」ではない．現に1987年に老人保健施設が創設された時，食事等の「実費相当額」が全額利用者負担とされたのと「引き替え」の形で，「療養費」は10割給付とされた．また，老人保健施設や特別養護老人ホームでは，老人病院と異なり，不明朗な保険外負担の徴収が厳しく規制されている．ドイツの介護保険でも，この「3条件」は守られている（そもそも「保険外負担」なる不透明な利用者負担は存在しない）．しかし，「第2次報告」で示されているのは，この逆，つまり介護施設入所者からの利用料の「二重（〜四重）どり」であり，とても賛成できない．

　③の老人病院等における多額の保険外負担の実態は，私が1992年に行った全国調査で明らかにした（1月当たりの負担は全国平均で6.6万円，首都圏では9.5万円[11]）だけでなく，連合が1994年に実施した「介護実態調査」によっても，再確認されている．それによると，入院患者の法定・法定外を含めた年間介護費用は一般病院で112万円，老人病院で129.2万円に達し，施設の

第2章　介護保険法成立前の論争と中間総括

77.3万円，在宅の68.8万円を大幅に上回っていた．このような老人病院等における多額の保険外負担はいまや厚生省担当者を含めて「常識」化しているが，やはり老人保健福祉審議会ではまともに議論されておらず，相変わらず「建て前」としては存在しないことにされている．そして厚生省流の形式論理学では，「存在しないはずのもの」は，老人介護保険制度の下でも規制されないことになる．

　④の病院の4人部屋の差額徴収が老人介護保険制度の下でも継続されることになると，利用者は同じ「介護施設」でも，特別養護老人ホームや老人保健施設の広い4人部屋（居室の1人当たり面積は前者が8.25平方メートル，後者は8.0平方メートル）に入った場合には差額は徴収されないのに，それよりもはるかに狭い（同6.3平方メートル）療養型病床群や介護力強化型老人病棟の4人部屋に入った場合には「差額ベッド代」を徴収されることがあるという，とんでもない不公平が起きることになる．

　以上の結果，このまま老人介護保険が制度化されれば，中・高所得層が特別養護老人ホームを利用する場合を除いては，介護施設利用者の法定・法定外負担が急増し，その結果，低所得者の施設利用が大幅に抑制されることになる．

　ここで公平のためにいえば，「第2次報告」は，利用者負担に関して，(a)「利用者……負担が著しく重くならぬよう医療保険における高額療養費と同様の仕組みを制度化すべき」と，私の「5つの改善提案」の(3)の一部を取り入れているし，(b)「低所得者層に対する軽減措置も講ずるべき」とも書いている．

　しかし，上述した2種類の保険外負担を野放しにしたままでは，このような法定負担のみを対象にした措置は焼け石に水にすぎない．さらに，従来の政策の延長では，「低所得者層に対する軽減措置」もごくごく手薄いものなる可能性が高い．たとえば，1994年10月実施の健保法改正により入院時食費の自己負担（1996年9月まで1日600円）が導入されたときに，低所得の老人（市町村民税非課税世帯の老齢福祉年金受給権者）の負担は1日300円に軽減さ

第1節　老人保健福祉審議会「第2次報告」のもう1つの読み方

れた．しかし，国会審議での横尾老人保健福祉局長（当時）の答弁によると，
この軽減措置の対象は全国でわずか約35,000人——老人保健加入者1,050人
のわずか0.3％！——にすぎなかったのである[12]．

### 第4の理由——社会的入院の事実上の認知

　第4の理由は，「療養型病床群及び老人性痴呆疾患療養病棟その他の介護
体制の整った医療施設」を，施設サービスの対象範囲に加えることにより，
社会的入院を事実上認知することである．この「第2次報告」の表現では，
老人介護保険の給付対象にされる医療施設は療養型病床群が中心なように見
える．しかしそれはまだ数が少なく，医療施設で対象範囲になるものの大部
分は，療養型病床群よりもさらに物理的な療養環境が劣る（入院患者1人当
たり病室面積4.3平方メートル．食堂や機能訓練室等の必置義務なし）の「介護
力強化型老人病棟」なのである．

　その上「第2次報告」では，「病院の……介護施設への転換を促進するた
め」に「療養型病床群の要件の緩和」＝療養環境の水準引き下げが提言され
ている．さすがにこれだけでは気がひけると思ったのか，「第2次報告」も
「介護施設については……必要な人員の配置基準や施設配備基準の改善が重
要である」と書いている．しかし，「第2次報告」の付属資料（参考3）「新
介護システムにおける高齢者介護費用及び基盤整備量の将来推計（粗い試
算）」では，将来的にも，療養型病床群等の物理的な療養環境や職員配置基
準の改善は予定されていない．

　これでは，現在の社会的入院費用の財源を医療保険から介護保険へ移しか
える（コストシフト）にすぎない．おそらく厚生省は，医療施設を「介護施
設」へ転換することにより，社会的入院を「法的に是正」したと言い張るの
だろう．これはもう1つの厚生省流形式論理学と言えよう．

　ここでも公平のために言えば，「第2次報告」では，「一般病院の長期入院
患者については，そのままの形で介護給付の対象とすることは適当ではな
い」としている．確かにこれは最低限の見識である．この点を理由にして，

75

第2章　介護保険法成立前の論争と中間総括

厚生省担当者は「社会的入院の追認」という批判をかわそうとしている。しかし、先述したように、「第2次報告」が提唱しているのは、これら一般病院の物理的療養環境を特別養護老人ホームや老人保健施設並みに引き上げることではなく、「療養型病床群の要件の緩和」＝療養環境の水準引き下げなのである。

## 第5の理由──「若年障害者」を排除しながら現役世代から「負担金」を徴収するのは社会保険原則の自己否定

　第5の理由は、介護保険の給付対象から「若年障害者（65歳未満の障害者）」を排除するにもかかわらず、現役世代から「負担金」の徴収を行おうとしていることである。これは、社会保険原則の自己否定に他ならない。言うまでもないことだが、ドイツの介護保険ではこのような、障害者の年齢による差別はない。

　「システム研究会報告」や老人保健福祉審議会「中間報告」が、社会保険方式採用の理由づけでもっとも強調したことは「保険料負担の見返りとしてサービス受給が位置づけられ」る、「保険料負担とサービス受益の権利の対応関係が明確」ということだった。しかし、今回の「第2次報告」では、現役世代は「サービス受給権のない負担者」という、社会保険方式では説明のつかない前代未聞の位置づけを与えられることになった。その結果、「システム研究会報告」と異なり「第2次報告」では、現役世代の負担は「保険料」ではなく、「社会全体の連帯で支え合う観点」からの「負担金」（2月15日の老人保健福祉審議会に提出された資料によると「拠出金」）と名付けられた。しかし、この「負担金」あるいは「拠出金」は、現役世代に対する新しい課税以外の何者でもなく、厚生省が強調してきた社会保険原則の自己否定に他ならない。

## 財源の8割は実質租税だが「排除原理」は残る

　その結果、老人介護保険制度は、その財源構成からみる限り、社会保険方

第1節　老人保健福祉審議会「第2次報告」のもう1つの読み方

**表2-2　2000年度の高齢者介護費用の財源割合の推計（%）**

| | | |
|---|---|---|
| 総費用 | | 100.0 |
| 施設整備費（全額租税負担）　（A） | | 15.0 |
| 介護サービス費 | | 85.0 |
| 　保険給付費（9割給付） | | 76.5 |
| 　　租税負担（給付費の5割）（B） | | 38.3 |
| 　　保険料・拠出金（給付費の5割） | | 38.3 |
| 　　　現役世代の「拠出金」　（C） | | 30.0 |
| 　　　老人加入者の保険料 | | 8.3 |
| 　利用者負担（1割負担） | | 8.5 |
| | | |
| （再掲） | | |
| 租税負担合計　名目 | （A＋B） | 53.3 |
| 　　　　　　　実質 | （A＋B＋C） | 83.2 |
| 保険料負担 | | 8.3 |
| 利用者負担 | | 8.5 |

注：(1)家族介護の社会的費用や家族介護に対す
　　る現金支給，自治体の超過負担，利用者の
　　保険外負担は含まない．
　　(2)1993年度老人福祉費（決算）に基づき，
　　施設整備費は総費用の15%と仮定．（総理府
　　「社会保障統計年報」）．なお，厚生省「高齢
　　者介護費用の推計」は施設整備費を含まな
　　い．
　　(3)介護サービス費に関する規定．
　　　①利用者負担は定率1割．
　　　②保険給付費のうち5割は租税負担，5
　　　割は保険料・拠出金負担．
　　　③拠出金は20〜64歳が支払い，1人当り
　　　の額は65歳以上の保険料と同額．2000年
　　　の20歳以上国民のうち20〜64歳は78.43%
　　　65歳以上は21.57%（厚生省人口問題研究
　　　所「日本の将来推計人口―平成4年9
　　　月」）により，拠出金と保険料とを按分．
　　(4)低所得者に対する保険料，利用料の減免
　　等は考慮していない．これらを含めると租
　　税負担割合はさらに高くなる．

式ではなく，限りなく租税負担方式に近いものなる．**表2-2**の注の条件・仮
定により2000年度の高齢者介護費用の財源割合を試算すると，老人加入者の
保険料の割合はわずか8.3%にすぎず，逆に租税負担割合が「名目」で53.3

第2章　介護保険法成立前の論争と中間総括

％，それに現役世代の拠出金を含めた「実質」で83.2％にも達するのである．

　しかしそれにもかかわらず，老人介護保険制度は建て前としては「社会保険方式」とされる．その結果，同制度は，実質的な租税負担が8割を超えるにもかかわらず，社会保険方式の最大のマイナス面である「排除原理」（里見賢治氏）――保険料負担を払えない低所得層を排除――をそのまま残すことになる[3]．

　私は，以前から，「高齢者以外の障害者」（「システム研究会報告」の表現）を排除することが，理念的にも，保険制度設計上も，公的介護保険の最大の欠陥と主張してきた．その理由は，以下の3つである．①理念的には，「国民誰もが，身近に，必要な介護サービスがスムーズに手に入れられるようなシステム」の構築という「普遍主義」の原則に反することである．障害の原因，種類だけでなく，年齢によって障害者の区別・差別をしないという「普遍主義」の原則は，国際的にだけでなく，国内的にも障害者基本法等により確認された障害者福祉の大原則である．②介護サービスにかかわる社会資源の有効利用という点からみても，高齢障害者用と高齢者以外の障害者用の2つのシステムをつくることにより，ムダや非効率が発生する．③保険設計上も，現役世代を被保険者（「システム研究会報告」の表現）としてのみ位置づけ受給者とはしない方式では，現役世代の保険料拠出意欲が大幅に低下し，大量の保険料未納者→無保険者が発生する[3]．

　「第2次報告」は，このような批判に耳を傾けず，若年障害者排除に固執した結果，社会保険原則の自己否定に陥ったのである．

　なお，「第2次報告」直後に発表された経済企画庁「介護保険の経済分析」は，「公的介護保険の必要性」を認めながらも，「心身障害者への介護サービスを高齢者と全く切り離して，措置という『欠陥のある』公的福祉サービスの対象にとどめることの根拠は明らかではない．……公的介護保険の対象を特定の年齢で区切ることの利点はもっぱら行政上の便宜以外には考えられない」と，婉曲に（しかし厳しく）厚生省の方針を批判しており，注目される[13]．しかも，この経済企画庁研究報告における「介護費用の将来推計」は，

78

厚生省推計に比べはるかに「透明」（推計の根拠・資料を明示）なだけでなく，厚生省推計と異なり「介護保険料と給付の選択肢」別の複数の推計を行っており，今後介護保険を検討する場合の「必読文献」と言える（ただし，この介護費用の将来推計も，厚生省推計と同じく，主として「国の基準額」を用いて行っているため，過小推計）．

### 第6の理由──老人介護施設の事実上の削減を予定

第6の理由──「第2次報告」の報道で完全に見落とされている「盲点」──は，先述した「第2次報告」付属の「参考3」「新介護システムにおける高齢者介護費用及び基盤整備量の将来推計（粗い試算）」では，今後2010年に至るまで「介護施設（特別養護老人ホーム，老人保健施設，療養型病床群等）」の事実上の削減が計画されていることである．

表2-3を見られたい．この表は，「参考3」中の「高齢者介護費用の基盤整備量の将来推計」に，介護施設・ホームヘルパー数の「65歳以上人口（75歳以上人口，要介護老人）に対する割合」を加えたものである．今後高齢（要介護）者が急増することを考えると，厚生省発表のように，介護施設・ホームヘルパー等の整備目標の実数を示すだけではまったく不十分であり，このような割合をあわせて示す必要がある．

それによると，ホームヘルパーは今後実数・割合とも急増すると推計されている．しかし驚くべきことに，介護施設入所者数は実数で1993年以降2000年まで減少し以後2010年まで微増，3つの割合はいずれも1993年をピークにして2010年まで減少し続ける，と推計されているのである！　たとえば要介護老人（寝たきり老人プラス要介護の痴呆性老人）に対する介護施設入所者の割合は1993年の76％から2000年の40％へと，半減する．

厚生省は，1995年に発表した2000年までの「高齢者介護費用の推計」において，「新ゴールドプランに基づく住宅サービスの充実，リハビリテーションの充実強化により，今後高齢化率の伸びに比例して，新たに増えると見込まれる施設入所者の伸びが10％抑えられるものと仮定」していた[14]．今回発

第2章　介護保険法成立前の論争と中間総括

### 表2-3　高齢者介護の基盤整備量の将来推計―実数と老年人口等に対する割合

| 年度 | （平5）1993 | （12）2000 | （17）2005 | （22）2010 |
|---|---|---|---|---|
| 65歳以上人口総数（万人） | 1,690 | 2,170 | 2,473 | 2,775 |
| 75歳以上人口総数（万人） | 668 | 874 | 1,093 | 1,302 |
| 75歳以上人口／65歳以上人口（％） | 39.5 | 40.3 | 44.2 | 46.9 |
| 要介護老人等（万人） | | | | |
| ①寝たきり | 90 | 120 | | 170 |
| ②要介護の痴呆性老人 | 10 | 20 | | 30 |
| ③虚弱老人 | 100 | 130 | | 190 |
| ①＋② | 100 | 140 | | 200 |
| ①＋②＋③ | 200 | 280 | | 390 |
| 介護施設入所者数（万人） | | | | |
| 特別養護老人ホーム | 19.4 | 28.7 | 31.6 | 33.2 |
| 老人保健施設 | 7.6 | 24.9 | 37.4 | 28.8 |
| 療養型病床群等 | 11.6 | 15.6 | 17.1 | 18.0 |
| 計 | 38.6 | 69.2 | 76.0 | 80.0 |
| 介護施設入所者割合 | | | | |
| 対65歳以上人口（％） | 2.3 | 3.19 | 3.07 | 2.88 |
| 〔参考〕対75歳以上人口 | 5.8 | 7.92 | 6.95 | 6.14 |
| 対要介護老人〔①＋②〕 | 38.6 | 49.4 | | 40.0 |
| ホームヘルパー数（万人） | 6.9 | 17 | 34 | 56 |
| 対65歳以上人口（％） | 0.41 | 0.78 | 1.38 | 2.02 |
| 〔参考〕対75歳以上人口 | 1.04 | 1.94 | 3.11 | 4.30 |
| 対要介護老人〔①～③〕 | 3.46 | 6.7 | | 14.36 |

資料：老健審「第二次報告」の「参考3」

　　　総務庁「平成5年10月1日現在推計人口」

　　　厚生省人口問題研究所「日本の将来推計人口―平成4年9月」「国民衛生の動向1995年」より作成.

注：(1)1993年度のホームヘルパー数は「年度末実績」（当初予算上は5.24万人），1993年度の特養ホーム，老健施設は入所者ではなく定員．1993年度の療養型病床群等は，療養型病床群（94年10月）と介護力強化型病院（94年7月）の合計数.

　　　(2)各種割合は二木試算.

　　　(3)1993年の65歳以上の各種施設入所者中の75歳以上の者の割合：特養ホーム79.7％，老健施設83.5％，医療施設（6カ月以上入院）69.2％（厚生省「社会福祉施設等調査」「老人保健施設調査」「患者調査」）．1990年のホームヘルプを受けている65歳以上の老人世帯のうち75歳以上の世帯の割合：74.9％（長寿社会開発センター「ホームヘルパー派遣事業実態調査」）.

表された2010年までの推計から判断すると，厚生省はこのような施設入所の抑制を2000年以降さらに加速できる，と期待しているようである．

　しかし，このような仮定・期待は国際的な常識を無視した「幻想」である．なぜなら，1980年代以降欧米諸国で精力的に行われた住宅ケアと施設ケアとの厳密な経済分析（費用効果分析）により，在宅ケアは施設ケアの「代替」ではないこと，在宅ケアを拡充して減らせるのは短期入所の施設ケアに限られ，長期入所の施設ケアの削減は不可能なことが，もはや疑問の余地なく明らかにされているからである[15]．また，世界最高水準の在宅ケアを実施している北欧諸国の老人ホーム定員数（人口対比）は，わが国の施設入所者数（病院の社会的入院を含む）を上回っている[16,17]．さらに，わが国の経験でも，都道府県別の老人人口対比の施設入所者数とホームヘルパー数の間に「代替」関係は認められていない（この点については，別に報告予定）．

　そのために，厚生省の推計通りに介護施設入所者数が厳しく抑制された場合には，①要介護老人の相当数が不十分な在宅ケアを受けながらの在宅生活の継続を余儀なくされるか，②病院への文字どおりの「社会的入院」を続けることになる，と危惧される．

### 第7の理由――基本理念に「高齢者自身の自立・自助を基本」が密輸入

　第7の理由は，「新制度における介護サービスの提供」の「基本理念」の最後「(6) 市民の幅広い参加と民間活力の活用」中に，「高齢者自身の自立・自助を基本としつつ」という言葉が挿入されたことである．これは，介護の社会化・公的介護の拡大に消極的な日経連の主張――「高齢者介護についても，基本的には，自助（自立）努力が最も重要と位置づけるべきである」――を密輸入したものである[18]．これにより，老人介護保険制度の基本理念は，「システム研究会報告」が高らかに掲げた「高齢者の自立支援」から180度転換した，といわざるをえない．

　なぜなら，同じ「自立」と言っても，「システム研究会報告」で掲げられていた「自立」とは，高齢障害者がたとえ身体面では介護を必要とするよう

81

第 2 章　介護保険法成立前の論争と中間総括

になった場合でも，「自らの意志に基づき，（精神的・社会的に――二木）自立した質の高い生活を送る」という意味での自立であり，そのための社会的支援を行うためのシステムの確立が提唱されたのである．これは現代の障害者福祉やリハビリテーションで確認されている新しい「自立」概念であり，私も大賛成である[19]．しかし，「第 2 次報告」で強調されている「高齢者自身の自立・自助を基本」とは，「社会保障の全面的な見直し」をめざした10数年前の臨調行革路線で強調された「個人の経済的責任」という意味での古色蒼然とした「自立」概念の復活である．

　このような理念の（隠れた）転換が，将来的に，財源難を理由にして，公的介護の拡充にブレーキをかけることになることは確実である．

## 2　「拙速主義」をやめ，1 年間の国民的議論を

　以上の 7 つの理由を読まれれば，読者は，厚生省が「超特急」で成立をめざしている老人介護保険制度は社会保険方式の枠内で「最悪」の制度という私の批判が，決してオーバーでないことを理解されよう．私の評価に全面的に賛成しない場合でも，新たに作られようとしている制度が多くの問題を含んでいることは理解していただけるだろう．

　さらに，それ以前の問題として，公的介護保険は国民の間でほとんど知られていない現実がある．1995年12月に発表された総理府「高齢者介護に関する調査」が明らかにしたように，公的介護保険の創設について検討されていることを「知っている」国民はわずか13.1％にすぎず，「知らない」国民が70.5％に達していたのである．

　そのために，私は，国民の理解と合意を得て新しい制度を作るという「国民主権」の視点から，老人介護保険制度を「拙速主義」で法制化するのではなく，その前段階として，厚生省が介護サービスの給付と負担の両方について嘘偽りのない情報を国民に徹底して公開した上で，社会保険方式にこだわらずに，どのような公的介護保障制度を作るかについての国民的議論を 1 年間継続的に行うことを提案したい．

第1節　老人保健福祉審議会「第2次報告」のもう1つの読み方

このように書けば，厚生省や厚生省サイドの研究者は，十分に情報は公開
しているし，基本的な論議は尽くしたと反論するだろう．しかし，すでに詳
しく実例をあげて明らかにしたように，公的介護保険に関しては，その是非
を判断するために必要な情報提供が十分に行われていないだけでなく，意図
的な「情報操作」や偽りの情報「提供」さえ行われているのである[2,3]．

## 「第2次報告」は情報操作の第3段階

さらに私は，「第2次報告」そのものが厚生省による公的介護保険創設へ
向けた情報操作戦略の第3段階である，と考えている．

その第1段階とは，「システム研究会報告」（1994年12月）から老人保健福
祉審議会「中間報告」（1995年7月）にいたる時期である．両報告では，高尚
な「基本理念」（「高齢者の自立支援」，「サービスの普遍性」等）が高らかに掲
げられる一方，租税負担方式の一形態である措置制度の全否定と社会保険方
式の美化が行われ，国民の公的介護拡充への期待を公的介護保険支持へと誘
導した[1]．

第2段階とは，1995年9～12月の老人保健福祉審議会への膨大な資料提出
による情報操作である．その中心をなすのは高齢者介護の総費用と国民1人
当たり負担額の将来推計の意図的な過小推計であり，それにより（社会保険
方式では）北欧並みのサービスが定額の保険料負担で「買える」＝「高福祉
低負担」が可能であるかのような幻想を国民に与えようとした[2,3]．

そして第3段階である「第2次報告」では，「サービスの具体的な内容，
水準」等についてのみ先行して発表し，「公的介護保険の制度や費用負担の
あり方」については，またまた先延ばしした（ただし上述したように，骨格は決
まっている）．それにより，ジャーナリズムや国民が前者にのみ注目するよ
うに誘導した．

以上の3段階の情報操作で一貫しているのは，社会保険方式の具体的な制
度設計についての提案や情報提供がほとんど行われていないことである．行
われているのは公的介護拡充の必要性とそのために必要な費用に関する情報

83

第2章 介護保険法成立前の論争と中間総括

提供のみであるが，これは，社会保険方式をとるにせよ租税負担方式をとるにせよ，公的介護を拡充する国民的合意を得るために不可欠な議論にすぎない．

しかし，厚生省はこのような3段階の情報操作を行った上で，最後に，老人保健福祉審議会「最終報告」で初めて「公的介護保険の制度や費用負担のあり方」（ただし骨格）について明らかにし，それについての国民的な議論を抜きにして，一気に老人介護保険法を成立させようとしている．しかも，そのように拙速で作った法律は制度の骨格・「総論」を規定するにとどまるため，制度の細部・「各論」は，国民的な議論を経ないまま，厚生省が（各種審議会を隠れ蓑にしながら）省令等で一方的に決めることになる．このような「官僚独走（独裁）」を予防するためにこそ，私は法成立に先立っての1年間の国民的議論が必要だと考える．

**「介護は待ったなし」だから拙速は許されるか？**

このような私の提案に対して，善意で公的介護保険の早期成立を支持する人々は，「介護は待ったなしだから，賛成できない」と言われるかもしれない．実は，これは，「第2次報告」をめぐるテレビ討論（NHK・衛生放送第1で2月4日夜に放映された「検証・公的介護保険」）で，私が実際に受けた反論である．しかし，このような善意の主張は次の3点で誤っている．

第1に，別に詳しく示したように，「システム研究会報告」や厚生省サイドの研究者の主張とは逆に，「介護の長期化」は「まったく新しい事態」ではなく，少なくとも30年前から生じているのである．「介護は待ったなしだから……」という主張は，このような事態を30年間も放置してきた厚生省の行政責任を事実上免罪するものである[2,3]．

第2に，この主張は，老人介護保険制度の早期成立の有無にかかわらず，政府には新ゴールドプラン実施のための予算を確保する政治的義務があることを見落している．「高齢者保健福祉推進10か年戦略の見直し」である「新ゴールドプラン」は，決して厚生省独自の計画ではなく，1994年12月に，大

第1節　老人保健福祉審議会「第2次報告」のもう1つの読み方

蔵・厚生・自治3大臣が合意した政府の公約なのである．その上厚生省の推計をみても，たとえ老人介護保険制度が早期に成立しても，少なくとも2000年までは，新ゴールドプランに比べ，介護サービスが大きく拡充するわけではない．つまり，老人介護保険制度が早期に成立しないと介護サービスが拡充しないとするのは，主観的な意図は別にして「デマ」である．

第3に，わが国の民主主義を守るためにも，国民にとってきわめて重要な制度を，国民の理解と支持を得ないまま，拙速で成立させるべきではない．しかも，このままでは，新しく創設される老人介護保険制度は，公的介護保険の無批判的推進派がかつて幻想をふりまいたような「不安なき老後への福祉革命」にはほど遠い「課題の先送り」（西三郎氏）をしただけの制度になる可能性が高い[20,21]．その上拙速で制度を実施すれば，サービスの利用者，供給者（自治体を含む）の双方に大変な混乱が生じる．この場合最大の被害を受けるのは，社会的にもっとも弱い立場に置かれている貧しい人々や重度の障害をかかえている人々である．しかしそれだけは絶対に避けねばならない，と私は考える．

## おわりに

本節では，「第2次報告」で骨格が明らかにされた「老人介護保険制度」が，「費用負担のあり方」等社会保険方式としては致命的欠陥をかかえていることを明らかにした．他面，「第2次報告」の中心的な内容とされ，一般の報道では詳しく紹介されている「介護サービスの具体的な内容，水準，利用手続き」等については，社会的入院を事実上認知した「施設サービスの対象範囲」以外，ほとんど触れなかった．本節のタイトルを「『第2次報告』のもう1つの読み方」と限定したのは，そのためである．

私も，「第2次報告」に示された「介護給付の内容・範囲」のうち在宅サービスの部分は，全体的に評価している．特に，当初介護保険の給付対象から除外する方向で検討されていた「いわゆる虚弱老人に対する家事援助サービス」が，条件付きではあれ給付対象とされたことは，当然とはいえ一歩前

85

第2章　介護保険法成立前の論争と中間総括

進である．さらに，「参考（資料）1」に示された「要介護高齢者に対する
サービスモデル」は，従来の公的在宅ケアの水準を大きく超えるものであり，
厚生省担当者の努力に率直に敬意を表したい．もしこのレベルの在宅サービ
スが本当に実施されれば，重度の身体障害をかかえていても，知的障害がな
く，しかも医学的状態が安定している高齢障害者の在宅生活の質は大幅に向
上するだろう．

　この点にのみ注目して，老人介護保険制度の早期成立を支持する方も少な
くないが，私はそうは考えない．理由は3つある．

　1つは，この在宅ケアの「サービスモデル」を支持することと，そのため
の財源調達方式として社会保険方式——ましてや現在計画されている「最
悪」なもの——を支持することとは，まったく別問題だからである．私は，
高水準の在宅サービスを「普遍的」に提供するには，租税負担方式の方が優
れているし，次善の策として社会保険方式を選択する場合にも，「はじめに」
で紹介した私の「5つの改善提案」を満たす必要がある，と考える．

　もう1つの理由は，厚生省が発表している費用の試算はマクロ的にもミク
ロ的にも極端な過小推計のため，この「サービスモデル」を含めて，現在う
たわれている在宅サービスの「内容・範囲」のうち相当部分が「絵に描いた
餅」になる危険性が高いことである．マクロ的な「高齢者介護費用額の推
計」が過小推計である5つの理由は，すでに指摘した[2,3]．この点に関して
は，最近，西村周三氏が独自の推計を行い，厚生省による過小推計を批判し
ている（NHK総合で2月11日夜放映された「日本の選択・公的介護保険——第1
回誰がどれだけ負担するのか」）．さらに，ミクロ的にも，上記「サービスモデ
ル」の費用推計（月額）が，大都市部の「相場」より3～4割も低いことは，
最近滝上宗次郎氏が具体的に指摘している[22]．

　「絵に描いた餅」になる危険性はもう1つある．それは，厳しい予算制約
の下で要介護認定とケアプランの作成が行われる場合には，「サービスモデ
ル」に示された高水準のサービス給付の対象がごくごく限定されるからであ
る．

86

第1節　老人保健福祉審議会「第2次報告」のもう1つの読み方

　それだけに，今求められているのは，「介護はまったなし」，「老人は待て
ない」といった情緒的議論ではなく，事実に立脚した理性的な議論と選択な
のである．そのためにも，「拙速主義」を排して1年間の国民的議論を行う
ことを改めて提案し，本節を終わりたい．

**文　献**

1）二木立「公的介護保険一辺倒の議論に異議あり」『社会保険旬報』1867・1868
号，1995．

2）二木立「公的介護保険 —— 問題点，予測，そして改善提案」『月刊／保険診
療』1996年1・2月号．

3）里見賢治・二木立・伊東敬文『公的介護保険に異議あり —— もう1つの提案』
ミネルヴァ書房，1996年．[本書第1章]

4）八田達夫・八代尚宏編『「弱者」保護政策の経済分析』日本経済新聞社，1995，
248頁．

5）川上則道「老後の生活保障に役立つ年金制度改革は可能である」『エコノミス
ト』1995年3月7日号．

6）ジョン・C・キャンベル著，三浦文夫・坂田周一監訳『日本政府と高齢化社会』
中央法規，1995年，108・112・488頁．

7）堀勝洋「介護費用の財源政策」．社会保障研究所編『社会保障の財源政策』東
京大学出版会，1994年，185〜214頁．

8）堀勝洋「介護費用の財源 —— 公的介護保険の制度化に当たっての論点」『日本
労働研究雑誌』427号，1995．

9）山崎泰彦「介護保険・制度設計の論点と方向」『GP net』1995年10月号．

10）宇沢弘文編『医療の経済分析』日本評論社，1990，4頁．

11）二木立『90年代の医療と診療報酬』勁草書房，1992，198〜230頁．

12）二木立『「世界一」の医療費抑制政策を見直す時期』勁草書房，1994，30頁．

13）八代尚宏・他『介護保険の経済分析』（経済分析 —— 政策研究の視点シリーズ
5）経済企画庁，1966，11頁．

14）厚生省高齢者介護対策本部事務局監修『新たな高齢者介護システムの確立に
ついて —— 老人保健福祉審議会中間報告』ぎょうせい，1995，65頁．

15）二木立『日本の医療費 —— 国際比較の視点から』医学書院，1995，173〜197
頁．

16）二木立『現代日本医療の実証分析 —— 続 医療経済学』医学書院，1990年，
8・10頁．

17）Doty P: Long-term care in international perspective. Health Care Financ-
ing Review 1988 Annual Supplement, 145-155.

18）日本経営者団体連盟社会保障特別委員会「高齢者介護についての基本的考え
方（中間報告）」1995年9月．

第2章　介護保険法成立前の論争と中間総括

19）上田敏『リハビリテーションを考える』青木書店，1983，22〜42頁．
20）岡本祐三監修『公的介護保険のすべて——不安なき老後への福祉革命』朝日カルチャーセンター，1995．
21）西三郎「老人審・中間報告を読んで——新たな制度の創設は課題の先送り」『月刊民病研』89号，1995．
22）二木立・向井承子・滝上宗次郎「（座談会）公的介護保険——私が賛成できない理由」「世界」1996年4月号．


# 第2節　老人保健福祉審議会「最終報告」の3つの「新しさ」

[1996年5月]

## はじめに——公的介護保険は富士山か？

「○○は富士山のような奴だ．遠くで眺めているとすばらしいが，近づくとアラばかりが目立つ」．これは，政界で聞かれる政権党のある有力政治家評である．しかしこの喩えは公的介護保険にこそピッタリあてはまる，と私は考える．

1994年12月に高齢者介護・自立支援システム研究会が「高齢者の自立支援」を高らかに掲げた公的介護保険を最初に提案したとき，多くの人々がそのすばらしい「基本理念」に共鳴し，公的介護保険への強い期待や支持を表明した．それの具体案が出ないうちから，「不安なき老後への『福祉革命』」とまで持ち上げる人々すら現れた．

しかしその後，老人保健福祉審議会（以下，老健審）の審議が進み，「中間報告」，「第2次報告」等が発表され，公的介護保険の具体像が明らかになるにつれて，それの「アラばかりが目立つ」ようになった．そして1996年4月22日に発表された「最終報告」はその「だめ押し」となった，と私は考える．これは私の独断ではない．ジャーナリズムの報道を見ても，「第2次報告」発表以後，厚生省発表を鵜呑みにしたものは影を潜め，逆に公的介護保険への疑問や不安を指摘するものが急増しているからである．

第2節 老人保健福祉審議会「最終報告」の3つの「新しさ」

**表2-4 公的介護保険に反対する7つの理由**

①定額保険料は究極の逆進的負担
②事業主負担が法定化されない可能性
③（介護施設入所者の）利用者負担が急増
④社会的入院の事実上の認知
⑤「若年障害者」を排除しながら現役世代から「負担金」を徴収するのは社会保険原則の自己否定
⑥老人介護施設の事実上の削減を予定
⑦基本理念に「高齢者自身の自立・自助を基本」を密輸入

それにもかかわらず厚生省は，「最終報告」に基づいて高齢者介護保険制度の試案を超スピードで作成し，「6月はじめに法案として今国会に提出する」（菅厚生大臣）方針をなお変えていない．ただし，さすがの厚生省も「最終報告」発表と同時に，法案の今国会での成立と1997年度からの実施は正式に断念した．そのため，『『拙速主義』をやめ，1年間の国民的議論を」という前節での私の提案が現実化する条件が生まれた[1]．

本節では，「最終報告」の総花的検討は避け，それに現れた3つの（悪い意味での）「新しさ」──これらはジャーナリズムの「最終報告」報道・解説の盲点でもある──に焦点をしぼって，批判的検討を加えたい．なお，「最終報告」で示された公的介護保険の「骨格」は「第2次報告」のそれと基本的には同じであるため，前節で示した私が公的介護保険に反対する7つの理由（**表2-4**）は「最終報告」にもそのまま当てはまる．この7つの理由と今回示す3つの「新しさ」により，読者は，公的介護保険は「社会保険方式の枠内で『最悪』の制度」という前節での私の評価が決してオーバーではないことを理解されよう．

なお厳密に言えば，私の前節での第1の反対理由にかかわる，「第2次報告」の「保険料については……定額を基本とする」考え方は，「最終報告」では定額保険料に定率保険料を「加味することが考えられる」と微修正された上で，当面は①定額保険料とする案，②所得段階別の定額保険料とする案，③定額＋定率保険料とする案の3案が併記された．しかし私が得た情報では，厚生省はあくまで「定額を基本とする」ことに固執している．たとえば菅厚

89

第2章　介護保険法成立前の論争と中間総括

生大臣は、「最終報告」に先立つインタビューで「保険料は所得の水準にかかわらず、全世代均等割りの定額方式」にすることを明言している[2]。

## 1　第1の新しさ——公私「2階建て」・公私混合の介護保険制度

　第1の新しさは、厚生省が公私「2階建て」の介護保険制度を作ろうとしていることが明確になったことである。

　私は、公的介護保険が水面下で構想されていた時点（1994年9月）から、この点について以下のように指摘していた。「『公的介護保険』（仮称）創設の目的も、現在欠落している福祉分野の『標準的サービスの給付』を制度化することである。そして、福祉分野でも、公的介護保険と、それに利用者負担の自由契約サービスが『上乗せ』された『2階建て制度』が構想されているのである。つまり、公的介護保険が制度化された場合にも、それにより老人・障害者の介護サービスのすべてあるいは大半が公的給付になるわけではない。」[3]

　ただし、この点は「第2次報告」までは、必ずしも明確にされていなかった。逆に、厚生省担当者や厚生省系研究者は、「お金の集め方はドイツ流だが、サービスの量や質は北欧並みのサービスを目指したい」、「介護も社会保険でやるほうが、北欧並みの介護レベルを実現するより現実的な近道」といった発言を繰り返して、公的介護保険に対する幻想をふりまく一方、この点について正面から論じることを意識的に避け続けていた。

　しかし、「最終報告」では、「第2次報告」にあった「公的介護保険が提供すべき水準は、国民が必要にして十分なものとすべき」にあった「公的介護保険が提供すべき水準は、国民が必要にして十分なものとすべき」という正論が完全に消え、逆に、「第2部介護サービスのありかた」の「3.介護給付額の設定とサービスの水準」で、「介護の必要度に応じて設定された介護給付額の……超過分を本人が負担すれば、介護給付額の限度額を超えて介護サービスを利用することも可能」（14頁）と明記された。さらに、「第3部介護保険制度のあり方」の「8.民間セクターの役割」では、「民間事業者が介

護保険給付として標準的に行われるサービスを超えるサービス（上乗せ—追加的サービス）又は介護給付として行われるサービスメニュー以外のサービス（横だし——追加的メニュー）を行うという役割もある」（33頁）と明記された．

　この2つを重ね合わせると，公私「2階建て」の介護保険制度がくっきりと浮かび上がってくる．民間保険の役割に関して，「最終報告」はなお「今後民間介護保険の参入が容易になるものと考えられる」と「控えめ」な表現をしている．しかし，4月17日の老健審に提出された「最終報告（素案）」——厚生省の「本音」がより正直に書かれている——では，この部分は「今後民間介護保険を拡大することが期待される」と，露骨に表現されていたのである．

### 突然の民間介護保険奨励に2つの背景？

　公私「2階建て制度」の創設が厚生省の当初からの「狙い」とは言え，それが「最終報告」で突然これほどあからさまに表現されたのは異例である．私はこれには2つの背景があると想像している（ただし，「物証」はない）．

　1つは，厚生行政に対して絶大な影響力を有する橋本龍太郎首相が「筋金入り」の社会保障2階建て論者であること．同氏は，「最終報告」発表翌日（4月23日）の参議院予算委員会で，阿部正俊参議院議員（前厚生省老人保健福祉局長）の質問に答えて，次のように自説を展開している．「今の医療保険の仕組みが保険診療と自由診療の二者択一になっている，この考えを本当に捨ててもらいたい．基礎部分は公費で，その上にそれぞれの自己責任による選択で私保険，民間保険を組み合わせることを，私はもう認めていいということを数年前から言い続けてまいりました．今後私は，一層そうした私保険の多様な商品開発というものがニーズの多様化と相まって民間保険の役割を増やしていくのではなかろうか，そういう感じを持っております」．

　もう1つは，日米経済摩擦対策あるいは「外圧」である．アメリカ政府が1996年1月に保険，半導体等の4分野を対日通商交渉の重点課題に指定して

91

第2章　介護保険法成立前の論争と中間総括

以来，保険——特に疾病（がん），介護，障害保険などの「第3分野」——
の扱いをめぐる日米の対立が強まっている．そのために厚生省は，介護保険
分野で圧倒的なシェア（96%）を持つ外資系企業（アメリカンファミリー生命
保険），ひいてはアメリカ政府からの「公的介護保険は民業圧迫」といった
批判・圧力をかわすために，「最終報告」で公的介護保険の役割を限定し民
間保険育成の姿勢を鮮明にした，と考えられる．

**営利企業の訪問看護サービスへの参入も奨励**

　このような介護保険の公私「2階建て」化に対応して，「最終報告」では，
「第2次報告」に比べて，営利企業の参入範囲も大幅に拡大した．

　「第2次報告」では，「介護サービスの事業主体について」，一般的に「で
きる限り多様な主体の参加を求めていくべき」とした上で，「特に在宅介護
サービスについては……既に民間事業者がサービスを担っており，……でき
る限り柔軟な対応を行うべき」と，限定的に書かれていた．ところが「最終
報告」では，「ホームヘルプサービスや訪問看護婦サービスなどの在宅サー
ビスについては，……」と，新たに営利企業による訪問看護サービスなどの
提供を認めることを提案した（20頁）．「最終報告」では「訪問看護サービス
など」と抽象的に書かれているが，4月22日の老健審提出資料「公的介護保
険と民間活力の活用」では，「従来，民間事業者の参入が認められていなか
ったデイサービス，ショートステイ，訪問看護についても参入を認めること
が考えられる」と，在宅ケアの全分野にわたって営利企業の参入を解禁する
ことを提案している．

　従来，日本医師会は「営利法人の指定訪問看護事業者への指定」について
は，「営利法人に雇用された場合には，患者に対する訪問看護の実施に当た
って，医学的判断よりも利潤を優先した判断を余儀なくされ，その結果，適
当な医療が行われないおそれがある」等の理由から，「特に慎重な対応が必
要である」という「見解」を公式に表明してきた（『社会保険旬報』1892号，
1995年）．それにもかかわらず，日医代表の老健審委員が「最終報告」のこ

92

第2節　老人保健福祉審議会「最終報告」の3つの「新しさ」

の部分に賛成したことに，私は疑問を感じる．

## 介護サービス価格の自由化で介護の「階層消費」が生じる

　医療・福祉関係者の中には，善意から，在宅サービスの供給量を増やすためには営利機関の参入を認めることが必要と考えている方が少なくない．

　しかし，それは余りに単純な発想である．なぜなら，営利企業を公的介護保険の「介護サービス提供機関」として認定することは，現行の営利企業の市町村の委託を受ける形での参入や，老人医療制度の訪問看護事業への営利企業の参入承認とは，まったく意味が異なるからである．つまり，委託の場合にも，老人医療制度の場合にも，委託費用・保険から支払われる「療養費」はあらかじめ決められており，営利企業が利用者から追加料金を徴収することは禁止されている．それに対して，公的介護保険制度の下では，この制約は外され，営利企業は介護保険が設定する各介護サービスの「費用単価」を上回って自由に料金設定でき，両者の差額は利用者負担とされる可能性が強いのである．

　私は，以前は，公的介護保険での介護サービス給付に関しても，医療保険の場合と同様に，各サービスごとの公定料金（「介護報酬」）が設定されると予想していた．しかし「最終報告」をすなおに読む限り，この可能性は小さい．これは決して私の「深読み」ではなく，上述した資料「公的介護保険と民間活力の活用」では，「介護給付と民間サービスの組み合わせ……公的介護保険による介護給付と民間サービスを組み合わせて利用することが可能」と明記され，わざわざ「医療保険では，一部の例外を除き，保険診療と自由診療との併用を認めていない」ことと対比されているのである．これでは，公私「2階建て」化というより，「公私混合化」である．

　これでは現在営利企業が主として大都市圏で販売している全額自費の「高かろう良かろう」式の在宅サービスが公的介護保険給付の対象になった場合にも，それを利用可能なのは，多額の追加的利用者負担が可能な高〜中の上所得層か民間保険加入者に限られることになる．このことは，介護の分野で

93

第2章　介護保険法成立前の論争と中間総括

も，利用者の支払い能力によって受けられるサービスの質と量が変わるという「階層消費」が生じることを意味する．

　しかし，これは公的介護保険の金看板である「サービスの普遍性」原則に反する．私は，①今までの実績を考慮して，営利企業を公的介護保険の在宅介護「サービス提供機関」に認定することには反対しないが，その場合にも，保険給付されるサービスについては「差額徴収」を認めるべきではない，また②営利企業の公的訪問看護事業への参入は従来通り認めるべきではない，と考える [**補注**：最終的には，介護報酬は公定料金とされ，差額徴収は禁止された]．

## 「標準的サービス」さえ給付されない可能性

　このような私の批判に対しては，「たとえ公私『2階建て』になっても，標準的に必要とされるサービスは公的介護保険から給付されるから問題ない」という反論が予想される．確かに，「最終報告」の参考資料2「(公的介護保険で給付される) 要介護高齢者等に対するサービスモデル」(ただし，これは「第2次報告」の参考資料と同じもの) は「老夫婦の世帯や1人暮らし世帯も含めて標準的に必要と考えられるサービスを組み合わせたもの」とされている．

　前節で書いたように，私はこの「『サービスモデル』は，従来の公的在宅ケアの水準を大きく超えるものであり，厚生省担当者の努力に敬意を表し」ている．しかし，ここで見落してならないことが2つある．

　1つは，重症者に個別に「必要と考えられるサービス」が保険給付されないことである．個々の要介護者に必要とされる介護サービスは，たとえ同じ「要介護度分類」でも相当な幅があり，「標準的に必要と考えられるサービス」を上回ることは十分にありうる．ところが，「最終報告」では，先述したように「標準的に必要と考えられるサービス」に基づいて設定された「介護給付額の範囲内」の介護サービスしか保険給付されない．つまり，「標準」が「上限」にすり替えられているのである．

94

第2節　老人保健福祉審議会「最終報告」の3つの「新しさ」

**表2-5　介護保険の在宅サービスのモデル案の費用推計**

| 重症度区分 | 家族構成 | ホームヘルプ(週当り) | デイサービス(週当り) | 訪問看護(週当り) | ショートステイ(月当り) | 費用推計（月額・万円） | | |
|---|---|---|---|---|---|---|---|---|
| | | | | | | 厚生省 | 滝上氏 | 品川区 |
| 最重度 | ①複数世代で同居 | 9時間20分 | 3回 | 2回 | 1回 | 29 | 38～43 | 43.6 |
| | ②体の弱った配偶者と2人暮らし | 11時間20分 | 3回 | 2回 | 1回 | 26 | | 46.1 |
| 重度 | ③複数世代で同居 | 7時間 | 3回 | 1回 | 0.5回 | 13 | 30～40 | 35.2 |
| | ④体の弱った配偶者と2人暮らし | 9時間 | 3回 | 1回 | 0.5回 | 18 | | 38.1 |
| | ⑤1人暮らし | 7時間40分 | 3回 | 1回 | 0.5回 | 25 | | 39.4 |
| 中軽度 | ⑥複数世代で同居 | 1時間 | 3回 | 1回 | 0.5回 | 13 | 22～26 | 26.5 |
| | ⑦体の弱った配偶者と2人暮らし | 3時間 | 3回 | 1回 | 0.5回 | 14 | | 29.4 |
| | ⑧1人暮らし | 4時間 | 3回 | 1回 | 0.5回 | 15 | | 30.9 |

出所：滝上氏推計は『世界』1996年4月号（公的介護保険—私が賛成できない理由）.
　　　品川区推計は『朝日新聞』96年4月3日（介護保険—市町村の苦悩）.
注：厚生省の費用推計は非公式発表，かつ各サービスの単価を明示していない.
　　滝上氏と品川区は，各サービスの大都市部，品川区の実際の単価（相場）を用いて総費用を算出.

　もう1つは，「要介護度ごとに必要とされる介護サービスの費用額に基づき……設定する」「介護給付額」が，少なくとも大都市部では，実際にかかる費用よりも相当低いことである．表2-5に示したように，厚生省が（非公式に）発表している「サービスモデル」の費用推計は，滝上宗次郎氏と東京都品川区が，それぞれ独自に個々のサービスの実際の単価（相場）を用いて算出した費用よりも，相当低い．たとえば「最重度」（自分で寝返りすることもできない）の場合，厚生省推計の26～29万円に対して，品川区推計はそれより15～20万円も高い44～46万円に達している．

　そのためこのままでは，少なくとも大都市部では，利用者は，公式には公的介護保険の介護給付対象とされるはずの「標準的に必要と考えられるサービス」を受ける場合にさえ，上乗せ負担を求められることになる．これは，大都市部で特に高い老人病院等の保険外負担の在宅ケアへの拡大・「普遍化」である．「第2次報告」でも「最終報告」でも，老人病院等の保険外負担の

第2章　介護保険法成立前の論争と中間総括

解消にまったく触れていないことは，それの伏線と言えよう．

## 2　第2の新しさ
### ——保険料・負担金未納者に対する「厳格なペナルティ措置」

「最終報告」の第2の新しさは，保険料・負担金未納者に対する「厳格な
ペナルティ」が明記されたことである．

「第2次報告」では，この点は「保険料徴収にあたっては，未納・未適用問
題が極力生じないようにする」と抽象的に書かれていたにすぎなかった．そ
れに対して，「最終報告」の「第3部介護保険制度のあり方」の「4．介護保
険料」では，「介護保険料の未納者対策として，未納がある場合の給付の差
し止め規定」と「過去に保険料未納の前歴がある場合に給付率の引き下げを
行う仕組みを導入するなどの措置」が提案された（29頁）．さらに，「5．高
齢者と若年者の負担」では，「若年者の負担の滞納に対する措置を含め，そ
の確実な収納を確保する仕組みが必要である」とされた（30頁）．ちなみに，
上記「最終報告（素案）」では，この2か所の「措置」はそれぞれ「厳格な
ペナルティ措置」，「ペナルティの措置」ときわめて強圧的に表現されていた
が，さすがに「最終報告」ではそれは削除された．

実は「最終報告」では，「第2部介護サービスのあり方」は「第2次報告」
に比べてはるかに具体化された反面，「第3部介護保険制度のあり方」はほ
とんどが両論〜5論併記にとどまっている．たとえば保険者は2案併記，被
保険者及び受給者は3案（細かく言えば5案）併記，介護保険料は前述した
ように3案併記である．それと対照的に，上記2つの「措置」は確定的に書
かれている．

ここで見落してはならないことは，このような「ペナルティ措置」の導入
により介護保険の位置づけが医療保険型の短期保険から年金型の長期保険に
転換したことである．なぜなら「第2次報告」では，「最終報告」とは逆に，
「年金制度のように納付実績に応じて給付が決定される仕組みを設けるべき
という意見」に対して，「介護というリスクの性格のほか，納付管理事務の

96

煩雑さ等を考慮すれば，事実上困難でないかという指摘があった」と書かれていたからである．医療保険（国民健康保険——保険料未納者は6％）と年金保険（国民年金——未加入者・保険料未納者等が3分の1）とを比べれば明らかなように，長期保険では，保険料未納者→無保険者が急増する．この点でも，公的介護保険の「普遍性原則」は大きく崩れることになる．

このように「最終報告」は保険料・負担金の未納者に強硬な措置をとることを提案している反面，本来それとセットで提案すべき保険料の「低所得者軽減制度」については正式には提案しておらず，それを「設ける場合における公費の補填」にチラリと触れているにすぎない．若年世代の負担金の軽減制度にいたってはまったく検討すらしていない．

その結果，このまま公的介護保険が制度化されれば，①定額の保険料・負担金，②手薄い保険料・負担金軽減制度，③保険料・負担金未納者に対する「厳格なペナルティ措置」により，大量の保険料未納者→無保険者が発生する危険が大きい．


**保険金・負担金の強制徴収は国民健康保険の根幹を揺るがす**

このような事態を予防するために，「最終報告」は，保険料・負担金の「徴収の確実性を期する」方法を，高齢者と若年者別に提案している．

高齢者に関しては2つある．1つは「世帯主及び配偶者を連帯納付義務者とする」こと，もう1つは老齢年金受給者のうち「年金額が一定額以上の者は年金からの特別徴収」することである．しかし，前者はあまりに強圧的な方法であり，実現可能性は低いと考えられる（この私の判断は甘いかもしれない）．それに対して後者は一見合理的方法に見えるが，4月10日の老健審に提出された厚生省自身の試算（「高齢者保険料の年金からの源泉徴収に関する基礎データ」）によると，特別徴収の基準を老齢福祉年金（月額3万3533円）の年金額以上の年金受給者にまで拡大しても，それは65歳以上人口の約68％にとどまっている．残り32％の大半は低所得者と推定されるが，「最終報告」はこの層からの保険料徴収の方法・見通しについては沈黙している．

第 2 章　介護保険法成立前の論争と中間総括

　現役世代の負担金納付を確実にするために，「最終報告」は「①医療保険者が徴収責任を負い，一括して納付する」方法を事実上推奨している（形式的には，他の 3 案も併記しているが，それぞれの「問題」を指摘して，実現可能性を否定している）。この方法は，滝上宗次郎氏が批判するように「（介護保険の負担金を）払いたくない者は，医療保険に入らなくてよいという国民の生命を人質にとった極悪非道……医療保険と介護保険の抱き合わせ販売」[4]であるが，これにより健康保険加入の被用者の負担金未納はほぼ完全に予防できるであろう。しかし，国民健康保険に関しては，負担総額（医療保険料プラス介護保険負担金）が引き上げられるため，逆に，1989年以降漸増し続けている保険料未納者がさらに急増する危険性が高い。その結果，当初は「厚生省の本丸であり，行き詰まりを見せている医療保険制度の立て直し策」（滝上宗次郎氏[5]）として構想された公的介護保険が，逆に医療保険制度の根幹を揺るがすことにもなりかねない。これは厚生省にとっても，決して選んではならない選択である。

## 3　第 3 の新しさ──医療保険に比べてはるかに利用しにくい

　第 3 の新しさは，公的介護保険における「介護サービスの利用方法」がきわめて複雑であり，利用しにくいことが明らかになったことである。

　この点については，すでに「第 2 次報告」の段階で，介護サービスの利用のためには，①要介護認定→②ケアプランの作成→③実際の介護サービス利用の 3 段階が必要であり，医療保険では 1 か所の医療機関を受診すればすべてこと足りるのと比べて，はるかに複雑・煩雑であることが予想されていた。

　「最終報告」では，さらに要介護認定とケアプランの作成の「手順」自体が多段階からなり，きわめて複雑なことが明らかになった。特に，「保険者の責任と権限に基づき実施」される要介護認定機関による要介護認定には，「事務担当者（!?）による訪問調査の実施」と「学識経験を有する保健・医療・福祉の専門家によって構成される合議体の審議を経る」ことが不可欠とされることになった。これでは，一部の先進地域を除けば，認定作業だけに

数カ月を要することになるのは，確実である．

　従来，公的介護保険導入の大義名分の1つとして，現行の措置制度によるサービス利用手続きの煩雑さを改革することが上げられてきた．介護保険証を医療保険証に喩えて，「保険証1枚で必要な介護サービスをすぐに受けられる」と主張する論者さえいた．しかし「最終報告」により，それはまったくの「幻想」にすぎないことが明らかになった．

　逆に，現在老人医療制度で給付されているサービス（在宅では訪問看護，施設では療養型病床群，老人保健施設等）は，介護保険の給付対象に移行することにより，利用者にとってははるかに利用しにくくなり，かつサービス提供者にとっても「自由度」が大幅に制限されることになる．それどころか，「高齢者をめぐる社会環境の状況によって左右されることなく（それを無視し——二木），高齢者の心身の状況のみに基づき」行われる要介護認定で等級外と判定された場合には，現在受けている（提供している）サービスが介護保険の給付対象外とされることになるのである．

**要介護認定と機械的なケアプランの作成は「ムダの制度化」**

　そもそも，このように実際のサービス提供から独立して行われる要介護認定は，公的介護を租税負担方式で行う場合には不必要なものであり，それを社会保険方式で行うために必要とされる「ムダの制度化」[6]だ，と私は考える．これによる事務量・費用の増加は，公的介護保険の保険者として予定されている市町村に重い負担となってのしかかるであろう．

　それに対して，私はケアプランの作成（ケアマネジメント）の普及自体には賛成である．しかし，在宅ケアの分野では，①わが国でそれがまだほとんど普及していない現状を考慮すると，それを介護保険給付の前提条件にすれば，形式的・無内容なケアマネジメントが広がり，サービスの質が向上しないにもかかわらずムダな費用が増える，②多くの要介護者の介護サービス・ニーズはそれほど複雑ではなく，担当の看護婦やヘルパーが利用者本人・家族と相談するだけでも十分に把握できるので，多数の専門家が参加して詳細

なケアプランを作る必要はない，と考える．つまり，在宅ケアに関しては，ケアプランを機械的に介護保険に組み込むことも「ムダの制度化」と言える．

なお，デンマーク在住の著名な福祉研究者である伊東敬文氏によると，同国では，要介護認定だけでなく，ケアマネジメントも行われていない．在宅における介護ニーズの総合的判定は訪問看護婦が利用者と一緒に合意形成の仕方で行っており，それにより「世界で最も速効性と機動性を備えた」サービス提供が行われている[7]．わが国で求められているのもこのような「現場主義」だ，と私は考える．

また，山本隆氏によると，「欧米では（ケアマネジメントの）ケアマネージャー等の人件費は総コストの4分の1を占めるとされており，多額の予算が必要となる」[8]．このことは，公的介護保険の財源が制約されている中で，ケアマネジメントを機械的に導入すれば，直接的な介護サービスの財源が圧迫されることを示唆している．

さらに，ケアマネジメント研究の第一人者白澤政和氏も，「本来，介護保険とケアマネジメントは切り離すべきであり，日本のように介護保険制度とケアマネジメントを両方一緒に実施しようとするのは世界に例がない」と指摘している[9]．

## おわりに——公的介護保険は早晩財政破綻に陥る，その3つの理由

以上，「最終報告」に見られる3つの（悪い意味での）「新しさ」について検討してきた．実は「最終報告」には，これ以外にももう1つの新しさ——真実を語るという意味では良い意味での——がある．それは，公的介護保険が介護問題の短期の対策ではなく，明確に「中長期」の対策として位置づけられていることである．「各種の在宅介護サービスと介護施設の充実は，新ゴールドプランの目標に向けて進捗しつつあるものの，中長期的には，従来の租税による制度のままでは財政の負担に耐えきれないことは明白になりつつある」（3頁）．

この認識は，私が前節で「介護は待ったなしだから」という情緒的理由で

第2節　老人保健福祉審議会「最終報告」の3つの「新しさ」

公的介護保険の拙速成立を支持する人々を批判してあげた第2の理由を追認するものである。西村周三氏が明快に指摘されているように，公的介護保険制度は「『団塊の世代』が寝たきりになる15年以上先の事業を見越した制度」なのである[10]。

　「最終報告」がこの視点から，「介護保険制度創設に当たり配慮すべき事項」として，「②将来にわたって必要な財源が確保され，安定的かつ効率的に運営することができるものであること」(24頁)をあげているのは，当然である。

　しかし，私はこのままでは公的介護保険制度はたとえ制度化されても，とても「将来にわたって必要な財源が確保され」ることはできず，早晩財政破綻(保険料収入の不足と保険給付の急増による収支バランスの悪化)に陥る，と予測する。その理由は3つある。

**ミクロ・マクロレベルで過小推計**

　もっとも大きな理由は，新しい制度の設計にあたっては正確な介護費用の将来推計が不可欠だが，厚生省の推計はミクロ，マクロの両レベルで，極端に過小だからである。ミクロレベルで過小なことは，既に述べたので繰り返さない。マクロレベルでは，厚生省は2000年の高齢者介護費用は4.1～4.8兆円，2010年度のそれは10.5兆円(いずれも「単価の伸び3％の場合」の名目値)と発表している。ジャーナリズムは一部の例外を除いて[11]，それを無批判に引用しているが，以下の4つの理由から，それは極端な過小推計である。

　第1に，公的在宅サービスおよび特別養護老人ホームの費用推計にあたって，「非現実的」に低い「国の定める事業費単価と国の定める人員分の費用しか計上されず，地方自治体による超過負担分や……地方単独事業の費用はまったく含まれない」こと。第2に，老人病院等で常態化し，しかも厚生省が今後も黙認を予定しているお世話料等の「保険外負担」が含まれていないこと。第3に，現行の低水準の人員・施設基準を改善するための費用の増加がまったく見込まれていないこと。第4に，今後，高齢化の伸びに比例して

第2章　介護保険法成立前の論争と中間総括

新たに増えると見込まれる施設入所者の伸びが，在宅ケアの拡充により大幅に削減されると仮定していること——本節で指摘したように，「介護施設の事実上の削減が計画されていること」．

なお，西村周三氏の独自推計によると，2000年の介護費用は5.8兆円で，厚生省推計よりも1兆円（20%）以上高く，2010年のそれは13.7兆円で厚生省推計より3.2兆円（30%）も高い（NHK総合テレビ2月11日放映「日本の選択・公的介護保険——第1回誰がどれだけ負担するのか」）．同氏は推計方法を明示していないが，上記4つの理由，および先述したミクロレベルでの厚生省推計と滝上・品川区推計とのギャップを考慮すると，西村氏の推計の方が現実的なことは間違いない．

第2の理由は，前節で指摘したように，定額保険料は「保険料水準と給付水準の『ジレンマ』を生むという致命的欠陥」を持っているため，「将来にわたって必要な財源が確保」できないためである．

第3の理由は，第3の新しさで指摘したように，社会保険方式をとることにより生じる「ムダの制度化」のために，直接的な介護サービス以外の支出（要介護認定の費用や機械的なケアマネジメントのための費用）が急増するからである．

以上3つの理由から，公的介護保険は，（筆者を含めた）「『団塊の世代』が寝たきりになる15年以上先」まではとても持たず，財政破綻を来す可能性が高い．

ここで想起すべきは，「長期的な展望に立って制度の基本的な在り方について検討がなされた結果」（「保険と年金の動向」昭和58年）創設されたはずの老人医療制度が，1983年の制度発足後15年を経ずして，行き詰まりを見せていることである．「老人医療制度の延命策」（滝上宗次郎氏[5]）として構想された公的介護保険が逆に第2の老人医療制度になる可能性が高い，と私は考える．

## 公的介護保険は「ワンステップ」「過渡的な産物」

　以上のような「悲観的」予測は，決して筆者の「独断」ではなく，賢明な厚生省もよく自認しているはずである．もちろん厚生省の現役担当者はこのことを決して認めはしないが，厚生省関係者のうちでも「知的正直さ」を保っている人々は，異口同音に認めている．

　たとえば，栃本一三郎氏（現・上智大学文学部）は，次のような，公的介護保険「ワンステップ」論を述べている．「医療・福祉を問わずこの領域（介護）を拡大するためにはどうしても介護保険，社会保険方式化ということはワンステップとして必要なことだと思います．そのあとどうなるかわからない．税金のほうにまた移行するかもしれない．それは分からないと思うんです」[12]．

　さらに最近では，広井良典氏（現・千葉大学法経学部）が次のような公的介護保険「過渡的産物論」を展開している．「介護保険に関する議論は過渡的なものにすぎない……．老人医療費8兆円のうちの1兆円強が介護の形で抜けても，医療保険制度の抱える構造的な問題は何ら解決されないからです」[13]．さらに同氏は，「医療と福祉を含めた制度全体の行き着く先」として，「老人の医療福祉はすべて公費で賄う税法式にしてしまう．そして残りの各保険制度は，老人保健への拠出金から解放し，保険原理を徹底させる」方法と，「健保組合などが退職者の面倒もみて，やはり保険原理を徹底させる．かつ，低所得者に関しては公費を入れた別の制度でカバーする」方法との「2つの道」を示しており，注目される．

　最後に誤解のないように．私がここで強調したいことは，介護費用が将来社会的に賄えないほど巨額に達することではなく，その逆である．なぜなら，北欧並みの世界最高水準の老人・障害者福祉を実現するとしても，その費用は人口高齢化がピークに達する2025年でも，国民総生産（GNP）対比ではせいぜい3％にすぎず，現在と将来の日本の「国力」をもってすれば，十二分に負担できる規模だからである．ちなみに，デンマーク（高齢化率は15％）の現在の高齢者福祉費用はGNPの2.2％である[7]．

第2章　介護保険法成立前の論争と中間総括

　それだけに現在求められているのは，あるべき公的介護保障の水準とその財源調達方法（租税方式か，社会保険方式か，それとも行財政改革か）についての，国民的議論と選択である。「はじめに」で述べたように，公的介護保険の1997年度導入が見送られた現在こそ，それが可能になったと考えられる。厚生省には，それの大前提として，嘘偽りのない情報を公開することを，改めて求めたい。


　　**文　献**
1）二木立「老健審『第2次報告』のもう1つの読み方」『社会保険旬報』1903号，1996.［本書第2章第1節］
2）菅直人「財政危機下『介護保険』を1年程度で制度化したい」『週刊ダイヤモンド』1996年3月30日号.
3）二木立「特定療養費制度の過去・現在・将来（中）」『社会保険旬報』1850号，1994.（二木立『「世界一」の医療費抑制政策を見直す時期』勁草書房，1994，第3章）
4）横内正利・滝上宗次郎「介護保険とは何か（下）」『社会保険旬報』1905号，1996.
5）滝上宗次郎『福祉は経済を活かす――超高齢社会への展望』勁草書房，1995.
6）都留重人『現代資本主義の再検討』岩波書店，1959.
7）里見賢治・二木立・伊東敬文『公的介護保険に異議あり――もう1つの提案』ミネルヴァ書房，1996年.［本書第1章］
8）山本隆「高齢者ケアからみた介護保険構想」『賃金と社会保障』1145号，1995.
9）白澤政和「日本能率協会第3回在宅医療・高齢者ケアシンポジウム基調講演」『週刊社会保障』1880号，1996.
10）西村周三「公的介護保険…ここが問題①」『毎日新聞』1996年3月12日朝刊.
11）鈴木暁彦「老人保険審最終報告――厚生省推計，『過小』の声」『朝日新聞』1996年4月25日朝刊.
12）二木立・滝上宗次郎・栃本一三郎「シンポジウム・新介護システム導入を検証する」『日本病院会雑誌』42巻12号，1995.
13）広井良典「介護保険は過渡期的な産物」『日経ヘルスケア』1996年4月号.

## 第3節　介護保険論争の中間総括
──法案具体化により決着した5つの論点

[1996年7月]

### はじめに

　「公的介護保険の1997年度実施は必至．それに乗り遅れるな」．多くの医療・福祉団体，関係者のこのような予測や期待は完全に外れた．

　老人保健福祉審議会（以下，老健審）「最終報告」（1996年4月20日．以下，断りのない限り，発表年は1996年）後，厚生省は，「介護保険制度試案」（5月15日），「同修正試案」（5月30日），「介護保険制度大綱」（6月10日）発表と迷走・後退を続けた．その結果，介護保険の実施予定時期は在宅ケアが1999年度，施設ケアは2001年度へと大幅に先送りされただけでなく，介護保険法案の通常国会への提出，さらにはそれの大前提である法案の閣議了解，関係閣僚の署名すら見送られるという異例の事態が生じた．橋本首相はその後，10月に召集する臨時国会で介護保険法案を「必ず処理する」と明言している．しかし，1996年秋に確実視されている衆議院解散・総選挙とその結果によっては，介護保険法案自体の「仕切り直し」が行われる可能性も否定できない．

　このような「予期せぬできごと」に失望・落胆している方も少なくない．しかし，私は逆に，これにより，「新たな公的介護保障制度創設のために，『拙速主義』を排して1年間の国民的議論を行う」という私の提案が現実化する条件が生まれた，と積極的に評価している[1]．

　なぜなら，今までの議論では，「お年寄りは待てない」といった情緒的な発言が横行するとともに，「介護保険で老後は安心」といった幻想がふりまかれ，事実に基づく理性的な議論が不足しているからである．しかし，国民主権・民主主義の原点に立ち帰れば，介護保険のような国民にとってきわめて重要な制度は，国民の十分な理解と支持を得てから，創設すべきなのである（付言すれば，私は1995年3月に発表した拙論で，公的介護保険が「厚生省の

第2章　介護保険法成立前の論争と中間総括

願望どおりに1997年度から全面実施される可能性はむしろ小さい……もし導入される場合にも，高齢者ケア施設の一元化は先送りされる」と，予測していた)2)。

　本節では，このような課題意識から，過去1年半の介護保険をめぐる論争の中間総括を行いたい。ただし，紙数の制約上，今までに発表した拙論との重複を避け，まず「介護保険制度試案」～「介護保険法案」の登場により決着した5つの論点（そのうち4つは介護保険に対する幻想）を明らかにし，次に介護保険法案の国会提出が見送られた理由について簡単に検討する。「公費負担方式か介護保険方式か」という根本的論点については，最近里見賢治氏が公費負担方式支持の立場から詳細に論じているので，参照されたい3)。

　なお公平のために言えば，介護保険法案は老健審「第2次報告」「最終報告」に比べて，2つの改善点を含んでいる。1つは，保険料が「定額制を基本」から「所得段階別の定額保険料」に変更されたこと（「介護保険制度修正試案」から），もう1つは，被用者保険加入者については事業主負担が法定化されたこと（「介護保険制度修正試案」から），である。

　これにより，私が老健審「第2次報告」に対して反対した7つの理由のうち2つ（第1・2）はほぼ消えた1)。しかし，残りの5つの理由，及び老健審「最終報告」に現れた「3つの（悪い意味での）新しさ」は改善されるどころか，さらに鮮明となったため，私の介護保険法案に反対する立場は変わらない4)。

## 1　第1の論点——介護保険は現在の要介護老人のための緊急対策，ではない

　介護保険をめぐる論争でいちばん異常なことは，「はじめに介護保険ありき」どころか「はじめに1997年度実施ありき」とされ，それに対する異論に対しては，介護保険の支持派が「お年寄りは待てない」，「介護問題は待ったなし」といった情緒的，議論封殺的な批判を浴びせかけたことであった。これにより，彼らは介護保険が現在の要介護老人のための緊急対策であるかのような期待を国民に与えた。

第3節　介護保険論争の中間総括

しかしそれが幻想にすぎないことは，「介護保険制度試案」により，二重に明らかになった．第1に，前述したように介護保険の実施時期が大幅に先送りされた．しかも，「試案」はその理由として「制度の円滑な施行のための準備」をあげ，「事前準備」として「要介護認定やケアプランの作成に係る準備」等3点を示している．このことは，当初の1997年度実施という計画がいかに「拙速」であったかを厚生省自身が認めたことを意味する．

第2に，「試案」中の「参考・財政試算（粗い試算）」により，介護保険を1999年度に導入しても，それによるサービス費用は，2000年度までは「新ゴールドプランに基づく費用額」をほんのわずか上回るにすぎないことが明らかになった（名目価格で，4.4兆円対4.1兆円）．

この2つは，厚生省自身が，介護保険が現在の要介護老人のための緊急対策ではなく21世紀の超高齢社会対策——「団塊の世代が寝たきりになる15年以上先を見越した制度」（西村周三氏）——であることを認めたことを意味する．

介護保険の1997年度拙速導入の根拠として，当初は現行の新ゴールドプランを上回る「スーパーゴールドプラン」の作成と実施があげられていた．事実，1997年度実施を前提にしていた老健審「最終報告」でも，「新ゴールドプランを踏まえつつ，全国を通じて確保すべき新しい制度にふさわしい水準を目指す」と書かれていたが，この「公約」は「介護保険制度試案」によりあっさり撤回されてしまった．

私は，現在の要介護老人対策として緊急に求められているのは，新ゴールドプランの完全実施であり，厚生省が「スーパーゴールドプラン」を策定しないのなら，「新たな介護保障制度」は，新ゴールドプランが終了する2000年度から，在宅・施設ケア同時に開始すべきである，と考える．なお，私が先に発表した公的介護保険改善のための「5つの提案」［第1章参照］では，第5で在宅介護の給付の先行を主張していたが，これは厚生省が介護保険を1997年度実施すると仮定しての提案である[2,5]．

107

第2章　介護保険法成立前の論争と中間総括

## 2　第2の論点——「老人」介護保険制度の根本的矛盾が維持不能になった

　厚生省や老健審は，社会保険方式を採用する最大の理由として，「負担と給付の対応関係が明確」「保険料負担の見返りとしてサービス受給が位置づけられる」ことをあげながら，介護保険の制度設計では，最後まで，被保険者（負担者）は20歳以上だが，受給者は65歳以上に制限することにこだわった．しかし，既に指摘したように，このように若年者を「サービス受給権のない負担者」と位置づけることは，社会保険原則の自己否定にほかならない[1]．この点に関しては，菅厚生大臣も「65歳未満の人の払う保険料は，……税の性格が非常に強い」と，率直に認めたほどである[6]．

　この根本的矛盾は結局厚生省にとっても維持不能となり，「介護保険制度試案」では，「老人」介護保険は，給付も負担も40歳以上に統一した「介護保険」へと衣替えした．

　この変更を「改善」と評価する人も少なくない．しかし，私は，これは厚生省の「最後の（最新の？）情報戦略」であり，実際的にも，理念的にも，問題はほとんど解決されない，それどころか新たな混乱が生じる，と考える．

　先ず実際的には，40〜64歳の要介護者のうち，介護保険の給付を受けられるのは，「老化に伴う介護という観点」に合致する者だけである（「要介護状態の原因である身体上又は精神上の障害が加齢に伴って生ずる心身の変化に起因する疾病であって政令で定めるものによって生じたもの」介護保険法案第7条3）．厚生省担当者の非公式推計によると，40〜64歳の在宅要介護者20万人強のうち介護保険の給付対象になるのは，脳卒中等約5.5万人（4分の1）にすぎない．つまり，40〜65歳の大半（4分の3）は，介護保険料を支払う義務のみを負わされ，たとえ要介護状態になってもサービスの給付は受けられないのである．

　次に理念的にみても，介護保険法案の第1条（目的）で，「この法律は，加齢に伴って生ずる心身の変化に起因する疾病等により介護を要する者等が

……」と，明確に対象を限定している．実は，現在公表されている介護保険法案は「改訂版」であり，「原案」ではこの部分は「要介護状態にある者等が……」と「普遍的」に規定されていたのである．この「改悪」により，介護保険法案は理念的に普遍的性格を失った，と言える．

私は，介護保険の普遍性原則を維持するためには，40歳以上の要介護者は原因のいかんを問わず介護保険の受給者にし，その上で，介護以外のサービスが必要な障害者に対しては身体障害者福祉法等による給付を「上乗せ」すべきだ，と考える．

## 3　第3の論点──介護保険は老人医療費対策，にはならない

介護保険の隠れた目的が，増加し続ける老人医療費（特に社会的入院医療費）対策──「老人保健法の延命策」（滝上宗次郎氏）──であることは，老健審「（第1次）中間報告」以来，厚生省も公然と認めている[7,8]．しかし，介護保険による老人医療費抑制効果は，短期的にも中長期的にも，ほとんどない．

まず短期的には，施設サービスの実施時期の2001年度への延期で，社会的入院医療費の医療保険から介護保険への「コストシフト」による，老人医療費抑制費効果は完全に消滅した．

さらに中長期的にも，介護保険の（社会的入院の解消による）医療費抑制効果はほとんど期待できない．その理由は2つある．1つは，介護保険で支給される「手薄い」在宅サービスでは，社会的入院患者を自宅退院へと誘導することは不可能だからである．別に詳しく論じたように，国際的な地域ケアの実証研究でも，在宅ケアは施設ケアの「代替」ではなく「補足」であり，費用節減効果はないことが，疑問の余地なく明らかにされているのである[9]．

もう1つは，やや意外なことに，公的費用に限定すれば（つまり患者の保険外負担を無視すれば），施設ケアの中では，現在の一般病院への社会的入院が一番「安上がり」──劣悪な療養環境の代償として──なことである．私は，「介護保険制度大綱」に書かれているように，「介護力強化病院等（この

第2章　介護保険法成立前の論争と中間総括

「等」には，老人の長期入院を受け入れている一般病院が含まれる）の療養型病床群への転換……を進める」ことは，次善の策として，賛成である．しかし，この転換により1人1月当たりの費用が10万円以上も上昇するのである（老人全体の長期入院患者の1月当たり医療費30万円強に対して同療養型病床群は約43万円）．

## 4　第4の論点——介護保険は「医療保険の介護版」，ではない

介護保険が具体化していない時点では，介護保険を「医療保険の介護版」とする説明が一般的であり，現在の措置制度に比べて介護サービスがはるかに利用しやすくなるとされた．しかし，介護保険法案の具体化により，それが「幻想」にすぎないことが明らかになった．

介護保険は医療保険とは，少なくとも以下の3点で根本的に異なっている．

第1に，サービス受給の仕組みが，①市町村窓口への申請→②要介護認定→③ケアプラン作成→④実際のサービス利用の4段階となっており，医療保険に比べてはるかに利用しにくい（前節では①を抜かして3段階と書いたが，これは誤り）[4]．しかも制度の運用の仕方によっては，申請と要介護認定が形を「変えた措置制度」化する可能性が大きい．少なくとも現在老人保健法によって給付されているサービス（訪問看護等）が介護保険導入によりはるかに利用しにくくなることは確実である．

第2に，医療保険ではサービスの公定料金（診療報酬）が決まっており，しかもサービス給付に上限がないのに対して，介護保険では①サービスの公定料金（介護報酬）は決められず，各サービスの「平均的な費用の額を勘案して厚生大臣が定める基準により算定した費用の額」の9割（1割自己負担）しか支給されない，その上②要介護度ごとに支給されるサービス費総額の上限が決められている（介護保険法案42・44条）．しかも現実には，①の各サービスの「費用の額」は少なくとも大都市部では実勢価格から相当低く設定され，②のうち在宅サービスに関する介護給付額（総額）は，「サービスモデル」に対応したものではなく，当面は「現実に提供可能なサービス量に見合

110

った水準」（介護保険制度大綱）に限定される．その結果，医療保険の場合と
異なり，利用者は多額の保険外負担を「合法的」に強いられることになる．

このように介護保険の給付が手薄いものに限定される結果，第3に「公的
介護保険（のみ）で老後は安心」とは言えず，追加的な負担に耐えられる
中・上所得層は老後の安心を確保するために民間介護保険を購入するように
誘導される．このような介護保険の「公私2段階（公私混合）」制度化は，
老健審「最終報告」で初めて明示的に示されて以降，「介護保険制度試案」
「同修正試案」「介護保険法案大綱」が発表されるたびに，鮮明になった．さ
らに，「高齢社会対策大綱」（6月20日）では，公的保障は「基礎的な給付」
に限定しつつ，「それを超えるものについては民間保険の積極的な活用を進
める」ことが，政府の公式の高齢社会対策として確認された．

しかも重要なことは，この3点は介護保険が制度化された後に，医療保険
にも早晩導入される可能性が強いことである．これは私の杞憂ではなく，介
護保険法案公表の直後に発表された医療保険審議会「第2次報告」（「今後の
国民医療と医療保険制度のあり方について」6月21日）中の「制度改革のため
の検討項目」の中にも，同じ方向の「改革」が含まれている．

私は，介護保険の給付水準は，老健審「第2次報告」に書かれていたよう
に「国民が必要にして十分なものとすべき」だと考える．そのためには，①
要介護認定及びそれに基づいた介護給付額の上限設定は導入せずに，厚生省
は要介護度別の「サービスモデル」を「ガイドライン」として示すにとどめ
る，その上で「ケアマネジメントで必要と判断されたサービスは，家事援助
から24時間対応のサービスまで，……上限なしに給付する」こと（私の「5
つの改善提案」の第4の一部）を原則とする，②各介護サービスの公定価格
（介護報酬）を地域単位で設定し，ケアマネジメントで必要と判断されたサ
ービスに関しては差額徴収を禁止する，と同時に「24時間対応の在宅サービ
スの介護報酬は一般のサービスの介護報酬よりも高めに設定する」（私の
「5つの改善提案」の第4の一部），③入所施設だけでなく訪問看護ステーショ
ンへの営利企業の参入を認めない，ことが必要だと考える．

第2章　介護保険法成立前の論争と中間総括

　なお，①に関し，前節では，「実際のサービス提供から独立して行われる要介護認定は，公的介護を租税負担方式で行う場合には不必要なものであり，それを社会保険方式で行うために必要とされる『ムダの制度化』だ」と書いたが，これは正確さに欠ける表現であった[4]．確かに，ドイツの介護保険のように受給資格者が現物給付と現金給付のいずれかを選択する方式の場合には，「高齢者の心身の状況のみに基づき」行われる要介護認定が不可欠である．しかし，わが国の介護保険法案のように現金給付を行わない場合には，要介護認定を制度化せずに，サービス給付の種類・量の判断はケアマネジメントの担当者の判断に任せることも，可能である．

　この点に関しては，「公的介護保険の必要性」を主張する一圓光彌氏も，要介護度認定という「ランク付けによる方法」の弊害（「より重いランクを指向するようなモラルハザード」等）をあげるとともに，「医療保険制度などで用いられている現物給付出来高払いの方式」の方が「ニードと給付のミスマッチが少な」いと指摘している．その上で同氏は，「ケアマネジメントの専門性と客観性が高まり，負担と給付の関係がある程度把握できるようになれば」という条件付きだが，「ランク付けの手続きを廃止し，北欧やイギリスなどのように，サービス提供者やケアマネージャーが，必要なサービスを直接提供したりケアプランを確定できるようにすることが望ましい」と主張している[10]．

## 5　第5の論点——社会保険方式美化の根拠が崩れた

　高齢者介護・自立システム研究会の報告書（1994年12月）以来，おびただしい数の社会保険美化（一辺倒）の議論が展開された．しかし，私がすでに同報告書を批判して指摘したように，それらは（ごく一部をのぞけば）「理想化された『社会保険方式の意義』と公費負担方式の一形態である措置制度の誇張された欠点を対比させる……不公正かつ一面的な」議論であった[2,5]．この点に関しては，第1章および本節の「はじめに」で紹介した里見賢治氏の最近の論稿が詳しい検証を行っているので，繰り返さない．

112

第3節　介護保険論争の中間総括

　ここで，注目すべきことは，最近では厚生省の担当者自身（香取照幸氏）が，次のように「税か，社会保険かは手段にすぎない」と，従来の社会保険方式美化の主張の軌道修正を行っていることである．「税金でやるか，社会保険でやるかは本質的な問題ではありません．将来，国民の声が税金でやるということになれば，それでもいいんです．でもいまのところ，国民世論がそうならないと思っているから保険方式を提起している．財源論ということでいえば，税か，社会保障かはつきつめていえば手段にすぎない」[11]．

　このような率直な発言が1年半前になされていれば，公的介護保険をめぐる論争は，もっと理性的で建設的なものになっていただろう．私は，厚生省が「財源論」の視点から，社会保険方式（正確に言えば租税との混合方式）を選択したのは，それなりに合理的な「政治判断」だったと考える[2,5]．しかし，厚生省は，厚生省系の研究者を大動員しながら，この枠を超えて，社会保険方式を美化し，租税負担方式を原理的に否定するかのごとき議論・キャンペーンを展開した．このことは単に不公正なだけでなく，厚生省にとっても，中長期的な政策選択肢を狭める重大な判断ミスだった，と考える．同じく，「現実主義」的判断に基づく介護保険支持の枠を超えて，社会保険方式美化の大合唱に加わった厚生省系研究者の言論の責任は重い．

## 6　介護保険法案の国会提出はなぜ見送られたか？

　次に，厚生省（担当者）の驚くべき執念にもかかわらず，介護保険法案の先の通常国会への上程が見送られた要因を考えたい．

　一般には，①「介護の社会化」と企業負担導入への保守層・経営者団体の反対と②介護保険が「第2の国保」になることを恐れる市町村の抵抗，が主因とされている．この視点からの「政治力学」的な分析や，法案を「つぶした」犯人探しの分析を読むと，一般の報道では分からない「裏話」が分かり便利ではある[12,13]．

　しかし，私はこれら2つの要因のみを強調するのは表面的であり，それらに加えて，③私を含めた公的介護保険に対する批判・反対派の論陣やジャー

第 2 章　介護保険法成立前の論争と中間総括

ナリズムの現場取材に裏打ちされた積極的報道により，公的介護保険をバラ色に描き出す厚生省の「情報戦略」が崩れ，介護保険の問題点が次々に明らかになったことも見落すべきでない，と考える．これにより，介護保険法案の内容上の問題点（羊頭狗肉）なだけでなく，厚生省による介護費用の将来推計が意図的な過小推計であり，厚生省が制度の創設を強行しても，早晩財政破綻に陥る危険が強いことが明らかになった．

　そして，このことが（良かれ悪しかれ）保守層・経営者団体や市町村の抵抗を加速した，と考える．私は，「介護の社会化」や企業負担導入に反対する保守層や経営者団体には強い批判を持っている．しかし，安易な財政計算を行う厚生省に対して，彼らが強い懸念を持つのは当然，とも考える．

　さらに，保守層・経営者団体との自治体の抵抗とは同一に論じるべきではない．なぜなら，介護保険法案における自治体の負担軽減対策は，①保険料未納者対策のみに限定されており，②厚生省が決めるサービス支給額が実際の費用よりも低いことから生じる自治体の超過負担を予防するための明確な対策や，③要介護認定に伴う事務量の急増に対する対策等がないからである．介護保険の円滑な導入・運営のためには，少なくともこれら 3 点についての明確な対策が不可欠である．

## おわりに

　介護保険の推進論者の多くは，介護保険法案を「（通常）国会に出して，国民的な議論を起こすべきだ」，「国会で修正すればいい．」と主張していた．菅厚生大臣自身も，「今回は法案を修正なしで通そうというスタンスではなく，たたき台を提示した段階で大いに議論していただき，修正すべきは修正していこう」と発言していた[14]．

　しかし，私はそうは考えない．なぜなら，先の通常国会で国民の 8 割が反対している住専関連法案が無修正で成立したことに象徴されるように，残念ながら現在の国会審議は形骸化しており，「たたき台」がそのまま無修正で成立する可能性が強いからである．

第 3 節　介護保険論争の中間総括

　現在何よりも求められていることは，介護保障のあり方をめぐって，広い
視野から——介護保険法案の是非だけでなく租税負担方式の可能性も含めて
——国民的な議論を展開することである（ただし期間を区切って）．そのため
にも，各政党は介護保険（保障）を次期総選挙の重要な争点として，国民の
信を問うべきであり，それを抜きにした臨時国会での介護保険法の拙速成立
には賛成できない．

## 文　献

1) 二木立「老健審『第 2 次報告』のもう 1 つの読み方」『社会保険旬報』1903号，
　1996.［本書第 2 章第 1 節］
2) 二木立「公的介護保険一辺倒の議論に異議あり」『社会保険旬報』1867・1868
　号，1995.
3) 里見賢治「論争・公的介護保障制度論」『ジュリスト』1094号，1996.
4) 二木立「老健審介護保険創設『最終報告』の 3 つの『新しさ』」『社会保険旬
　報』1910号，1996.［本書第 2 章第 2 節］
5) 二木立「公的介護保険の問題点」．里見賢治・二木立・伊東敬文『公的介護保険
　に異議あり——もう 1 つの提案』ミネルヴァ書房，1996.［本書第 1 章］
6) 菅直人「財政危機下『介護保険』を 1 年程度で制度化したい」『週刊ダイヤモ
　ンド』1996年 3 月30日号.
7) 滝上宗次郎『福祉は経済を活かす——超高齢社会への展望』勁草書房，1995.
8) 二木立「公的介護保険の 3 つの論点」『社会保険旬報』1887・1888号，1995.
9) 二木立『日本の医療費——続 医療経済学』医学書院，1995，第 4 章医療効率
　と費用効果分析.
10) 一圓光彌「介護保険制度の構想と運営」『ジュリスト』1094号，1996.
11) 岡本祐三・滝上宗次郎・香取照幸「座談会・高齢者福祉問題の焦点」『からだの
　科学臨時増刊［論争］高齢者福祉』1996.
12) 有岡二郎「介護保険法案の国会提出をめぐる政治力学」『社会保険旬報』1913
　号，1996.
13) 池田省三「公的介護保険法案をつぶしたのは誰だ」『Ronza』1996年 8 月号.
14) 今井澄・菅直人「政策課題としての介護問題」『病院』55巻 6 号，1996年 6 月
　号.

第2章　介護保険法成立前の論争と中間総括

## 第4節　公的介護保険法が成立しても老後の不安が決して解消されない理由

[1996年11月]

### 1　介護保険法案のままでは手続きが煩雑すぎる

　私は，介護保険で私たちの老後が安心になるために次の3条件が不可欠だ，と考える．

　第1は，介護サービスを受ける手続きが簡単なこと．第2は，必要にして十分なサービスが給付されること．第3は，保険加入者・利用者の負担——保険料とサービス利用料の両方——が適度であること．特に貧しい人々の負担軽減策がきめ細かにとられること．

　この3条件は，決して机上の理想論ではなく，現在の老人保健制度や医療保険制度でも，建て前としては，満たされている．現に，介護保険制度が具体化する前は，介護保険を「医療保険の介護版」とする説明が一般的だった．

　しかし，厚生省の介護保険法案はこれらの3条件をまったく満たしておらず，介護保険（だけ）では私たちの老後は不安だらけ，と憂慮している．本節では，その3つの理由を説明し，老後の不安を少しでも減らすための改善提案を行いたい．

　まず，介護保険から介護サービスを受けるためには，原則として，①市町村窓口への申請→②要介護認定→③ケアプランの作成→④実際のサービス利用の4段階が必要である．

　これは，医療保険では保険証1枚あれば，1か所の医療機関に行くだけで診断・治療をすべて受けられるのと比べると，はるかに複雑・煩雑である．特に，特別の例外を除いては，サービスを受ける前に，保険者＝市町村が行う「要介護認定」を受けなければならないため，サービスの開始が大幅に遅れることになる．

　介護保険法案は，要介護認定は「申請のあった日から30日以内にしなけれ

116

ばならない」と規定している．しかし，これが建て前・努力規定にとどまることは確実である．私は，身体障害者福祉法による身体障害者手帳交付の実態等を踏まえて，全国的には，要介護認定に2〜3か月（以上）を要する，と予測している．その結果，介護保険によるサービス利用の開始は，老人医療・医療保険だけでなく，利用しにくいと悪名高い措置制度よりも，遅くなる可能性がある．

　そもそも要介護認定は，介護サービスの財源を社会保険方式で確保し，しかもドイツのように現物給付と現金給付の両方を支給する場合にのみ必要とされるものである．幸か不幸か，厚生省の介護保険法案では現金給付は見送られている．この場合には，わざわざ要介護認定を導入しなくても，介護サービスの給付は十分に可能である．

## 2　サービス給付が医療保険より限定される

　次に，介護保険のサービス給付の範囲と水準は，医療保険に比べ，はるかに限定的である．

　医療保険では，医師が必要と判断する限り，サービス給付に上限はない．それに対して，介護保険では二重・三重に給付制限が盛り込まれている．

　まず，要介護度ごとに支給されるサービス費総額の上限が決められており，それを超えたサービス利用は全額自己負担になる．しかも，在宅サービスの給付上限は，厚生省がかつて公約した「サービスモデル」レベルの給付ではなく，当面は「現実に提供可能なサービス量に見合った水準」に限定される．

　もう1つ，一般の報道ではほとんど見落されている制約がある．それは，医療保険の場合には，公定料金（診療報酬）が決められており，一部の例外を除いては差額徴収が禁止されているのに対して，介護保険では，介護保険サービスの公定料金（介護報酬）は決められず，介護サービスの提供者は，介護保険から支払われる「平均的な費用を勘案した額」を上回って，個々のサービスごとに差額徴収できる可能性が大きいことである．

　具体的には，介護保険法案では，在宅サービスに，訪問看護ステーション

第2章　介護保険法成立前の論争と中間総括

を含めて，営利企業の参入が認められているので，このような企業が「高かろう良かろう」のサービスを提供し，差額徴収を行うようになる．

それだけではない．この「平均的な費用を勘案した」額は，少なくとも大都市部では，実際にかかる費用よりも相当——3割前後——低く設定されることが確実である．その場合には，要介護者がごく標準的なサービスを利用した場合にすら，差額の支払いを求められることになりかねない．つまり，現在老人病院等で状態化している「お世話料」などの保険外負担が，在宅にも広がる．

このように介護保険の給付が手薄いものに限定される結果，追加的な個人負担ができる中・上所得層は，老後の安心を確保するために民間介護保険を購入するように誘導される．

このような介護保険の「公私2段階（公私混合）」制度化は，老健審「最終報告」で初めて明らかにされて以降，厚生省の新しい制度案が発表されるたびに，鮮明になった．さらに，「高齢社会対策大綱」では，公的保障は「基礎的な給付」に限定しつつ，「それを超えるものについては民間保険の積極的な活用を進める」ことが，政府の公式の高齢社会対策として，確認された．これは，政府・厚生省自身が，公的介護保険だけでは老後は安心とはいえないことを認めたものと言える．

## 3　低所得老人はサービスを利用できなくなる

介護保険では老後は安心とは言えない第3の理由は，加入者・利用者の負担（保険料とサービス利用料の両方）に関して，低所得者への配慮が欠けていることである．

まず介護保険法案には，保険給付の制限，保険料滞納者等に係る支払方法の変更，保険給付の支払い一時差止等，保険料未納者に対する「ペナルティ」が事細かに書かれている．その厳しさは，国民健康保険法と桁違いである．その結果，低所得の老人を中心に，無保険者が大量に発生し，もっとも公的介護を必要とする低所得層の老人がそれを受けられなくなる危険性があ

第4節　公的介護保険制度が成立しても老後の不安が決して解消されない理由

る.

さらに，利用料は一律定率（1割）負担となるため，現行の定額負担（老人医療）と応能負担（老人福祉）に比べ，低所得者の負担が急増する.

私がここで特に強調したいことは，介護保険法案には，保険料に関しては曲がりなりにも減免規定があるのに対して，利用料に関しては減免規定がいっさいないことである. その結果，それを支払えない低所得者はサービスの利用を受けられない事態が生じる. この影響は，低所得老人の比率が高い特別養護老人ホームで特に深刻である.

## 4　老後の不安をなくすための改善策とは

私は，介護保険制度そのものに「絶対反対」の立場はとらないが，このような法案の重大な問題点を改善しないまま，「拙速成立」を図ることには，反対である.

最後に，介護保険導入による老後の不安を少しでも減らすために，3つの改善提案を行い，本節を終わりたい（なお，これは1995年来提案している「5つの改善提案」の補足提案である［本書第1章参照］）.

　①要介護認定及びそれに基づいた介護給付額の上限設定は導入せずに，厚生省は要介護度別の「サービスモデル」を「ガイドライン」として示すにとどめる. その上で「ケアマネジメントで必要と判断されたサービスは，家事援助から24時間対応のサービスまで，……上限なしに給付する」ことを原則とする.

　②各介護サービスの公定価格（介護報酬）を地域単位で設定し，ケアマネジメントで必要と判断されたサービスに関しては差額徴収を禁止する. 同時に「24時間対応の在宅サービスの介護報酬は一般のサービスの介護報酬よりも高めに設定」して，それの普及を促進する.

　③入所施設だけでなく訪問看護ステーションへの営利企業の参入を認めない.

# 第3章　介護保険開始直前の評価・予測と　保健・医療・福祉複合体

[本章には，介護保険制度開始直前の1999年〜2000年2月に発表した4論文を収録した．

　第1節では，まず介護保険に対する私の基本的・複眼的立場を示した上で，介護保険制度の全体的評価を以下のように3点述べた：①単なる福祉立法ではなく実態は「老人長期ケア保険」，②「社会保障構造改革具体化の第一歩」，③「介護保険は医療保険の介護版」ではない．次に，介護保険の将来予測を大胆に行った．

　第2節では，医療機関の開設者が同一法人または関連・系列法人とともに，保健・介護施設のいくつかを開設して，保健・医療・福祉サービスを一体的に提供しているグループを「保健・医療・福祉複合体」（以下，「複合体」）と命名して，1996〜1998年に行った全国調査に基づいて，それの全体像を示した．次に，「複合体」の経営面の効果と患者・利用者にとっての効果を示した後に，4つのマイナス面を指摘した．最後に，介護保険下での「複合体」の展開を予測し，介護保険が「複合体」への追い風になる4つの理由を示した．

　第3節では，利用者の「囲い込み」にはマイナス面だけでなくプラス面もあることを示した上で，意外なことに厚生省自身がそれを事実上奨励していることを明らかにし，居宅介護支援事業者に求められる「公正中立」の在り方について論じた．第4節では，日本看護協会等が描く「バラ色の未来」とは逆に，訪問看護ステーションが介護保険の最大の被害者になると私が予測した根拠を示すと同時に，訪問看護ステーションサバイバルの2つの条件（居宅介護支援事業の併設と在宅総合ケア施設化）を示した．]

第3章　介護保険開始直前の評価・予測と保健・医療・福祉複合体

# 第1節　介護保険の全体的評価と将来予測

[1999年2, 3, 10月]

## はじめに——介護保険に対する私の基本的立場

　介護保険の実施［2000年4月］を直前に控えて，国民・関係者の関心は介護保険の「細部」に集中しているし，それは当然のことである．しかし，私は，それに加えて，介護保険の「大枠」を理解すること——中長期的視点から，介護保険の全体的評価と将来予測を行うこと——も重要だと考えている．本節では，私の今までの「介護保険論争」での経験も踏まえて，介護保険の全体的評価と将来予測について3点ずつ述べたい．

　その前に，介護保険に対する私の基本的立場を述べる．

　私は，介護保険構想が提唱された当初から，以下のような3段階の「複眼的」介護保険批判の論陣をはってきた[1-3]．①厚生省が当初提唱した介護の社会化と公的責任による在宅ケアの推進には大賛成である．ただし，②新しい介護「保障」制度は，主たる財源を直接税とする公費負担方式で，現行の措置制度を利用者の利用権・選択権を確立する方向で改革するのが最良と考える．しかし，③この最良の制度の実現可能性が短期的にはほとんどないため，「次善の策」として，財源調達方式として社会保険方式（正確には保険と租税の混合方式）をとるという意味での介護保険制度そのものには「消極賛成」するが，介護保険法案には根本的な欠陥があり，現行制度より悪くなる面が多いため，それの拙速成立には大反対するとともに，具体的な改善提案を行う．

　私のこの立場は，現在も変わっていない．しかし，介護保険法の2000年度実施が確定した以上，新たに求められていることは，①なによりも介護保険の内容を正確に理解し，②それへの適切な対応を準備するとともに，③法の枠内での可能な限りの改善提案を行うことだ，と考えている．それに加えて，

122

第1節　介護保険の全体的評価と将来予測

特に医療・福祉関係者には，介護保険が医療・福祉に与える影響を正確に予測することも不可欠であると考えて，発言を続けてきた．なお，介護保険法が成立した以上，2000年度実施そのものは当然であり，一部で主張された施行延期論には反対した．

## 1　介護保険の全体的評価

### (1)　介護保険の実態は「老人長期ケア保険」

まず，介護保険の全体的評価について，3点述べたい．

私が，まず強調したいことは，介護保険が単なる福祉立法ではないことである．

介護保険が提唱された当初，それは新たな「福祉」制度であると宣伝された．それに対して，介護保険が「厚生省の本丸であり，行き詰まりをみせている医療制度の立て直し策にすぎない……．要すれば，行き詰まりをみせている老人保健法の延命策」と喝破したのは，滝上宗次郎氏だけだった[4]．そのために現在でも，介護保険は「福祉」制度であり，医療とは無関係との理解が，福祉関係者や医療関係者の間にすら，少なからず残っている．

しかし，介護保険法第1条（法の目的）を読めば，それがまったくの誤りであることが分かる．「この法律は，加齢に伴って生ずる心身の変化に起因する疾病等により要介護状態となり，入浴，排せつ，食事等の介護，機能訓練及び療養上の管理その他の医療を要する者等について，……必要な保健医療サービス及び福祉サービスに係る給付を行うため…，国民の共同連帯の理念に基づき介護保険を設け，……もって国民の保健医療の向上及び福祉の増進を図ることを目的とする」．「保健医療サービス及び福祉サービス」という「順序」は第2条，第4条等でも一貫している．

これから明らかなように，介護保険の実態は「①老人②慢性医療・福祉（長期ケア）保険」なのである（英語で言えば，"long-term care insurance for the aged"）．そのために，後述するように，介護保険は福祉だけでなく，医療にも重大な影響を及ぼすことになる．

第3章　介護保険開始直前の評価・予測と保健・医療・福祉複合体

　よく知られているように，「介護」は，本来は福祉分野の概念・用語である．既存の福祉用語辞典で，介護に医療を含めているものはない．厚生省自身も，従来は，介護の範囲から医療を除外してきた（社会福祉士・介護福祉士法等）．しかし，厚生省は，介護保険法で「医療制度の立て直し」という隠れた目的を達成するために，介護に「(慢性期の) 保健医療サービス」を含めるように方向転換したのである．この点からは，介護概念は大幅に拡大されることになった．

　他面，介護保険法では，福祉的な介護の中心は「身体介護」(「入浴，排泄，食事等の介護」) に限定され，家事援助や精神的援助の多くは排除された．この面では，介護概念は大幅に縮小されたと言える．その結果，現在家事援助や精神的援助目的の介護（ホームヘルプ等）を受けている老人の相当分は，介護保険では給付対象から除外される可能性が大きい．


## (2)　介護保険は「社会保障構造改革具体化の第一歩」の意味

　「介護保険は……（21世紀に向けての）社会保障構造改革具体化の第一歩」．社会保障関係審議会会長会議「社会保障構造改革の方向（中間まとめ）」(1996年11月) は，介護保険をこう位置づけた．


### 措置制度の解体と保険制度への再編成

　この「第一歩」について，「社会保障全体を崩す第一歩」といった厳しい評価もみられる．「はじめに」でも述べたように，私は介護保険を全否定はしないが，介護保険がわが国の社会福祉制度の根幹である低所得者「優先」の措置制度を解体し，中所得者「中心」の保険制度に再編成する「第一歩」になる，と考えている．

　そのために，低所得層にとっては，介護保険は現行措置制度の「改悪」以外のなにものでもない．措置制度の下で，無料または低額の自己負担で介護サービスを受けているのに，介護保険では新たに保険料と利用料（定率）の支払いが義務づけられ，それが払えない場合には介護サービスが受けられな

124

第1節　介護保険の全体的評価と将来予測

くなるからである．そのために，介護保険では，低所得者の介護サービス利用は，現在よりも抑制される可能性が大きい．

しかし，保険料と利用料を払える中所得層にとっては，保険料負担が増える反面，利用料は現行より大幅に軽減される（中所得層にとって負担が重い応能負担から定率負担に変更される）ために，受けられる介護サービスの量が大幅に増加することも見落とせない．そして，まがりなりにも「豊かな社会」となっているわが国では，低所得層は「少数派」であり，中所得層が「多数派」であるため，全体としては，利用・提供される介護サービスの量は現在よりも相当増加する，と予測できる．

これが，介護保険法案にはさまざまな問題点があることが明らかになったにもかかわらず，国民の多くが最後までそれを支持した理由である，と私は考えている．つまり，介護保険が国民・利用者に与える影響は，「社会階層」により異なるのである．

## 社会保障制度全体の公私2階建て化

しかし，介護保険が「社会保障構造改革具体化の第一歩」であることには，もう1つの意味がある．それは，介護保険が，わが国の社会保障制度全体を公私2階建て制度に再編するための「第一歩」になることである．

私は，1994年に，まだ介護保険が非公式に検討されていた時に，厚生省の医療改革戦略と介護保険創設について，以下のように予測した[5]．

「厚生省は，もはや医療単独の改革を考えてはおらず，医療プラス福祉プラス年金の『三位一体』での改革を考えている……．具体的には，厚生省は，これら3分野に共通した中間層（中所得者層）のニーズにこたえる2階建て制度の確立を展望しているのである．……『公的介護保険』（仮称）創設の目的も，現在欠落している福祉分野の『標準的サービスの給付』を制度化することである．そして，福祉分野でも，公的介護保険と，それに利用者負担の自由契約サービスが『上乗せ』された『2階建て制度』が構想されているのである」．

125

第3章　介護保険開始直前の評価・予測と保健・医療・福祉複合体

　介護保険構想が出された当初は，このような「2階建て制度」は明示され
ておらず，この点を指摘したのは私だけだった．逆に，介護保険を無批判に
推進した人びとは，介護保険のみでバラ色の老後が保障されるかのようには
やし立てた．「北欧で学んだものを日本で実現するいちばんいい方法」（岡本
祐三氏）[6]，「北欧並みの介護レベルを実現するより現実的な近道」（山井和則
氏）[6]，「老後を待ち遠しくする公的介護保険システム」（京極高宣氏）[7]．

　しかし，介護保険の全体像が明らかになることにより，介護保険の給付が
ごく限定的であり，高水準の介護サービスを受けるためには，民間の介護保
険に加入するか，全額自己負担で，追加的な私的サービス（「横だし・上乗せ」
サービス）を購入しなければならないことが明らかになった．つまり，介護
保険は「2階建て制度」の1階分を担うことになるのである．この「2階建
て制度」の具体的仕組みは（3）で述べる．

　このような2種類の「第一歩」を重ね合わせ，しかも，本節では触れられ
なかった高齢障害者以外の障害者の介護制度を加えると，21世紀のわが国の
介護制度は，次のような「4段階システム」になると予測できる[2]．

　「最下位に，保険料を拠出できない最低所得層対象の租税負担制度（生活
保護法による）．次に，『高齢者以外の障害者』対象の租税負担制度（現行措
置制度またはそれの改革による）．第3の中核的制度として，保険料を拠出で
きる一般の国民対象の公的介護保険．そして，最後にそれに上乗せされる私
的介護保険……．ただし，下位2制度のうち，『高齢者以外の障害者』対象
の制度に関しては，現在の障害者団体の政治的力と国民意識を考慮すると，
厚生省が，公的介護保険と同水準のサービス給付に踏み切る可能性がある」．

　実は，介護保険が「社会保障構造改革具体化の第一歩」となることには，
もう1つ（第3）の意味がある．この点は後述する．


## （3）　「介護保険は医療保険の介護版」ではない

　「介護保険は医療保険の介護版」，「保険証1枚持っているだけで，さまざ
まなケアサービスを国内どこにいっても受けられる」．介護保険構想が提唱

第1節　介護保険の全体的評価と将来予測

された当初，現行の「利用しづらい」措置制度に比べた介護保険の最大の利点として，このような宣伝が横行した．しかし，介護保険が具体化するとともに，これはまったくの偽りであることが明らかになった[3]．

　まず，介護保険から介護サービスを受けるためには，原則として，①市町村窓口への申請→②要介護認定→③ケアプランの作成→④実際のサービス利用の4段階が必要である．これは，医療保険では保険証1枚あれば，1か所の医療機関に行くだけで診断・治療をすべて受けられるのと比べると，はるかに複雑・煩雑である．特に，特別の例外を除いては，サービスを受ける前に，保険者＝市町村が行う「要介護認定」を受けなければならないため，サービスの開始が大幅に遅れることになる．

　次に，介護保険のサービス給付の範囲と水準は，医療保険に比べ，はるかに限定的である．医療保険では，医師が必要と判断する限り，サービス給付に上限はない．それに対して，介護保険では二重・三重に給付制限が盛り込まれている．

　まず，要介護度（介護が必要なランク）ごとに支給されるサービス費用総額の上限が決められており，それを超えたサービス利用は全額自己負担になる．しかも，在宅サービスの給付上限は，「サービスモデル」レベルの給付ではなく，当面は「現実に提供可能なサービス量に見合った水準」に限定される．

　もう1つ，一般にはほとんど見落とされている制約がある．それは，医療保険の場合には，公定料金（診療報酬）が決められており，一部の例外を除いては差額徴収が禁止されているのに対して，介護保険では，介護サービスの提供者は，介護保険から支払われる「平均的な費用を勘案した額」（介護報酬）を上回って，個々のサービスごとに差額徴収できる可能性が大きいことである．

　具体的には，介護保険では，在宅サービスに，訪問看護ステーションを含めて，営利企業の参入が認められるので，このような企業が「高かろう良かろう」のサービスを提供し，差額徴収を行うようになるであろう．

第3章　介護保険開始直前の評価・予測と保健・医療・福祉複合体

これは私が1996年に行った予測であるが[3]，厚生省はつい最近までこの点に言及するのを避けてきた．しかし，1998年12月14日の医療保険福祉審議会老人保健福祉部会・介護給付部会の第1回合同部会で，厚生省は，利用者が「特定の」訪問看護婦やホームヘルパーによるサービスを希望する場合，事業者は，1割の利用料に上乗せして「指名料」（自由料金）を徴収できるとする「素案」を提出した．

この素案は，直接的には，「高かろう良かろう」式の看護・介護サービスを販売している営利企業の参入を促進することを目的としているが，長期的には医師・歯科医師の「指名料」を合法化するための布石でもある，と私は判断している．

ただし，この素案には審議会委員が猛反対し，否定された——「バーやキャバレーじゃあるまいし」（橋本泰子委員の名言）．しかし，将来的にはそれが復活する危険性は残っている．

このような紆余曲折を経て，介護保険発足時には，「介護報酬」は医療保険・老人医療の「診療報酬」に準じて，ほぼ全国一律の公定価格として実施されることになった（ただし，一部サービスで地域差が導入される）．診療報酬との大きな違いは，福祉系サービスに限っては，サービス提供事業者が公定価格よりも低額の料金を設定できることになったことである．ただし，実際に介護報酬の「値引き」が行われるのは，事業者間の競争が特に激しい大都市部の一部地域で，しかもごく一部のサービスに限られると思われる．

逆に介護保険の給付が手薄いものに限定される結果，追加的な個人負担ができる中・上所得層は，老後の安心を確保するために民間介護保険を購入するように誘導されるのである．

## 2　介護保険の将来予測

### (1)　介護保険「制度」は短命
　　　　—— 5～10年で「高齢者医療・介護保険」に再編成

次に介護保険の将来予測を3点行う．

128

第1節　介護保険の全体的評価と将来予測

　介護保険の将来予測で私がもっとも強調したいことは，介護保険は「制度」としては，ごく短命あるいは「過渡的」制度なことである．最短5年〜遅くとも10年以内に，当初2000年に創設予定だった高齢者医療保険制度と統合され，「高齢者医療・介護保険制度」に再編成されるであろう（ただし，高齢者医療保険制度の創設は，当初予定より数年遅れる見通し）．

　なぜなら，わが国の介護保険は，給付範囲を狭義の介護（福祉）サービスに限定したドイツの制度と異なり，慢性期医療サービスをも給付範囲としているが，これと急性期医療サービスを分断するのは無理があり，しかも，介護保険だけでは財政的基盤が不安定だからである．

　これは決して私の独断ではない．そもそも，1997年8月に発表された当時の与党（自民党プラス社会民主党・新党さきがけ）の医療保険制度抜本改革案でも，「（高齢者医療保険制度は）中長期的に介護保険制度との一元化をも視野に入れる」と明記されていた[8]．この改革案をとりまとめた丹羽雄哉衆議院議員（橋本前首相に次ぐ厚生族のドン）は，一歩踏み込んで，1998年1月に，「2010年までに医療と介護を一緒にした『高齢者医療介護保険制度』を実現させなければならない」と明言している[9]．なお，研究者としては，山崎泰彦氏が，早々と1997年7月に「高齢者医療・介護保険制度試案」を発表している[10]．

　実は，私が，介護保険制度は短命という予測を公式の場で初めて行ったのは，1998年3月，私の勤務先の日本福祉大学の研究所が主催したシンポジウムの時だった[11]．しかし，この時は，参加者の多くからは「奇をてらった予想」と理解されたようである．口の悪い方からは「二木先生がまた暴言を吐いた」と冷やかされた．

　しかし，現在では，この予測は関係者の常識になっている．例えば，1999年10月の自自公「三党連立政権政治・政策課題文書」の社会保障の項のトップに「2005年度を目途に，年金，介護，高齢者医療を包括した総合的枠組みを構築する」ことが掲げられた．そしてこの合意書に基づいて成立した連立政権の厚生大臣に丹羽雄哉議員が就任した．

129

第3章　介護保険開始直前の評価・予測と保健・医療・福祉複合体

　ただしこの予測は，あくまで独立した「制度」としての介護保険の存続についてのものである．介護保険制度が廃止されて，措置制度が復活することはありえない．

　私は，新しい高齢者介護・医療保険制度では，介護保険で新たに導入される医療保険にはない以下の3原則が，高齢者医療保険にも拡大されると予測している．

　　①財源面では，個人単位の保険料賦課と年金給付からの保険料天引き，

　　②給付面では，サービスの標準化と給付上限額の設定，それを超えるサービスの「公私混合」化．

　　③サービス供給面では，営利企業の参入の容認．

　この点からは，介護保険は医療保険改革の「実験」と言える．そして，この実験結果に基づいて，まずは高齢者医療保険制度の改革が，さらには医療保険制度全体の改革が行われるであろう．そして，これが介護保険が「社会保障構造改革具体化の第一歩」であることの第3の意味なのである．

　逆に言えば，将来の高齢者医療・介護保険制度の具体的な姿は，介護保険に対する国民や医療・福祉関係者の反応によって相当変わる．この意味では，「未来はまだ決まっていない」と言えよう．


(2)　介護保険の将来像についての3つの質問

　次に，介護保険の将来像に関してよく出される3つの質問に対する私見を述べる．これらは，私自身が介護保険の講演等でしばしば質問されたことである．


**「加齢条項」は削除されるか？**

　現在では，介護保険法に賛成する人びとも，それが理想的制度ではなく，さまざまな問題点があることを認めるようになっている．

　誰もが認める最大の問題点は，第1条の「加齢条項」である．法の目的を規定した第1条では，「この法律は，加齢に伴って生じる心身の変化に起因

第1節　介護保険の全体的評価と将来予測

する疾病等により要介護状態になり……」と限定され，65歳未満の要介護者
（障害者）は，15種類の「特定疾病」に起因する者以外は，給付対象から除
外されている．

　しかし，保険料の納付義務は40歳以上のほぼすべての国民に課せられてい
る．このような保険給付対象者と保険料負担者との乖離は「保険原理」に反
する．それだけに，この加齢条項を削除し，年齢を問わずすべての要介護者
に給付を行うことが必要である．

　しかし，残念ながら，このような改正が行われる可能性は低い．理由は2
つある．

　最大の理由は，65歳未満の要介護者（障害者）に給付対象を拡大すると，
給付費用は大幅に増える反面，保険料収入はほとんど増えず，介護保険財政
が悪化するからである．

　一般に65歳未満の障害者と言えば，身体障害者，それも肢体不自由者が連
想されやすい．しかし，実は，この年齢層の要介護者の「多数派」は精神障
害者（精神病回復者）と知的発達障害者（旧称・精神薄弱者）なのである．前
者の大半は精神病院に長期入院している[2]．また，両者とも，高齢障害者の
在宅介護と異なり，家族介護は期待できない．

　そのために，このような障害者に対しても，介護保険法の理念である「在
宅（ケア）重視」を徹底しようとすると，現在の入院・入所費用よりもはる
かに多額の費用がかかる．他面，彼らの大半は低所得者であるため，徴収で
きる保険料はごくわずかなのである．

　もう1つの理由は，先述したように，厚生省は中・長期的には，介護保険
法を老人医療・介護保険法に再編しようと考えているため，それに支障をき
たす加齢条項の削除には強く抵抗するからである．

　そのために，今後「特定疾病」の範囲が現在より多少拡大することはあり
うるが，加齢条項そのものは撤廃されない，と私は予測している．

131

第3章　介護保険開始直前の評価・予測と保健・医療・福祉複合体

## 現金給付は導入されるか？

　加齢条項とは逆に，介護保険に賛成した人びとの間でも，意見が二分されたのが現金給付の是非である．最終的には，現金給付は女性を介護に縛りつける，公的介護サービスの普及を阻害するといった情緒的な理由から見送られた．しかし，現在でも，現金給付導入論は根強い．

　私は，同一のリスクに対して同一の給付をするという「保険原理」に基づく限り，現金給付は導入するべきである，と考える．なぜなら，わが国の介護保険は，ドイツの場合と同じく，家族介護を前提として，それを社会的に支援することを目的としているからである．しかも，厚生省自身が，制度発足時には，要介護者のうち，介護保険給付が受けられない人びとが「多数派」になると公式に予測している．

　実際に，介護保険を推進した人びとのうち，原理的に社会保険方式を支持した人びと（栃本一三郎氏，山崎泰彦氏，本沢巳代子氏等）は，異口同音に現金給付の制度化を支持した[12~14]．

　それに対して，北欧のような租税負担方式を理想としつつも，現実的・政治的判断から介護保険に賛成した人びとの大半は，上述した情緒的理由から現金給付反対に回った．そして厚生省はこのような主張を「渡りに舟」とし，介護保険料を低い水準に抑え，国民の負担感を弱めるために，現金給付を見送った，と私は推定している．

　そのために，将来的にも，現金給付が本格的に導入されることはありえない．なぜなら，それを導入すれば，介護保険料は現在予定されている水準の2～3倍となるため，国民の支持は得られないし，保険料未納者が激増し，制度の根幹が揺らぐからである．ただし，離島や僻地等，公的サービスが極端に不足する地域で，部分的に現金給付が導入される可能性はある．

　なお，1999年9月に決定された「同居家族に対する訪問介護の提供」は，制度的には現金給付ではなく現物給付であり，しかも実施に厳しい制限が課せられているため，あくまで例外的なものにとどまる．

132

第1節 介護保険の全体的評価と将来予測

**介護保険で北欧並みの介護が実現するか？**

　介護保険は最初の構想段階では，国民にバラ色の夢を与えた．「重度の障害を持つような高齢者や１人暮らしで介護が必要な高齢者の場合には，24時間対応を基本とした在宅サービス体制を整備する」，「在宅ケアにおける家族の最大の役割は……高齢者を精神的に支えること」（高齢者自立システム研究会報告書）．介護保険を推進した識者の発言は，さらに「過激」だった．

　しかし，現実の介護保険で予定されている給付水準は，北欧並みからはほど遠く，家族介護の社会的支援のレベル（現行の新ゴールドプランの目標プラス α）にとどまることになった．この点で，介護保険「バブル」をあおりたてた人びとの罪は重い．

　ただし，これは介護保険開始時の水準である．将来的に，介護保険で北欧並みの給付がされることはあるだろうか？　私は，残念ながらないと予測する．その理由は２つある．

　第１に，北欧並みの給付のためには，現在の保険料の少なくとも５倍の保険料が必要である．今後，老齢年金の給付水準の引き下げが確実なことを考えると，これは高齢者の負担能力を明らかに超える．第２に，国際的にみて，家族介護に依存しない公的高齢者介護制度を築き上げているのは北欧諸国だけであり，他のすべての先進国の制度は，家族介護を前提にしている．全体としての社会保障の水準が，平均的なヨーロッパ諸国に比べてもなお立ち遅れているわが国で，老人介護制度のみが，世界の最先進国になると考えるのは，あまりに非現実的である．

(3)　介護保険が医療・福祉施設に与える影響

　介護保険の将来予測の最後に，介護保険が医療・福祉施設に与える影響を３点予測したい．介護保険構想が提唱された当初は，「介護保険は福祉の追い風になる」，「介護保険は福祉制度で医療とは無関係」という理解が普通であった．しかし，現実は，まったく逆になるであろう．

133

## 医療施設と福祉施設との競争の激化——勝者は「複合体」

介護保険法の成立と合わせて、医療法の第3次改正が行われ、医療法人の社会福祉事業への参入が認められた。この改正で参入が認められたのは第2種社会福祉事業（在宅福祉事業）だけだが、中長期的には、特別養護老人ホーム等の入所福祉施設への参入も認められる可能性が大きい。その結果、医療施設（医療法人等）と福祉施設（社会福祉法人）との競争が、施設ケア・在宅ケアの両方で激化することになる。

私は、このような競争の「勝者」は、施設ケアでも在宅ケアでも、「保健・医療・福祉複合体」、「敗者」は単独施設（特に、福祉施設）であると予測している。

ここで「保健・医療・福祉複合体」（以下、「複合体」）とは、単独法人または関連・系列法人とともに、医療施設（病院・診療所）となんらかの保健・福祉施設の両方を開設し、保健・医療・福祉サービスを一体的に提供しているグループであり、その大半は私的病院・診療所が設立母体となっている（「複合体」の全体像については、後述する）。

このような医療サービスと福祉サービスを一体的に提供する「複合体」が、介護保険下で、利用者確保の面でも、経営面でも、単独施設に比べて、圧倒的に有利になることは確実である。逆に、医療・福祉施設とも、単独施設は苦戦を強いられることになる。特に経営が厳しくなるのは、母体医療施設を持たない独立型の訪問看護ステーションと立地条件と療養環境の両方が悪い独立型の特別養護老人ホームであろう。「複合体」の全体像と功罪、介護保険が複合体への追い風になる4つの理由、および介護保険下の「複合体」の多様化と「ネットワーク」形成については、次節で詳しく述べる。


## 病院の機能分化が促進される

第2に、先述したように介護保険法は「老人長期ケア法」であるため、病院の機能分化を促進する。具体的には、老人慢性患者を多数受け入れている一般病院の従来どおりの存続は不可能になる。これらの病院のうち、急性期

病院に転換できる病院はごく一部で，大半は療養型病床群または療養型病床群と一般病床を合わせ持つ「ケアミックス病院」への転換を余儀なくされる．

他面，一部の（老人）病院経営者が懸念している，介護保険による在宅ケアの拡充で（老人）病院入院患者が激減する事態は，在宅ケアが特別に充実しているごく一部の地域を除けば，起こらない．それには，2つの理由がある．

第1の理由は，介護保険で予定されている低水準の在宅ケア——白澤政和氏の予測では「イギリス並みのサービス」[15]——は，施設ケアの「代替」とはならないからである．これは国際的にも，国内的にも確認されている経験則である．

介護保険構想が登場したとき，在宅ケアを充実させることにより施設ケアを減らせる実例として，デンマーク等の北欧諸国の経験がしばしばとりあげられた．しかし，在宅ケアの「超」先進国である北欧諸国は，国際的にみれば例外的存在であり，それ以外の欧米諸国（正確には日本を含めた OECD 加盟国）では，在宅ケアの水準と施設ケアの水準とは，「代替」関係ではなく「相補的」関係にある——つまり在宅ケアの水準が高い（低い）国ほど施設ケアの水準も高い（低い）——ことが，確認されているのである[16]．その上，北欧諸国の施設ケアの量的水準はわが国の数倍であり，質的にも，個室が原則等，わが国とは隔絶した高水準である．

さらに，わが国の在宅ケア最先進地域で「介護保険を先取りしている」広島県御調町でも，要介護老人（痴呆性老人を含む）の大半（8割）は病院・施設に入院・入所しており，在宅で生活しているのはわずか22％にすぎない[17]．

しかし厚生省はこのような国際的・国内的経験を無視して，介護保険施行後の老人介護施設の大幅「削減」を予定している．具体的には，要介護老人の介護施設入所者割合は2000年度の49％から2010年の40％へ9％ポイントも減少すると見込んでいる[18]．

このように，介護保険により施設ケアの「需要（ニーズ）」が増加するにもかかわらず，施設ケアの「供給」が抑制される結果，（老人）病院の多く

が閉鎖に追い込まれる事態は発生しないと予測できる．この予測は，先に介護保険の「敗者」と述べた，条件の悪い特別養護老人ホームにも当てはまる．

ただし，この予測は，病院・施設の存続についてのものであり，これら施設の経営者が，介護保険後も安泰であることは意味しない．介護保険により，医療施設と福祉施設の競争が激化する結果，経営困難に陥ったこれら施設を経営する医療法人や社会福祉法人の相当数が，経営能力のある法人（特に，大手の「複合体」）に買収されるであろう．

実は，このような買収は，現在でも水面下で着実に増加している．例えば，「福祉汚職事件」で小山博史理事長が退陣した埼玉県の社会福祉法人彩光会（特別養護老人ホーム，ケアハウス等を開設）の経営は，1998年にわが国有数の巨大病院チェーンである上尾中央医科グループが継承している．

## 営利企業の医療・福祉分野への参入は限定的

第3に，介護保険により，営利企業の医療・福祉分野への参入が段階的に，しかし限定的に進む．

まず，訪問看護ステーション事業への営利企業参入は，介護保険の創設を待たず，1999年度から認可された．次に，2000年度の介護保険創設時に，在宅福祉分野への営利企業参入が全面的に認められる．さらに，中長期的には，特別養護老人ホームや老人保健施設への営利企業の参入も，認可される可能性が大きい．

それに対して，病院経営への営利企業の参入は，中長期的にも認められないであろう．政治的力関係や「外圧」により認められる可能性も完全には否定できないが，その場合も，ごく部分的・限定的なものにとどまるであろう．なぜなら，アメリカの経験から明らかなように，営利企業が病院経営に参入すれば医療費が現在よりも急増することは避けられないが，このような事態は厚生省・政府の医療費抑制の大目標に反するからである[19]．

ただし，営利企業が福祉分野に参入しても，それがこの分野の中心勢力になることはありえない，と私は予測している．なぜなら，福祉事業（特に在

第1節　介護保険の全体的評価と将来予測

宅福祉事業）は極端な労働集約産業であり（在宅福祉事業では人件費比率は8割に達する），営利企業の合理的な経営手法を導入しても，コストを大幅に削減することは不可能だからである．つまり，福祉事業では，「安かろう良かろう」式サービスは望めず，「高かろう良かろう」か「安かろう悪かろう」のサービスしかありえないのである．

　しかも，大部分の営利企業（特に，資金力と経営力のある大企業はすべて）は，介護保険の給付に「上乗せ負担」が可能な富裕層を主たる「顧客」として，「高かろう良かろう」のサービスを販売することを予定している．しかし，このような富裕層が特定の限られた地域にある程度まとまって居住しているのは，東京や大阪などの大都市圏に限られる．

　そのために，日本全体では，医療・福祉施設の大半は，将来的にも，非営利組織（医療法人，社会福祉法人，農協・厚生連，生協，市民参加型組織等）であり続けるであろう．そして，その「主役」が次節で述べる「複合体」なのである．

　そもそも国際的にみても，営利企業の医療・福祉分野への本格的参入は，アメリカだけにみられる特殊な現象であり，決して「国際標準」ではない．

　ただし，既存の非営利組織（特に社会福祉法人）の経営合理化・効率化は不可避になる．その過程で，一部の非営利組織（特に「複合体」）が営利企業を傘下に持ったり，営利企業との共同事業を始める可能性は大きい．


**文　献**
1）二木立「公的介護保険一辺倒の議論に異議あり」『社会保険旬報』1867，1868号，1995．
2）里見賢治・二木立・伊東敬文『公的介護保険に異議あり──もう1つの提案』ミネルヴァ書房，1996．［本書第1章］
3）二木立「公的介護保険法が成立しても老後の不安が決して解消されない理由」．文芸春秋編『日本の論点 '97』文芸春秋，1996．［本書第2章第4節］
4）滝上宗次郎『福祉は経済を活かす──超高齢社会への展望』勁草書房，1995，147頁．
5）二木立『「世界一」の医療費抑制政策を見直す時期』勁草書房，1994．
6）岡本祐三監修『公的介護保険のすべて』朝日カルチャーセンター，1995．

第3章　介護保険開始直前の評価・予測と保健・医療・福祉複合体

7）京極高宣『介護革命——老後を待ち遠しくする公的介護保険システム』ベネッセ，1996.

8）与党医療保険制度改革協議会「21世紀の国民医療——良質な医療と皆保険制度確保への指針」1997年8月29日，『社会保険旬報』1959号，1997.

9）山崎泰彦「高齢者医療・介護保険制度試案」『社会保険旬報』1960号，1997.

10）丹羽雄哉『生きるために——医療が変わる』日経BP社，1998.

11）日本福祉大学福祉社会開発研究所『シンポジウム・介護保険下の医療・福祉マネジメント報告集』1998.

12）山崎泰彦「介護の社会化と介護保険構想」『社会保険旬報』1846号，1994.

13）本沢巳代子『公的介護保険——ドイツの先例に学ぶ』日本評論社，1996.

14）栃本一三郎『介護保険』家の光協会，1997.

15）白澤政和『介護保険とケアマネジメント』中央法規，1998.

16）OECD: Caring for Frail Elderly People - Policies in Evolution, OECD, 1996.

17）太田貞司・他『どんなケアマネージャーになるか』萌文社，1998.

18）二木立「老健審『第2次報告』のもう一つの読み方」「社会保険旬報」1903号，1996. ［本書第2章第1節］

19）二木立「幻想の医療ビッグバンとDRG／PPS」『からだの科学』205号，1999.

## 【補注】1999年11月の介護保険「特別対策」の3つの背景

[2000年4月（元論文を『介護保険と医療保険改革』収録時に補足）]

　介護保険の実施目前の1999年11月に，政府は次の6項目からなる「特別対策（介護保険法の円滑な実施に向けて）」を決定した——①高齢者保険料の特別措置，②医療保険者対策，③低所得者の利用者負担の軽減，④家族介護支援対策，⑤介護予防・生活支援対策，⑥介護基盤整備対策．この特別対策は，同月の自自公3党連立政権の発足直後に，亀井静香自民党政調会長が発した「見直し論」（鶴の一声ならざる「亀の一声」）を契機として，一気に決められた．

　これに対しては，マスコミ等から，「選挙目当ての小手先の対策」等の厳しい批判が投げかけられた．私もこのような批判には同感であるし，この対策に必要な財源をすべて赤字国債でまかなうことには強い危機感を持っている．と同時に，このような「特別対策」がとられた次の3つの背景を見落としてはならない，とも考える．

　第1は，介護保険の基盤整備が厚生省の当初の計画に照らしても大幅に遅れており，しかも介護保険法の低所得者対策が極めて不備であるため，介護保険制度をそのまま実施すれば，大変な混乱が生じることが確実な情勢だったこと．

　第2は，自自公連立政権発足を契機として，皆保険法成立の過程で論議不十分のまま「封印」されていた論点——特に，社会保険方式と公費負担方式との優劣と現金給付の是非——が改めて浮上したこと．

　第3は，介護保険構想が登場した直後の1996年に続けて生じた（明らかになった），薬害エイズ事件における厚生省の犯罪的役割と「福祉汚職事件」（ともに，

厚生省の元・現高官の逮捕にまで発展）により，厚生省全体の政策立案・実施能力とモラール（志気）が極度に低下したため，「政治主導」が強まったこと．

　これらの点を考えると，今回の「特別対策」は2000年以降の，医療・福祉行政の行方を占う上でも重要な意味を持っていると言える．少なくとも，1980〜90年代前半までのように，厚生省の独走が続くことは考えられない．同時に，「経済戦略会議」の最終答申（1999年2月）に代表される，社会的弱者を切り捨てるアメリカ流の市場原理主義的・新自由主義的改革も簡単には実施されないであろう．この点では，国民，医療・福祉関係者の声を部分的にせよ反映する政策が実現する可能性は，従来よりも高まったと言えるかもしれない．


# 第2節　保健・医療・福祉複合体の功罪

[1999年6，10月]

## はじめに

　「保健・医療・福祉の連携と統合」は，今や高齢者医療のキーワードとなっている．2000年度に創設される介護保険制度でも，それが基本的目標の1つとされている．この場合，個々に独立した保健・医療・福祉施設が，自治体または医師会主導の下に連携する（ネットワークを形成する）ことが，当然の前提とされている．しかし，現実には，そのような理想的な連携は，日本全体でも，ごく一部の地域でしか実現していない．

　それに対して，1990年前後から，全国各地で，医療機関（病院・診療所）の開設者が，同一法人または関連・系列法人とともに，老人保健施設，特別養護老人ホーム，ケアハウス，有料老人ホーム，訪問看護ステーション，在宅介護支援センター，ホームヘルパー・ステーション，予防・健康増進施設等の保健・福祉施設のうちのいくつかを開設して，保健・医療・福祉サービスをグループ内で一体的（自己完結的）に提供する動きが生まれている．私は，このようなグループを「保健・医療・福祉複合体」（以下，「複合体」と略す）と呼んでいる．

　介護保険制度が医療施設の「複合体」化の流れを加速することは確実であ

る（後述）．その意味で，全国各地に誕生している「複合体」は「すでに起こった未来」（ドラッカー）であり，21世紀の保健・医療・福祉システムを予測する上でも，あるべきシステムを考える上でも，詳細な実態調査と医療経済学的分析が不可欠である．

しかし，既存の縦割の官庁統計では，その全体像はまったく分からない．そこで私は1996〜1998年の3年間，全都道府県の関係者の多大な協力を得て，「複合体」（医療機関が設立母体となっている保健・福祉施設）の初めての全国調査を行い，その成果は1998年末に発表した[1]．

本節では，それをベースにして，まず「複合体」の全体像を示し，次にそれの功罪（プラス面とマイナス面）を考察する．最後に，介護保険制度が「複合体」への強い追い風になる経済的・制度的理由を説明した上で，介護保険制度下で「複合体」や他の医療・福祉施設がどのように展開していくかを予想する．

## 1　保健・医療・福祉複合体の全体像

広く「複合体」と言う場合には，公立（自治体）病院が母体となっている「複合体」も含まれる．むしろ一般には，広島県の公立みつぎ総合病院，千葉県の総合国保旭中央病院等の公立「複合体」の方が有名である．しかし，実数としては私的病院・診療所を母体としたものが大半であり，本節でも，対象はこれらに限定する．ただし，厚生省「医療施設調査」では自治体とともに，「公的」と分類されている日赤・済生会・厚生連も含んだ，広義の私的医療施設を母体とした「複合体」とする．厚生省「社会福祉施設等調査報告」では，これらは「私的」施設に分類されているからである．また，今回は，対象を老人ケアの「複合体」に限定する．

## (1)　老人保健・福祉施設への私的医療機関の参入動向

まず，各種老人保健・福祉施設への私的医療機関の参入動向を示す．表3-1は，5種類の老人保健・福祉施設（老人保健施設，特別養護老人ホーム，ケア

第2節 保健・医療・福祉複合体の功罪

表3-1 老人ケア施設種類別の私的医療機関母体施設（1996年）

| 施設種類 | 施 設総 数 | 私的医療機関母体施設 | (%) |
|---|---|---|---|
| 老人保健施設（＊） | 1,571 | 1,334 | 84.9 |
| 特別養護老人ホーム（＃） | 3,458 | 1,063 | 30.7 |
| ケアハウス（＃） | 450 | 133 | 29.6 |
| 有料老人ホーム（＃） | 275 | 58 | 21.1 |
| 在宅介護支援センター（＄） | 2,179 | 969 | 44.5 |

出所：二木立『保健・医療・福祉複合体』（医学書院，1998）．
以下同じ．
資料：総数は，『'97全国老人保健関係施設要覧』（＊），『平成
8年社会福祉施設等調査報告』（＃），『全国在宅介護
支援センター要覧平成8年版』（＄）．私的医療機関母
体は，筆者が独自に調査．
注：1)（＊）は1996年末現在，（＃）は1996年10月1日現在，
（＄）は1995年12月1日現在．
2)私的医療機関は，広義の私的病院，同診療所，医師会
の合計．
広義の私的病院には，日赤・済生会・厚生連等，自治
体以外の「公的」病院も含む．

ハウス，有料老人ホーム，在宅介護支援センター）の総数と私的医療機関母体
施設数・割合を示したものである．数値は在宅介護支援センター分（1995年
現在）以外，1996年現在である．私的医療機関には，病院，診療所だけでな
く医師会も含み，病院には日赤・済生会・厚生連等の「公的」医療機関も含
むが，両者の割合はごく低い（それぞれ1～3％，2～5％）．

　老人保健施設では，私的医療機関母体施設の割合は85％に達している．特
別養護老人ホームは典型的な社会福祉施設であり，制度上は医療施設とはま
ったく無関係であるが，私的医療機関母体の特別養護老人ホームは31％も存
在する．この割合はケアハウスではほぼ同率（30％）であり，有料老人ホー
ムではやや低い（21％）．

　在宅ケア施設の典型であり，介護保険制度の「要（かなめ）」になると予
測されているる在宅介護支援センターは，法律上は社会福祉施設と位置づけ
られている．にもかかわらず，私的医療機関母体施設の割合が非常に高く45

％に達している．ただし，在宅介護支援センターのうち私的病院・診療所に「併設」されているものはわずか9％にすぎず，残りは私的医療機関母体の特別養護老人ホームや老人保健施設に「併設」されている．

　私的医療機関を母体とする老人保健・福祉施設の母体の種類をみると，病院がもっとも多く6〜8割を占めているが，診療所も2〜3割存在する（表は略）．また，いずれの保健・福祉施設でも，母体病院の約半数は200床未満の中小病院である．つまり，私的医療機関を母体とする施設の約3分の2は中小医療機関（200床未満の病院と診療所）を母体としている．

## (2)　「3点セット」開設グループ

　**表3-2**は，私的病院・老人保健施設・特別養護老人ホームを開設しているグループの全体像である．私は，このようなグループを入院・入所「3点セット」開設グループと呼び，「複合体」の中核・典型と考えている．

　上述したように，「3点セット」開設グループとしては自治体病院が有名だが，それらは22グループにすぎない（表下段の「参考」値）．それに対して，広義の私的病院が母体となっている「3点セット」開設グループは全国に259グループも存在する．これら259グループの母体病院の開設者の種類をみると，医療法人が200（77％）で飛び抜けて多い．

　表3-2に示したように，私的「3点セット」開設グループは病院チェーンと大病院の割合が高い（病院チェーンの割合は35％，病床数の中央値は265床，500床以上が25％）．ただし，医療法人病院と個人病院を母体とするグループに限れば，病院チェーンの割合はそれぞれ29％，12％にとどまり，200床未満の中小病院もそれぞれ45％，41％を占めている．つまり，「3点セット」開設グループのうち，医療法人・個人病院母体のものは半数近くが中小病院なのである．

　表には示さなかったが，「3点セット」開設グループの3種類の施設の物理的配置をみると，3施設とも併設・隣接（「同一敷地内又は公道をはさんで隣接」）しているグループが41％もあり，これを含めて，3施設とも同一市町

第2節 保健・医療・福祉複合体の功罪

**表3-2 私的病院・老人保健施設・特別養護老人ホームの「3点セット」**
**開設グループ――母体病院の開設者，病院チェーンと病床規模**

| 母体病院の開設者種類 | グループ数 | | 病院チェーン | (%) | 母体病院の病床規模 | | | |
|---|---|---|---|---|---|---|---|---|
| | 総数 | (%) | | | 200床未満 | (%) | 病床数中央値 | 500床以上 | (%) |
| 総数 | 259 | 100.0 | 91 | 35.1 | 102 | 39.4 | 265 | 64 | 24.7 |
| 日赤 | 1 | 0.4 | 1 | 100.0 | 0 | 0.0 | 40.297 | 1 | 100.0 |
| 済生会 | 8 | 3.1 | 6 | 75.0 | 1 | 12.5 | 603 | 5 | 62.5 |
| 厚生連 | 2 | 0.8 | 2 | 100.0 | 0 | 0.0 | 2.845 | 2 | 100.0 |
| 公益法人 | 19 | 7.3 | 14 | 73.7 | 2 | 10.5 | 512 | 9 | 47.4 |
| 医療法人 | 200 | 77.2 | 58 | 29.0 | 89 | 44.5 | 214 | 41 | 20.5 |
| 学校法人 | 2 | 0.8 | 2 | 100.0 | 0 | 0.0 | 1.958 | 2 | 100 0 |
| 社会福祉法人 | 7 | 2.7 | 4 | 57.1 | 2 | 28.6 | 362 | 2 | 28.6 |
| その他の法人 | 3 | 1.2 | 2 | 66.7 | 1 | 33.3 | 437 | 0 | 0.0 |
| 個人 | 17 | 6.6 | 2 | 11.8 | 7 | 41.2 | 240 | 2 | 11.8 |
| 狭義の私的小計（点線枠内） | 248 | 95.8 | 82 | 33.1 | 101 | 40.7 | 255 | 56 | 22.6 |
| （参考）市町村 | 22 | ― | 6 | 27.3 | 8 | 36.4 | 305 | 5 | 22.7 |

注：1）済生会は全国単一組織だが，8府県でそれぞれ「3点セット」を開設しているので，8グループとみなした．
　　2）病院チェーンは「広義のチェーン」（グループ単位で複数の病院を開設）．

村内にあるグループが76%，同一都道府県内にあるグループは91%に達している．つまり，「複合体」の中では相対的に規模が大きい「3点セット」開設グループといえども，ごく一部を除いては，まだ地域的存在（地場産業）なのである．

　なお，「3点セット」開設グループは，母体病院の機能から2類型に大別できる．一つは，急性病院が老人ケア分野での継続性を保つ（退院患者の受け皿を確保する）ために「複合体」化したグループ，もう1つは慢性病院（老人・精神）が老人ケアのメニューを拡大するために「複合体」化したグループである．総数では，前者が4割，後者が5割であり，残り1割は「混合型」（急性病院と慢性病院の両方を持つ）である．

143

第3章　介護保険開始直前の評価・予測と保健・医療・福祉複合体

### 表3-3　病院を開設している医療法人の「複合体」化の進展度

|  | 総数 | 「老健・特養開設パターン」 | | | |
|  |  | 両者なし | 老健のみ | 特養のみ | 「3点セット」 |
|---|---|---|---|---|---|
| (法人数) |  |  |  |  |  |
| 総数 | 4,367 | 3,360 | 602 | 205 | 200 |
| 病院チェーン | 379 | 242 | 60 | 26 | 51 |
| 単独病院 | 3,988 | 3,118 | 542 | 179 | 149 |
| (%) |  |  |  |  |  |
| 総数 | 100.0 | 76.9 | 13.8 | 4.7 | 4.6 |
| 病院チェーン | 100.0 | 63.9 | 15.8 | 6.9 | 13.5 |
| 単独病院 | 100.0 | 78.2 | 13.6 | 4.5 | 3.7 |

注：1)病院チェーンは「狭義のチェーン」(法人単位で複数の病院を開設).
　　　ただし,「3点セット」開設グループのみは「広義のチェーン」.
　　　2)1996年の医療法人数,病院チェーン数は,①1991～1996年の医療法人
　　　増加率は医療法人病院増加率と同じ,②病院チェーンの割合も不変
　　　(法人数の8.7%,病院数の18.2%) と仮定して試算.

## (3)　病院開設医療法人の「複合体」化の進展度

　最後に,私的病院のうち病院数の飛び抜けて多い医療法人病院全体を対象
にして「複合体」化の進展度を検討する.ただし,病院単位ではなく,病院
を開設している法人単位で検討しする.

　表3-3に示したように,医療法人を「老人保健施設・特別養護老人ホーム開
設パターン」に基づいて,①両施設とも未開設,②老人保健施設のみ開設,
③特別養護老人ホームのみ開設,④両施設とも開設(「3点セット」開設グル
ープ) の4種類に分けた.近似的には,②～④は「複合体」(正確には,入所
施設開設「複合体」),①は「非複合体」とみなせる.

　医療法人総数では,「3点セット」開設率は4.6%にとどまり,老人保健施
設のみ開設の13.8%の3分の1にすぎない.両施設とも未開設は76.9%（4
分の3）を占めている.

　ただし,同じ医療法人でも,「複合体」化の進展度（特に「3点セット」の
割合）は,病院チェーンと単独病院とで大きく異なる.「3点セット」開設
率は病院チェーンでは13.5%に達し,老人保健施設のみ開設の15.8%と同水
準なのに対して,単独病院ではわずか3.7%にすぎない.両施設とも未開設

144

の割合も，病院チェーンは63.9%，単独病院は78.2%で，14.3%ポイントの差がある．それに対して，老人保健施設のみ開設の割合は，病院チェーン15.8%，単独病院13.6%で差はごく小さい．

しかし「複合体」化している法人の実数は，単独病院開設法人の方がはるかに多い．たとえば，老人保健施設または特別養護老人ホームを開設している医療法人数は病院チェーン137，単独病院870であり，単独病院が病院チェーンの6.4倍である．

以上の結果は，「複合体」化は，病院チェーンや大病院の「専売特許」ではなく，私的中小病院（や診療所）にとっても十分実現可能な選択肢であることを示している．

## 2 保健・医療・福祉複合体の功罪

### (1)「複合体」の効果

「複合体」は，経済学的には，医療サービスと福祉サービス，入院・入所サービスと在宅サービスを「垂直統合」していると，表現できる．

一般に「垂直統合」とは，「別々の生産，流通，販売，その他の経済行為を，1つの企業内にまとめること」により「市場での取引行為ではなく，社内の管理された取引を利用する」ことをいう．業務の流れを川にたとえて，「川上から川下への内部化」とも表現される．

医療・福祉分野でも，患者・利用者の施設・サービス利用の「流れ」（医療サービスが先・川上，福祉サービスが後・川下）に注目すれば，「複合体」が医療・福祉サービスを「垂直統合」しているとみなせる．そして，このような「垂直統合」では，「範囲の経済（複数の類似サービスの生産による費用削減）」と「取引コスト（市場での企業間の一連の取引に伴い発生する費用）」の削減が得られる，と考えられる．ここで「範囲の経済」には，金銭的費用の削減だけでなく，ブランドや顧客の信用などの「情報的資源」の増加も含まれる．

わが国の「複合体」も，医療・福祉サービス，入院・入所サービスと在宅サービスをワンセットで（自己完結的に）提供することにより，単独施設に

比べて,「範囲の経済」や「取引コスト」の削減を実現している,と予想される.ただし,これについての実証研究はまだない.

　以上は,「複合体」の経営面の効果だが,「複合体」は患者・利用者とっての効果も大きい.それは,多様な保健・医療・福祉サービスを継続的・包括的に受けられ,それにより利便性・安心感が増すことである.それに対し,「複合体」のない多くの地域では,縦割行政や医療・福祉施設間の反目により,各種サービスが分断されているため,利用者は適切な施設・サービスを探すのが困難である.

　ただし,「複合体」のサービスの質が単独施設に比べて高いとは限らない.「複合体」の中には,経営合理化によって得た利益を用いて,施設の職員配置を厚くしてサービスの質の向上につとめているところもあるが,それが一般的とは言えない.


## (2)　複合体の4つのマイナス面

　逆に,「複合体」の一部には,以下の4つのマイナス面もみられる.それらは,①「地域独占」,②「福祉の医療化」(川上武氏)による福祉本来の発展の阻害,③「クリーム・スキミング(利益のあがる分野への集中)」による「利潤極大化」,④中央・地方政治家・行政との癒着の4つにまとめられる.

　①地域独占とは,「複合体」が,患者・利用者を自己の経営する各施設に「囲い込み」,結果的に利用者の選択の自由を制限することである.

　このような患者・利用者の「囲い込み」は,「複合体」の各施設のサービスの質が一定水準を保っている場合には,必ずしも利用者の不利にはならず,逆に利用者の安心感を高める側面もある.しかし,「囲い込み」が過度になれば,地域全体の「保健・医療・福祉の連携と統合」を阻害することは明らかである.さらにこの場合には,介護保険の大義名分とされている施設間の「競争を通じてサービスの向上を図っていくこと」(老人保健福祉審議会「高齢者介護保健制度の創設について」1996年4月)も絵に描いた餅に終わってしまう.

第 2 節　保健・医療・福祉複合体の功罪

②「福祉の医療化」による福祉本来の発展の阻害とは，老人保健施設や特別養護老人ホームが，母体病院の延長あるいはそれの単なる後方施設（「重症患者棟」）に位置づけられ，医療的ケアが優先される結果，本来福祉施設が追求すべき「福祉ケア（生活ケア）」が軽視されてしまうことである．このような動きは，母体病院（特に急性病院）が在院日数短縮を強めているグループでは特に強い．

介護保険は，当初「福祉の医療化」の典型である「社会的入院の是正」を大義名分の 1 つにしていた．しかし，このままでは，このようなタイプの「複合体」が急増することにより，逆に「福祉の医療化」が促進される可能性もある．

③「クリーム・スキミング」による利益の極大化とは，利用者の利益ではなく，現在の施策の枠内で利益のもっともあがることに，活動の重点がおかれることである．行政当局の経済誘導に沿うことのみを重視し，利用者へのサービスがおろそかになってしまっていると批判されている「複合体」は少なくない．

④中央・地方政治家・行政との癒着には，「複合体」の関係者（理事長自身またはその親族）が地方議員（特に都道府県議会議員）となり施設認可や補助金交付で特別に有利な扱いを受けることや，逆にその見返りとして退職公務員の各施設への「天下り」を受け入れていることがあげられる．「天下り」職員のいる施設に対しては，都道府県の監査が甘くなるとの指摘もある．

この背景には，医療保険・行政に比べて，社会福祉行政では，許認可や補助金交付に関して行政（特に都道府県）の裁量の余地が非常に大きいという事情がある．一般に族議員と言えば，まず国会議員を連想するのが普通であるが，福祉行政に関しては，施設の許認可権限を持つ都道府県に直接圧力を加えられる都道府県議会議員の方が，はるかに有力である．

ただし，以上述べてきたマイナス面（特に②〜④）は「複合体」の多くに見られるわけではなく，それらとまったく無縁の良心的「複合体」も少なくない．サービスの質の場合と同様に，この面でも，「複合体」は一律には論

147

じられない.

## 3 介護保険下の保健・医療・福祉複合体の展開

2000年度に創設される介護保険制度により,施設ケアの面でも,在宅ケアの面でも,施設間競争(医療施設と福祉施設間,医療施設間,福祉施設間)が激化することは確実である.その場合,医療サービスと福祉サービスを一体的に提供する「複合体」が,利用者確保の面でも,経営面でも,単独施設に比べて,圧倒的に有利になる,と私は予測している.逆に,医療・福祉施設とも,単独施設は苦戦を強いられることになる.特に経営が厳しくなるのは,母体医療施設を持たない独立型の訪問看護ステーションと立地条件と療養環境の両方が悪い独立型の特別養護老人ホームであろう.その理由は4つある.

### (1) 介護保険が「複合体」への追い風になる4つの理由

第1の理由は,現行制度では,在宅ケアのうち訪問看護等は医療保険で,ホームヘルプ等の福祉サービスは公費で,別々に提供されているのに対して,介護保険では両方の給付が一体化され,しかも要介護度ごとに給付費総額に上限が設けられるからである.

現在は医療施設と福祉施設とが経済的理由から対立することはない.必要に応じて,訪問看護とホームヘルプの両方を増やすことも可能である.しかし,介護保険では一方を増やせば他方を減らさねばならない.そのために,医療施設と福祉施設が独立してサービスを提供している場合には,限られたパイの奪い合いが生じ,それの調整のためのコスト(「取引コスト」)が発生する.しかし,医療・福祉サービスを一体的に提供している「複合体」では,この「取引コスト」を大幅に削減できる.

第2の理由は,特別養護老人ホームの性格が一変することである.現在は,たとえ民間の特別養護老人ホームでも,要介護老人を入所させる権限(措置権)は施設側にはなく市町村にある.しかし,介護保険では,特別養護老人ホームは病院等と同じ契約施設になるため,「複合体」は病院・診療所と特

別養護老人ホームとを一体的に運営できるようになる．

しかも，わが国の高齢者は医療への依存心が強いため，独立型の特別養護老人ホームよりも，病院・診療所母体の特別養護老人ホームの方が，利用者の安心感が高く，利用者確保の点で圧倒的に有利となる．

ここで見落とせないのは，現行の老人福祉制度では，特別養護老人ホーム入居者が病院に入院した場合も，3か月間はその施設に籍があるが，介護保険制度では特別養護老人ホームの契約施設化に伴い，この扱いが原則的に廃止されることである．そのために，特別養護老人ホーム入居者に入院が必要な病気が生じた場合，①病院に転院するか，②特別養護老人ホームにとどまるかの選択を，本人・家族・施設職員がしなければならなくなる．①では，必要な治療を受けられる反面，特別養護老人ホームには自動的には戻れなくなる．②では，必要な治療が受けられず，「福祉のターミナルケア」を強制されることになる．これは，きわめて残酷な選択である．それに対して，特別養護老人ホームと病院の両方を持つ「複合体」では，グループ内の調整により，今まで通りの対処が可能になる．

第3の理由は，医療保険の出来高払い制度の下で他施設との競争や経営合理化に習熟している「複合体」は，措置制度に守られて経営努力をほとんど必要としなかった社会福祉法人に比べて，経営能力・人材の厚さという点ではるかに勝っているからである．

第4の理由（これは拙著[1]出版後に気づいた理由）は，要介護者の発掘・確保の点で，「複合体」は福祉施設に比べて，圧倒的に有利になるからである．

現行の老人福祉制度では，在宅福祉の対象の大半は「要支援者」であり，医療機関とは無関係に（自治体ルートで）発見され，サービスを受けている．それに対して，介護保険の主たる給付対象となる「要介護者」の多くは，すでに医療機関の管理を受けている．さらに，新規の「要介護者」の大半は，疾病・事故が原因で要介護状態になるため，医療機関がまず把握することになる（医療機関に入院し，医学的治療が終了した時点で，潜在的「要介護者」となる）．そのため，その医療機関が「複合体」であれば，要介護認定の申請

代行やケアマネジメントの実施を，患者＝「要介護者」の入院中から始める
ことが可能となる．舟谷文男産業医科大学教授は，この点を踏まえて，介護
保険では「医療の出口に福祉の入り口がある」と表現されている[2]．

## (2) 介護保険下の「複合体」の多様化と「ネットワーク」形成

介護保険のこのような「追い風」のために，医療施設の「複合体」化は急
速に進むことは確実である．さらに，既存の「複合体」のうち活力のあるも
のは提供する施設・サービスの多様化をさらに進めるであろう．

それは，同一・隣接敷地内で提供する施設・サービスの多様化と「サテラ
イト施設」の開設とに大別される．前者には，介護保険給付対象の新しい施
設（痴呆性老人に対するグループホーム）だけでなく，介護保険の給付対象外
の老人を対象とした老人住宅（建設省の高齢者向け優良賃貸住宅制度等）等が
含まれる．後者では，「3点セット」開設グループ等の比較的大規模な「複
合体」が，介護保険による市場の拡大を見越して，病院の診療圏外に各種の
サテライト施設（診療所，訪問看護ステーション，ホームヘルパーステーション，
通所ケア施設等）を開設する動きがすでに，一部の地域で始まっている．

さらに活力のある一部の「複合体」は，医療・福祉関連の営利企業を傘下
に持ったり，営利企業との共同事業を始めるなどして，「医療・福祉・産業複
合体」化するであろう．

このような「複合体」の動きに対抗するために，経営能力のある一部の社
会福祉法人は，複数の福祉施設や老人保健施設を開設する「複合施設」化の
道を選択するし，厚生省もそのような政策誘導を行うであろう．事実，1998
年6月に発表された中央社会福祉審議会「社会福祉基礎構造改革について
（中間まとめ）」では，「複数の事業を一体的に行うこと」，「多角的な事業の
積極的な展開」，「（社会福祉）施設の複合化」が繰り返し提唱されている．

逆に，「複合体」化や「複合施設」化が困難な医療施設や福祉施設は，他
の医療・福祉施設と連携して「ネットワーク」化することが不可欠になる．
特に大都市部（特に東京都区部と大阪市）では，土地の物理的制約や地価の高

第2節 保健・医療・福祉複合体の功罪

さのために，医療施設の本格的な「複合体」化には大きな制約があり，「ネットワーク」が主流になると思われる．他面，非大都市部では，上述した介護保険で「複合体」が有利になる第一の理由のために，「ネットワーク」化は，現在よりもむしろ困難になる可能性もある．

ただし，「複合体」化と「ネットワーク」化は，対立的にとらえるべきではない．なぜなら，非大都市部だけでなく，大都市部の医療施設でも，土地や資金的な制約が少ない在宅・通所ケア施設（訪問看護ステーション，ホームヘルパーステーション，在宅介護支援センター等）を併設した「ミニ複合体」化は十分に可能だし，この方が，患者・利用者の利便性の点でも，経営効率の点でも，はるかに有利だからである．

私は，大都市部でも，このような「ミニ複合体」と単独施設の「ネットワーク」が主流になる，と予想している．逆に，既存の独立した医療施設・福祉施設どおしの「ネットワーク」化で住民のニーズに十分に対応できるのは，公私の医療・福祉サービスが特別に充実しているごく一部の自治体に限られるであろう．

## おわりに

介護保険制度の創設に対応して，私的医療機関の「複合体」化が進むことは避けられない．その場合，先述した「複合体」のプラス面が発揮されるだけでなく，マイナス面が拡大する（「悪貨が良貨を駆逐する」）危険も大きい．それだけに，①医療・福祉施設のケアの内容と経営情報の公開の制度化と，②個々の「複合体」を対象にして日常的にマイナス面の発生を監視・予防することが，行政と医療専門職団体，市民（団体）に課せられた新しい課題である．

**文　献**
1）二木立『保健・医療・福祉複合体——全国調査と将来予測』医学書院，1998．
2）舟谷文男「高齢社会におけるまちづくりネットワーク」『信学技報（電子情報

第 3 章　介護保険開始直前の評価・予測と保健・医療・福祉複合体

通信学会）』CQ98-78, 1999.

## 【補注】保健・医療・福祉複合体への 3 つの批判の検討

［2000年 4 月（元論文を『介護保険と医療保険改革』収録時に補足）］

　本節のタイトルからも明らかなように，私は「複合体」の礼賛・推進論者ではなく，「複合体」にはプラス面とマイナス面の両面があることを示した上で，介護保険制度下でそれが急増すると予測している。幸いにして，この評価と予測は多くの方から理解と賛同を得た。

　他面，「複合体」や医療機関の「複合体」化戦略への強い批判や否定論も根強い。ここでは，それらのうち代表的な 3 つを紹介し，検討したい。

　1 つは，経営学者やビジネス関係者からの「複合体」化戦略の有効性への否定論である。それらに共通しているのは，新日鐵等のビッグビジネスの過去の経営多角化戦略失敗の例をあげ，経営多角化は組織の複雑化・硬直化を招く傾向が強いため，今後は所有統合（「複合体」化）ではなく，独立した組織どおしのネットワーク形成を中心にすべきだ，とするものである。

　しかし，この否定論は，ビッグビジネスの経営多角化と保健・医療・福祉分野の「複合体」化との，次の 3 つの違いを見落としている。①一口に「多角化」と言っても，ビッグビジネスの異業種・異分野へのコングロマリット的多角化と「複合体」の保健・医療・福祉という類似分野での多角化とはまったく次元が違う。後者では，医療分野のノウハウは保健・福祉分野でもかなり応用できるため，「範囲の経済」が期待できる。②「複合体」の多くは中小企業・地場産業のため小回りがきき，しかも理事長である医師のリーダーシップ（オーナーシップ）が強いため，ビッグビジネスの所有統合の弱点とされる組織の硬直化は余り生じていない。③現在でも，ケアの継続性はネットワーク（保健・医療・福祉の連携）を通じて実現するのが，通説である。しかし，それは提唱されてから20年以上経つのに，ごく一部の地域でしか実現しておらず，その間隙を突いて「複合体」が伸長してきたのである。このような歴史的事実を無視して，理念的にネットワークの優位を強調しても説得力がない。

　第 2 は，「複合体」が高齢者を特定施設群に隔離する「新しいコロニー」とみなす批判である。障害者福祉の分野では，かつて，各種の障害者福祉・生活施設を一カ所集中した「コロニー」が障害者の「理想郷」と持てはやされたことがあったが，現在ではそのような大規模施設は，障害者を隔離するものと否定されるようになっている。それが，高齢者ケアの分野で復活しているという批判である。

　この批判のように，大規模な「複合体」の中には，人里離れた地にあり「新しいコロニー」と言えるものも少数だが存在する。他面，「複合体」の大半は，中・小規模の地域密着型施設群であり，「古いコロニー」とは同列に置けない。

　第 3 は，「複合体」化戦略を採用できるのは地価の安い地方に所在する医療機関に限られ，都市部ではネットワーク形成しかありえないという批判である。

　事実，東京都区部や大阪市には「複合体」のうちもっとも規模の大きい「3 点セット」開設グループはほとんど存在しない。しかし，それ以外の都市部では，

大阪市以外の政令指定都市を含めて，地方と同様に多数の「3点セット」開設グループが存在する．この点で，超巨大都市とそれ以外の都市は区別する必要がある．さらに診療所や中小病院が在宅・通所ケア施設を併設した「ミニ複合体」は，東京都区部や大阪市でも急増しつつある．

## 第3節　居宅介護支援事業者の「公正中立」と利用者「囲い込み」を考える
### ──「保健・医療・福祉複合体」での経験にも触れながら

[2000年2月]

## はじめに

　介護保険の施行を目前にして，居宅介護支援事業者（ケアプラン作成機関）による利用者の確保・「囲い込み」の動きが全国的に活発化し，一部では露骨な利益誘導等の勇み足も報道された．そのため厚生省は1999年9月，改めて「指定居宅介護支援事業者等の事業の公正中立な実施について」の通知を行った．私はこの通知に示された7項目の禁止事項は当然だと思うが，介護保険制度の仕組みを考えると，建て前的に公正中立を強調するのは無理があるとも考えている．

　実は，利用者の「囲い込み」は，私が行っている保健・医療・福祉複合体（以下，「複合体」と略す）研究でも，最大の論点になっている．しかも，介護支援事業者の相当部分がこの「複合体」の系列に入っている．そこで，本節ではまず「複合体」で問題になっている「囲い込み」について述べる．その上で，厚生省自身が「囲い込み」を事実上容認・奨励していることを示す．

## 1　保健・医療・福祉複合体と利用者の「囲い込み」

　「複合体」とは医療機関（病院・診療所）の開設者が，同一法人または関連・系列法人とともに，老人保健施設，特別養護老人ホーム，ケアハウス，有料老人ホーム，訪問看護ステーション，在宅介護支援センター，ホームへ

第3章　介護保険開始直前の評価・予測と保健・医療・福祉複合体

ルパー・ステーション，予防・健康増進施設等の保健・福祉施設のうちいくつかを開設して，保健・医療・福祉サービスを一体的（自己完結的）に提供しているグループを指す。このように書くと，大病院を母体とした大規模な施設群が連想されるが，「複合体」の3分の2は，200床未満の中小病院や診療所が上記の保健・福祉施設のうち1〜2施設を開設している比較的小規模なものである。最近では，大都市部を中心に，診療所や中小病院が，訪問看護ステーションやデイケア施設等の在宅ケア施設のみを開設する「ミニ複合体」が急増している。

利用者にとって「複合体」の最大の効果は，多様な保健・医療・福祉サービスを継続的・包括的に受けられ，それにより便利性・安心感が増すことである。「複合体」のない多くの地域では，縦割行政や医療・福祉施設間の反目により，各種サービスが分断されているため，利用者は適切な施設・サービスを探すのが困難だからである。

しかし，「複合体」のこの利点に対しては，「複合体」以外の医療・福祉関係者から，利用者を自グループの施設に「囲い込み」，結果的に利用者の選択の自由を奪っているといった批判が根強い。事実，他の医療・福祉施設とはほとんど連携せず，患者・利用者を「法人外へ逃がさず獲得する」ことを経営戦略にしている大規模「複合体」も一部にはみられる。

他面，この「囲い込み」は，「複合体」の各施設のサービスが一定水準を保っている場合には必ずしも利用者の不利にはなっておらず，そのため地域住民から根強い支持を得ている「複合体」も少なくない。利用者の多くは，サービスの質が同程度ならば，各種サービスを一体的に受けられる「複合体」を選択するからである。

今後は介護保険により在宅サービスに要介護度ごとの給付費上限制が導入される結果，事業者間で限られたパイの奪い合いが生じるのは確実である。その場合，グループ内で各種サービスを一体的に提供する「複合体」の利点はさらに強まり，その結果「複合体」による利用者の「囲い込み」がさらに進む可能性が大きい。

第3節　居宅介護支援事業者の「公正中立」と利用者「囲い込み」を考える

この場合，「複合体」の系列の居宅介護支援事業者，そこで働く介護支援専門員（ケアマネージャー）は，好むと好まざるとにかかわらず，「複合体の尖兵」（岡本悦司氏．『GPnet』1999年7月号）あるいは「営業機関」（林和美氏．『ばんぶう』1999年10月号）の役割をはたすことになる．

## 2　厚生省自身が「囲い込み」を事実上奨励

このように書くと，非常にマイナスイメージが強い．しかし実は，介護保険制度そのものが，建て前上の「公正中立」とは逆に，居宅介護支援事業者と居宅サービス提供事業者との兼業，および両者による利用者の「囲い込み」を促進する仕組みを内包しているのである．

もし，居宅介護支援事業（ケアマネジメント）の「公正中立」を厳格に守ろうとすれば，居宅介護支援事業者と居宅サービス提供事業者とを完全に分離する必要がある．このことは，わが国のケアマネジメント研究の第一人者である白澤政和氏が，かつて強く主張してきたことである．「本来，ケアプランの作成は専門性と中立性を持って実施されるべきであり，理想的にはサービス提供機関と分離した『サービス調整のみを専門的かつ中立的に実施できる機関』で実施するべきである」（『ジュリスト』1094号，1996）．

しかし，厚生省はこの道をとらずに，逆に，両者の併設を促進するだけでなく，利用者の「囲い込み」を事実上容認する政策選択を行った．私がこう考える根拠は3つある．

①居宅介護支援事業者の管理者は介護支援専門員でなくても可能という決定を「超法規的」に行ったこと．『GPnet』誌の報道（1999年6月号）によれば，医療保険福祉審議会への諮問・答申の段階では，居宅介護支援事業者の管理者は介護支援専門員と規定されていたが，1999年3月末の官報告示の段階で，突然変更された．それについて厚生省の担当者は，「居宅介護支援事業は，他の居宅サービス（訪問看護等）と複合的に事業が行われるケースの方が多いと考えられ……」と説明している．岡本悦司氏が指摘するように，これは「同一主体が介護支援事業者とサービス事業者とを

一体的に運営するようにするための支援策」である（『GPnet』1999年7月号）.

②居宅介護支援事業者の運営基準の「素案」（1998年12月）では，「利用者に提供されるサービスが特定の種類，特定の事業者に著しく偏することのないよう公正中立に行わなければならない」と規定されていたが，1999年3月末の通知では「著しく偏する」が「不当に偏する」に変更された.

　この点について，厚生省の担当者は，「不当に偏すること」の基準として「（他の事業者のサービスについての）情報提供をしない，利用者の同意を得ない，金品など財産的な利益を受ける」の3つをあげ，これらがない限り，「利用者の選択によりある事業者に偏することまで禁止しているのではありません」と明言している（『月刊ケアマネジメント』1999年5月号）.

③1999年8月に発表された「介護報酬の仮単価」で居宅介護サービス計画費（ケアプラン作成費. 利用者1人1月当たり）が，6500～8400円と極めて低く設定されたことである. 1人の介護支援専門員（ケアマネージャー）が作成できるケアプランは1月50人分までとされているため，ケアマネージャー1人1月当たりの収入は最大32～42万円にすぎないことになる. しかもこれには，「人件費のほか利用者・関係機関への訪問旅費，通信連絡費等」が含まれており，ケアマネジメント業務単独ではとても採算がとれない. このことは，厚生省がケアマネジメント業務がサービス提供業務と兼業されることを想定していることを示している.

## 3　白澤政和氏の新しい提案

　このように政策動向を踏まえたためか，白澤政和氏も最近は，「居宅サービス事業者には，まず第1に，作成したケアプランに示される居宅介護サービスをできる限り自らの事業者で多く品揃えできることが求められる」として「単体的な居宅サービス事業者からスーパーマーケット化，さらにはコンビニ化……を具体的な戦略として提示」するようになっている.（『公的介護保険下で選ばれる在宅サービスの経営戦略』中央法規，1999）. これは「複合体」

化による「囲い込み」の薦めと言えなくもない。ただし同氏は、その条件として「母体機関の居宅サービス事業が、低コストで高い質のサービスを提供している」ことをあげている。

さらに白澤氏は、介護保険での居宅介護支援事業が中立公正にはなりにくいことを率直に認めた上で「居宅介護支援事業者のよさ」として「潜在的な利用者を発見してサービスを使ってもらえる仕組みができること」を強調している（『月刊総合ケア』1999年12月号）。私も、この点は極めて重要だと考える。ケアマネジメントの形式的な「公正中立」に固執すれば、このような利用者の掘り起こしはなされにくいからである。

## おわりに

以上から、居宅介護支援事業者に求められる「公正中立」は、かなり限定的なものであることは明らかである。言うまでもなく、居宅介護支援事業者には、厚生省の定めた運営基準と9月通知を遵守しつつ、利用者が総合的・包括的なサービスを受けられるように援助することが求められている。しかし、利用者が十分な情報を提供された上で選択を行い、その結果、特定の事業者への「囲い込み」が生じることは「公正中立」には反しないと判断できる。


# 第4節　介護保険下における訪問看護ステーション
## ——予測と選択

[2000年2月]

## はじめに

「訪問看護（ステーション）は介護保険の最大の『被害者』になる」、「独立型訪問看護ステーションは地盤沈下（する）」。

私は、1996年に『看護管理』誌に発表した拙論「公的介護保険と看護」で、当時看護協会・関係者によってふりまかれていた介護保険に対する幻想を批

第3章　介護保険開始直前の評価・予測と保健・医療・福祉複合体

判するとともに，「『リアリズム』の視点から，……介護保険が看護に与える
影響を包括的に検討・予測し」，当時の通説とは逆に，（独立型）訪問看護ス
テーションについて，上記のような悲観的予測を行った[1]．

　今回『訪問看護と介護』誌編集部から原稿を依頼されたのを機会に，この
拙論を読み返したが，私の当時の評価・予測はほとんど変更する必要がない，
と判断した．そこで本節では，まずこの拙論の「介護保険が訪問看護に与え
る影響」の部分の要旨を紹介する．

　次に，小山秀夫氏が『訪問看護と介護』誌上等で論じられている，介護保
険下の訪問看護ステーションに対する「期待と確信」の妥当性について検討
する．私が知りえた範囲では，訪問看護ステーション管理者が介護保険に対
して抱いている「憂鬱と不安」に，包括的かつ理性的に応えている小山氏だ
けだからである．

　その上で，上記拙論発表以後に，私が行った保健・医療・福祉複合体の調
査研究に基づいて，介護保険が訪問看護ステーションに与える影響は，保
健・医療・福祉複合体（この定義は後述）に所属するステーションと，独立型
ステーションとではまったく異なることを示す．

　最後に，以上の分析を踏まえて，訪問看護ステーション（特に独立型）の
「サバイバル」のための条件・選択について問題提起する．

## 1　「訪問看護は介護保険の最大の『被害者』」の理由

　上記拙論中の「介護保険が訪問看護に与える影響」の部分の要旨は，以下
の通りである．興味のある方はぜひ原論文をお読み頂きたい[1]．

　私が，冒頭に書いたように「訪問看護（ステーション）が介護保険の最大
の『被害者』になる」と予測した理由は，介護保険で，「現場の訪問看護婦
の裁量権が大幅に制約される」，「訪問看護の普及は中長期的に抑制される」
と判断したからである．

第4節　介護保険下における訪問看護ステーション

(1)　現場の訪問看護婦の裁量権が制約される理由

　まず，現場の訪問看護婦の裁量権が大幅に制約されると判断した理由は，次の3つである．

　①介護保険では，サービス提供よりも「要介護認定」が優先するために，訪問看護の開始が大幅に遅れる．②現在訪問看護を受けている利用者でも，要介護認定で等級外（注：自立）と判定された場合には，それの給付が一律に拒否される．③幸いにして等級内（注：要介護または要支援）と認定された場合でも，利用者は要介護度別に設定された支給限度額の枠内で，ケア・マネジメントによりさまざまなサービスを組み合わせて受けることになる．その場合，訪問看護サービスと他の介護サービスとが競合し，看護婦が必要と判断した訪問看護を（介護保険の給付としては）提供できないことがおこる．少なくとも，現在のように看護婦の判断で臨機応変に訪問回数を増やすことはきわめて困難になる．

(2)　訪問看護の普及が抑制される理由

　次に，「訪問看護の普及は中長期的に抑制される」と判断したのは，以下に述べる3つの経済的理由と2つの技術的理由からである．経済的理由は介護保険開始と同時に生じるが，技術的理由は21世紀以降徐々に現実化する．ただし，ここで「訪問看護の普及の抑制」とは，看護婦が必要と判断するサービス（ニーズ）と比べた場合の相対的表現であり，訪問看護サービスの絶対量が減少するわけではない．

　3つの経済的理由：①介護保険が導入された場合，訪問看護の利用者負担が急増し，低所得者の利用が抑制される．②国民の大多数を占める中所得層では，訪問看護とホームヘルプとの「相対価格」が逆転し（注：現行の措置制度とは逆に，ホームヘルプの自己負担の方が訪問看護の自己負担よりも安くなるため），「介護に重点をおいた」訪問看護の相当部分がホームヘルプに置き換えられる可能性がある．③介護保険では要介護度別に支給限度額が規定され，利用者はこの額の枠内で各種サービスの選択を行わなければならず，こ

第3章　介護保険開始直前の評価・予測と保健・医療・福祉複合体

の額を超えたサービス利用は全額利用者負担となるため，ホームヘルプに比べてはるかに高価な「介護に重点をおいた」訪問看護の利用はさらに圧縮される．

　2つの技術的理由：①「介護に重点を置いた」訪問看護は，長期的には，介護福祉士による介護に置き代えられる．なぜなら，21世紀に入ると介護福祉士の在宅福祉分野への本格的参入が生じ，しかも全身状態が安定し，濃厚な医療・看護処置が不要な要介護者の介護に関しては，技術的にみても，看護婦よりも介護福祉士の方が適しているからである．②21世紀に入ってからは，「リハビリテーション」中心の訪問看護は，理学療法士，作業療法士による訪問リハビリテーションに順次置き換えられていく．

## (3)　独立型訪問看護ステーションは地盤沈下

　拙論では，このように訪問看護一般の予測を行った上で，「介護保険創設により，訪問看護ステーションの開設形態も大きく変わる」と以下のような具体的予測を行った．やや長いが重要な点なので，全文引用する．

　　医療機関付属型で，24時間対応が可能であり，しかも訪問看護だけでなく，訪問リハビリテーションやホームヘルプ等多種類のサービスを一体的に提供できる「総合的」ステーションが主流となるであろう（私は，介護保険開始時または開始後早期に，訪問看護ステーションがホームヘルプ・サービスを直接提供できるようになると予測している）．このような総合的ステーションは，介護保険制度では要介護度別に支給限度額が規定されているという制約の下で，一施設の枠内で各種サービスの「最適配分」を柔軟に調整できるという利点を持っている．

　　それに対して，独立型でしかも24時間対応が困難であり，しかも訪問看護サービスしか提供できないステーション（その典型は看護協会が開設するもの）は，利用者にとって，技術的にも経済的にも魅力が乏しく，地盤沈下するであろう．

## (4) 介護保険により訪問看護等の営利化が進行

　最後に拙論では，「介護保険の創設が訪問看護に与える影響で見落としてはならないこと」として，「訪問看護の営利化が進行し，それが長期的には医療・福祉全体の営利化の露払いになること」を指摘し，「長期的には，営利企業の参入は在宅介護・看護に限定されず，介護施設，さらには医療施設にまで拡大する可能性が高い」と予測した．この点は，同じく1996年に発表した別の拙論で，以下のように詳しく論じた[2]．長いがこれも重要な点なので，全文引用する．

　　公的介護保険の創設により医療・福祉供給制度の「営利化」が進行する．具体的には，公的介護保険創設と同時に，現在は認められていない営利企業による訪問看護ステーションの開設が認可される可能性が高い［介護保険の創設に先だって，1999年度から認可された］．

　　この点について老健審「最終報告」は，「ホームヘルプサービスや訪問看護サービスなどの在宅サービスについては，既に夜間巡回などにおいて民間事業者や住民参加の非営利組織が地域の中で重要な役割を果たしている状況にあり，介護保険制度においては，こうした多様な事業主体が参加しうるような仕組みとすることが必要である」と明言している．さらに，老健審提出資料「公的介護保険と民間活力の活用」では，「従来，民間事業者の参入が認められていなかったデイサービス，ショートステイ，訪問看護についても参入を認めることが考えられる」と，在宅ケアの全分野にわたって営利企業の参入を解禁することを提案している．

　　医療・福祉関係者の中には，善意から，在宅サービスの供給量を増やすためには営利企業の参入を認めることが必要と考えている方が少なくない．日本看護協会も「サービスの提供主体については，個人・民間など多様なものを認めることが，基盤整備の促進につながる面から望ましい」と提言している[3]．

　　しかし，これは余りに単純な発想である．なぜなら，営利企業を公的介

第3章　介護保険開始直前の評価・予測と保健・医療・福祉複合体

護保険の「介護サービス提供機関」として認定することは，現行の営利企業の市町村の委託を受ける形での参入や，老人医療制度の訪問看護事業への営利企業の参入承認とは，まったく意味が異なるからである．つまり，委託の場合にも，老人医療制度の場合にも，委託費用・保険から支払われる「療養費」はあらかじめ決められており，営利企業が利用者から追加料金を徴収することは禁止されている．それに対して，公的介護保険制度の下では，この制約は外され，営利企業は介護保険が設定する各介護サービスの「費用単価」を上回って自由に料金設定でき，両者の差額は利用者負担とされる可能性が強いのである．

　その結果，現在営利企業が主として大都市圏で販売している全額自費の「高かろう良かろう」式の在宅サービスが公的介護保険給付の対象になった場合にも，それを利用可能なのは，多額の追加的利用者負担が可能な高〜中の上所得層か民間保険加入者に限られることになる．つまり，営利企業の訪問看護等への参入により，上述した，利用者の支払い能力によって受けられる看護・介護サービスの質と量が変わる「階層消費」が加速されるのである．

　しかし，これは公的介護保険の金看板である「サービスの普遍性」原則に反する．私は，①今までの実績を考慮して，営利企業を公的介護保険の在宅介護「サービス提供機関」に認定することには反対しないが，その場合にも，保険給付されるサービスについては「差額徴収」を認めるべきではない，また②営利企業の公的訪問看護事業への参入は従来通り認めるべきではない，と考える．

「はじめに」で書いたように，私は1996年に書いた，以上の評価・予測をほとんど変更する必要がないと判断しているが，読者はどう思われるだろうか？

　なお，介護保険では，在宅ケアに関しては，営利企業の参入が原則自由化されたが，私は営利企業の参入は，訪問看護ステーションを含めて，ごく限

第4節　介護保険下における訪問看護ステーション

定的にとどまると予測している。その理由は，在宅ケアは人件費率が8割に
も達する超労働集約産業であり，営利企業の合理的経営手法――バブル経済
崩壊後はこれの信憑性も疑わしい――を導入しても，費用を大幅に削減する
ことは不可能だからである。

## 2　小山秀夫氏の訪問看護ステーションに対する「期待と確信」の検討

しかし，現在でも，看護協会・関係者や厚生省の担当者は，介護保険下の
訪問看護ステーションがバラ色であるかのような発言を繰り返している。そ
の最たるものは，「10年後に訪問看護の利用者は17倍にも急増する（平成10
年7月時点の12万人が10年後には206万人に達する）」との趣旨の森山美知子氏
（厚生省老健局）の発言である[4]。ただし，私が知りえた範囲では，この17倍
増の根拠はどこにも示されていない。

他面，最近では，訪問看護ステーション管理者の間で介護保険に対する
「憂鬱と不安」が強まっているのも事実である。小山秀夫氏は，『訪問看護と
介護』誌上等で，それらを以下の5点に整理している[5,6]。①患者の自己負
担が1割になる。②自立と判定された患者は，介護保険の対象とならない。
③要介護度別の区分支給限度額導入により，訪問看護の回数が減少する。④
訪問看護の価格設定が不透明。⑤介護支援専門員の試験についての不安。こ
れらのうち①～④は，筆者が4年前に指摘した点でもある。

これらの不安に理解を示しつつも，小山氏は，介護保険下の訪問看護ステ
ーションについて，以下の4点の「期待と確信」を述べている。

①現在，入院・入所している高齢者のうち数パーセントが要支援か自立と
判定されることになれば，在宅ケアを選択する人びとが増加する。②介護保
険制度の普及によって，訪問看護サービス利用者の絶対数は増加する。③病
院の長期入院が是正されることにより，訪問看護のニーズが拡大する。④介
護支援専門員が在宅介護計画の策定に関与することにより，訪問看護利用が
適正化する。

第3章　介護保険開始直前の評価・予測と保健・医療・福祉複合体

これら4点のうち，私も②には賛成である．しかし，①には大いに疑問があり，③は大枠賛成だが例外的，④には厳しい条件がつく，と考えている．以下にその理由を説明する．

まず，①について．現在，入院・入所している高齢者のうち，要支援か自立と判定される人びとが数パーセント出るのは確実である．しかし，それらの人びとの大半は社会経済心理的理由からも入院・入所を続けているのであり，介護保険で予定されている低水準の在宅サービスで，自宅へ帰れるようになる人びとはごく限られる．しかも，そのような人びとは訪問介護（特に家事援助）ニーズは高いが，訪問看護ニーズは大きくないと思われる．ちなみに，全国老人福祉施設協議会が1998年度に行った「特別養護老人ホーム入退所計画実践試行的事業」（57施設参加）の結果によれば，退所の候補にあがった約340人のうち，自宅や養護老人ホームなどに移れたのは20人（5.9%）にすぎなかったとのことである[7]．

それに対して，小山氏の指摘する③（病院の長期入院が是正されることにより，訪問看護のニーズが拡大）には，私も大枠賛成である．ただし，これにより拡大するのは医療依存度の高い患者に対する訪問看護ニーズであり，それに対応できるのは限られた高機能訪問看護ステーションで，しかも母体病院またはしっかりした提携病院のあるごく一部のステーションに限られる．なお，このような「高機能（専門的）訪問看護ステーション」のあり方については，HIT研究会訪問看護検討部会が興味ある提言を行っている[8]．

ただし，私は，アメリカと異なりわが国では，高機能訪問看護を含めた「ハイテク在宅ケア」は普及しない，と予測している．それには2つ理由がある．1つは，わが国の入院医療費は低額のため，ハイテク在宅ケアを実施しても医療費抑制効果はあまり期待できないこと．もう1つは，自立（自律）を何よりも尊ぶアメリカ人患者と異なり，日本人患者は医師・医療への依存心が強いからである[9]．

小山氏の④（介護支援専門員が在宅介護計画の策定に関与することにより，訪問看護利用が適正化）には，「在宅介護計画を作成する介護支援専門員が訪問

164

第4節　介護保険下における訪問看護ステーション

看護ステーションの職員（看護婦等）でもある」時という条件を付けるべきである．なぜなら，上述したように，在宅ケアを受ける要介護者への介護給付には，要介護度ごとに上限額が設定されるために，各種のサービス間で激しい競合が起きるからである．

小山氏の主張で見落としてならないことは，同氏が訪問看護ステーションの単純な「楽観論者」ではなく，上述した「期待と確信」を現実化するための厳しい条件をつけていることである．それらには，訪問看護サービスを訪問介護等他のサービスと積極的に代替すること，訪問看護の質と経済的効果についての検討を行うこと等が含まれており，これらについては，私も同意見である．

## 3　訪問看護ステーション「サバイバル」の条件

最後に，以上述べたことを踏まえて，介護保険下の訪問看護ステーション「サバイバル」の条件と選択について，問題提起を行いたい．

ただし，ここで見落としてならない事実がある．それは，訪問看護ステーションの大半が，制度上は「独立型」であっても，経営的には私的病院・診療所を設立母体としている（つまり「複合体」に所属している）こと，逆に経営的にも独立した純粋独立型ステーションは，ごく一部にすぎないことである．後者の典型と言える看護協会立ステーションは，1999年2月末現在でも99（総数3264の3.0％）にすぎず，しかもこの割合は毎年減少し続けている．訪問看護ステーションを「看護の自立（独立）」の象徴とみなす一部の風潮は，情緒的にすぎる．

## (1)　居宅介護支援事業の併設

訪問看護ステーション「サバイバル」の第1条件は，居宅介護支援事業（ケアマネジメント機能）の併設である．特に，母体施設（医療機関等）を持たない純粋独立型のステーションではこれが不可欠である．看護コンサルタントの中には，いまだにステーションが居宅介護支援事業を併設するメリッ

トとデメリットを単純に「両論併記」している方がいる[10]. しかし, 介護保険下では, 純粋独立型のステーションが居宅介護支援事業を併設せずに利用者を確保することは極めて困難になる.

なお, 最近は, 厚生省も「居宅介護支援事業は, 他の居宅サービス事業（訪問看護等）と複合的に事業が行われるケースの方が多い」ことを想定して, 居宅介護支援事業の管理者は, 介護支援専門員でなくてもよいとの方針を打ち出している[11]. それにより, 職員の中に介護支援専門員が1人でもいる訪問看護ステーションは, 居宅介護支援事業を併設できることになった.

### (2) 在宅総合ケア施設化

「サバイバル」の第2条件は, 訪問看護ステーションの「在宅総合ケア施設」（4年前の拙論では,「総合的ステーション」と表現）への発展である. 理想的には, 訪問看護ステーションにホーム・ヘルパー・ステーションと在宅介護支援センターを併設することが望ましい. これらを合わせて「在宅ケア3点セット」と呼べなくもない.

これにより, 介護保険下でも, 利用者に総合的在宅ケアを提供できるようになる. このような「在宅総合ケア施設」の設立は, 現時点ではまだ数が少なく, しかも比較的大規模な「複合体」（特に, 病院だけでなく, 老人保健施設と特別養護老人ホームも開設している「3点セット」開設グループ. 大半は医療法人母体）が先行している. しかし, 制度上は, 中小病院や診療所, さらには純粋独立型の訪問看護ステーションでも十分に設立可能である. 現に, 先進的な純粋独立型の訪問看護ステーションのいくつかはすでにこれを設立している[12].

逆に, すぐには「在宅総合ケア施設」化できない, 純粋独立型の訪問看護ステーションは, 地域での保健・医療・福祉ネットワークの形成と参加に向けて真剣に努力する必要がある. その場合, ステーション管理者には, 医師・医療機関への対抗意識の克服と福祉職への差別意識の克服という, 二重の「意識革命」が求められよう.

第4節　介護保険下における訪問看護ステーション

**文　献**

1）二木立「公的介護保険と看護」『看護管理』6(9)：600-605，1996.
2）二木立「公的介護保険が利用者と看護に与える影響」『看護学雑誌』60(7)：634-639，1996.
3）日本看護協会「利用者本位の総合的高齢者介護システムを」『看護』48(1)：84-94，1996.
4）「（ニュース）介護保険特別講座ひらかれる」『訪問看護と介護』4(7)：582，1999.
5）小山秀夫「ステーションの転換日」『訪問看護と介護』3(8)：598-601，1998.
6）小山秀夫「訪問看護の経営問題」『総合リハ』27(3)：211-215，1999.
7）全国老人福祉施設協議会『特別養護老人ホーム入退所計画実践試行的事業に関わる調査――中間報告』1998.
8）HIT研究会訪問看護検討部会「訪問看護充実のための課題と提言」『訪問看護と介護』3(10)：735-739，1998.
9）二木立『90年代の医療と診療報酬』勁草書房，1992，128-130頁.
10）服部万里子「介護支援事業はステーション業務と独立させるべきか」『訪問看護と介護』4(4)：256-257，1999.
11）「（ニュース）居宅介護支援事業，介護支援専門員でなくても『管理者』可」．『GPnet』46(3)：11，1999.
12）山崎摩耶編著『介護保険と訪問看護ステーション』中央法規，1999.

# 第4章　介護保険制度開始直後の検証

［本章には，介護保険制度開始直後（2000～2002年）に発表した5論文を収録した．
　第1節では，まず介護保険制度施行後半年間の現実を検証し，以下の3点を明らかにした：①サービス利用の絶対的・相対的抑制，②介護支援専門員が給付管理に忙殺，③大手介護ビジネスの大苦戦．さらにこの現実を踏まえて，介護保険の改革課題として，①低所得者の利用料・保険料の減免，②要介護認定システムの廃止，③医療施設の自己改革の3つを提起した．第2節では，介護保険開始1年間の現実に基づいて，介護保険開始前に語られていた3つの夢・目的を点検し，以下の3点を明らかにした．①老人医療費の削減は目標の半分，②在宅サービス利用は低調で施設需要が急増，③大手介護事業者の挫折と私的医療機関（特に「複合体」）の進出．
　第3節では，介護保険の訪問介護の担い手がヘルパーとの通説は誤りであり，訪問介護の主役が長期的には介護福祉士になることを簡単に示した．
　第4節では，介護保険制度開始直後に行った京都府の介護保険指定事業者の実態調査の結果を示した．これにより，介護保険指定事業者数でも，介護給付費割合でも，入所施設を開設している「複合体」を中核とした私的医療機関が設立母体となっている事業者が総数の6割前後を占め，社会福祉法人や営利法人を圧倒していること，および私的病院の8割，私的診療所の4分の1が介護保険の事業者になっていることを明らかにした．第5節では，介護保険制度開始後も根強くみられる，医療・福祉施設の連携か「複合体」化かという二者択一的な見方を批判し，両者は対立物ではなく連続していることを示した．］

第4章　介護保険制度開始直後の検証

# 第1節　介護保険施行半年間の現実と改革課題

[2000年11月]

## はじめに

　介護保険制度が施行されて早くも半年が経過し［2000年10月現在］，10月からは高齢者（第1号被保険者）からの保険料徴収も始まった．これを機会に，ジャーナリズムは一斉に介護保険の問題点や矛盾の検証を始めている．

　それに対して，政府・厚生省［現・厚生労働省．以下同じ］は，「介護保険はきわめて安定した形でスムーズにスタートしている」（森首相の2000年4月25日の参議院予算委員会での発言）という認識を堅持しており，介護保険を推進した人々も同様の発言を繰り返している．

　私は，介護保険構想が発表された直後（1995年）から5年間，介護保険制度への「複眼的」批判を行ってきた[1]．2000年4月にはこの視点から「介護保険の全体的評価と将来予測」を中心とした論文集を出版した[2]．本節では，これらを踏まえて，まず介護保険施行半年間の主な現実を検討し，次にそれに対応させて介護保険の改革課題について私見を述べたい．

## 1　介護保険開始後の3つの現実

### (1)　サービス利用の絶対的・相対的抑制

　私は，介護保険開始後の第1の，しかももっとも深刻な現実は，1割の利用料のためにサービス利用が大幅に抑制されていることだ，と考える．

　しかし，厚生省はこの現実に目をつぶり，2000年7月24日に開催された医療保険福祉審議会で，介護保険開始後，サービス利用者が約2割増加し，サービス供給量も大幅に増大した等と自画自賛した．私もこの事実は率直に認める．しかし，この審議会に提出された資料からも，もう1つの現実＝サービス利用抑制の一端が分かるのである．

170

第1節　介護保険施行半年間の現実と改革課題

### ①利用の絶対的抑制

　私は，サービス利用の抑制は絶対的抑制と相対的抑制に分けるべきだと考える．

　絶対的抑制とは，2000年3月まで無料または低額の在宅サービスを受けていた低所得者が，1割の利用料の導入により，サービス利用量を削減していることである．上記資料に含まれている3つの調査は，いずれも介護保険開始後サービス利用量（回数）を減らした人が1割前後存在することを示している．表4-1に示したように，全国の老人クラブ連合会の調査では13.3％，茨城県日立市では10.5％，愛媛県東予市では9.2％である（無回答は除いて私が再計算）．仮に1割と仮定すると，介護保険開始後全国で約12.4万人もの高齢者がサービス利用を減らしたことになる（在宅サービス利用者150万人×継続利用者81.6％×10％）[厚生省が2000年10月に発表した「（介護保険）在宅サービスの利用状況」によると，108保険者についての調査で，介護保険開始後サービス量が減少した利用者は17.7％である]．

　「介護の社会化」を金看板にした介護保険制度が逆に低所得者の介護を削減しているのは，この制度の根本的欠陥と言えよう．

### ②利用の相対的抑制

　サービス利用の相対的抑制とは，1割の利用料により，低所得者だけでなく，大半の要介護者（要支援者を含む．以下同じ）が，要介護度別の支給限度額と比べてはるかに少額のサービスしか利用していないことである．新聞報道によれば，「利用率」はほとんどすべての自治体で3〜5割の低率にとどまっている．[上記厚生省調査によると，在宅サービスを利用している要介護・要支援者の支給限度額に対する利用割合（2000年10月）は平均43.2％である．]

　しかも私が厚生省調査や新聞報道から知り得た範囲では，利用率には明らかな地域格差がある．表4-2に示したように，所得水準が高いと思われる首都圏の自治体では5割前後（東京都稲城市，東京都の区市町村，横浜市，埼玉県の市町村）なのに対して，それが低いと思われる自治体では3割前後にとどまっている（長野県佐久市，新潟県柏崎市）．

171

第4章　介護保険制度開始直後の検証

表4-1　以前からサービスを受けていた人の介護保険開始後のサービス利用の変化

| 調　査　者 | 回答者総数(人) | 利用者総数に対する割合(%) | サービス利用変化の回答(%) | | |
|---|---|---|---|---|---|
| | | | 増えた | 変わらない | 減った |
| 全国老人クラブ連合会 | 580 | 77.4 | 30.3 | 56.4 | 13.3 |
| 茨城県日立市 | 693 | 76.2 | 19.5 | 70.1 | 10.5 |
| 愛媛県東予市 | 186 | 83.9 | 38.7 | 52.2 | 9.2 |

資料：厚生省老人保健福祉局「（介護保険）利用者等に対するアンケートの結果について」（2000年7月24日）から筆者作成.

注：1)比率は無回答を除いて，筆者が再計算．明らかな誤植は訂正.
　　2)厚生省資料には千葉県の調査も含まれているが，以前からサービスを受けていた人と新規利用者の区別がなされていないため用いなかった.

表4-2　要介護度別の支給限額に対する平均利用割合（%）

| 調　査　者 | 調査件数 | 要支援 | 要介護1 | 要介護2 | 要介護3 | 要介護4 | 要介護5 | 平　均 |
|---|---|---|---|---|---|---|---|---|
| 東京都稲城市[a] | 41 | 67.2 | 47.7 | 28.6 | 27.7 | 48.9 | 36.4 | |
| 東京都12自治体[b] | 849 | 60.6 | 39.7 | 47.1 | 48.9 | 51.4 | 54.8 | 49.5 |
| 横浜市[c] | 1745 | 53.4 | 38.0 | 43.3 | 44.2 | 47.3 | 49.6 | 45.9 |
| 埼玉県各市町村[d] | 不明 | 64.9 | 44.2 | 46.3 | 46.3 | 45.6 | 48.9 | |
| 長野県佐久市[f] | 740 | 46 | 31 | 31 | 35 | 34 | 32 | 34.0 |
| 新潟県柏崎市[f] | 944 | 43.7 | 27.5 | 27.4 | 28.2 | 26.4 | 22.4 | 29.2 |

資料：a) 厚生省老人保健福祉局（7月24日），b)「朝日新聞」7月20日，c)「神奈川新聞」7月27日，d)「日本経済新聞」8月8日，e) 佐久市，f)「しんぶん赤旗」9月9日.

注：1)a, b) は5月分，b) は4月分，c) は6月分，f) は4〜6月分．e) は不明.
　　2)佐久市と柏崎市の平均値は，筆者計算.

　この表からはもうひとつの利用抑制も分かる．それは，すべての自治体で，支給限度額も自己負担も少ない要支援者に比べ，支給限度額が高い代わりに自己負担額も多い要介護者の方が利用率が低いことである．しかもこの落差は，所得水準の低いと思われる自治体で特に大きい.

　それに対して，私が入手した未公開資料によれば，法定支給限度額以上の

172

第1節　介護保険施行半年間の現実と改革課題

上乗せ給付を実施しているある自治体では，住民の所得水準はそれほど高くないにもかかわらず，首都圏並みの比較的高い利用率となっている．

　以上から，定率の利用料が，高齢者（特に低所得者）の利用を絶対的・相対的に抑制していることは明らかである．

### ③医療での定率負担の影響はさらに深刻

　ところが，厚生省はこの現実に目をつぶり，介護サービス（特に家事援助）の「不適切事例」に問題をすり替えている．その上，今臨時国会に老人保健法の改正案を提出し，1割の定率負担を介護保険だけでなく老人医療にも拡大しようとしている［2000年12月に成立し，翌月から実施］．

　しかしそれが高齢者（特に低所得者）の受診抑制をもたらすことは確実であり，しかもその影響は介護保険以上に深刻であろう．なぜなら，滝上宗次郎氏が鋭く指摘されているように，「介護サービスは家族が肩代わられるが，医療は代替材がない．1割負担は高齢者から医療を奪うということがはっきりした」からである[3]．

　それに対して，2000年10月から保険料徴収が始まれば，加入者の権利意識が高まり，サービス利用も増大すると楽観的に主張されている方もいる．私も，保険料・利用料を無理なく支払える中・上所得層はサービス利用を増やすと予測している．しかし，低所得層は，利用料に加えて，新たに保険料も負担しなければならなくなるため，逆にさらにサービス利用を抑制することになる．

　その結果，要介護者のサービス利用量が，要介護度ではなく支払い能力によって変わる「階層消費」が現在よりもさらに進行し，本来，「国民の共同連帯の理念に基づ」く（介護保険法第1条）はずの介護保険制度が，逆に国民の生活・意識の分断，階層固定化を促進することになる危険が大きい．


## (2)　介護支援専門員が給付管理業務に忙殺

　介護保険開始後の第2の現実は，介護支援専門員（ケアマネージャー）が本来の業務であるケアマネジメントに専念できず，機械的なケアプランづく

りとそれに基づく給付管理業務に忙殺されていることである.

実はこの業務は, 厚生省の当初の説明では, 介護支援専門員の業務には含まれていなかった. 論より証拠, 介護支援専門員試験の事実上の「国定教科書」となっている『介護支援専門員標準テキスト』(長寿社会開発センター, 1998) の「介護支援専門員の役割と機能」の項のどこにも, 給付管理業務は書かれていない. そのために, 介護保険で理想的なケアマネジメントが可能になると夢を語った福祉研究者も少なくなかった.

ところが, 介護保険施行直前になって, 厚生省は方針転換し, 担当者が「介護支援専門員の最も重要な仕事は, ケアプラン作成ではなく給付管理表の作成」にあると明言したのである (2000年2月19日「福祉産業フォーラム」).

しかし, この給付管理業務は, 医療機関であれば, 医事課職員が専門に行っている仕事に近い. そのような業務を, 事務作業に不慣れな看護婦や医療ソーシャルワーカー等が主体のケアマネージャーが行うことは, 社会的にみて非効率きわまりない. 事実, 介護保険開始後, 訪問看護ステーションの看護婦が給付管理業務を含めた膨大な事務作業に追われ, 訪問看護の時間を削減するという本末転倒の事態が多発している.

本来なら, この業務は医療機関と同じく専任の事務職員を配置して行うべきである. しかし, ケアプラン作成費 (居宅介護サービス計画費) が「原価割れ」となっているため, 大規模事業者を除けば, それは困難である.

介護保険開始後半年間のこのような混乱により, 要介護認定システム自体が「ムダの制度化」(都留重人氏) であることが明らかになった, と私は考える.


## (3) 大手介護ビジネスの大苦戦

介護保険開始後の第3の現実は, 介護保険で介護ビジネス (特に大手介護企業) が急成長し, 訪問介護市場を支配するとの大方の予測がまったく外れ, コムスン, ニチイ学館等, 全国展開した大手介護企業が軒並み大幅な戦線縮小を余儀なくされていることである.

第1節　介護保険施行半年間の現実と改革課題

　ジャーナリズムでは，現在も他分野のビッグビジネスの参入が時折報じられている．しかし，その実態は，アンテナショップ（事業所）の開設や，自企業の従業員・家族・退職者のための福利厚生事業，介護事業者の後方支援にすぎず，介護事業本体に本格的に参入したビッグビジネスは皆無である．それに対して，地域密着型の中小介護企業の一部は健闘しているが，そのシェアはわずかである．これにより，介護ビジネスに依存しての介護サービスの基盤整備は絵に描いた餅に終わりつつある．

**①介護保険市場8兆円説は虚構**

　この点に関しては，「介護保険市場は8（10）兆円」とバラ色に描き，企業の「ビジネスチャンス」をあおり立てた一部シンクタンクとそれを無批判に報道したマスコミの罪は重い．

　私は，この点でニッセイ基礎研究所の罪は特に重いと考える．同研究所は，他研究所・社に先駆けて，早くも1997年2月に，介護保険が開始される2000年の「介護ビジネスの市場規模」を8兆1000億円と発表した[4,5]．しかし，私がその計算根拠を調べたところ，この数字は同年に家族介護がすべて社会的介護に置き換わることを前提にしていることが判明した．これは，厚生省ですら介護保険開始時の在宅サービス利用率を33％と予定していることを無視した虚構の数字である（経済学的には，介護の社会的費用の介護ビジネス市場へのすり替え）．

　ちなみに，同研究所も最近は，企業が参入可能な介護保険市場は1兆6000億円と大幅に下方修正しており，私もこれは妥当な数字と考える．しかし，同研究所から反省の弁がまったく聞かれないのは不思議である．

**②大手介護ビジネスの不振は私の予測通り**

　実は，介護ビジネスの過大評価は，介護保険を推進する側だけでなく，それを批判する人々の間でも根強かった．特に，介護保険を新自由主義的改革（市場原理の全面的導入）と見なした人々は，介護保険市場の「在宅サービス事業は営利企業の独占もしくは寡占市場になる」と危惧していた．

　ただし，私からみれば，介護ビジネスの不振は予想通りの現実である．な

175

第4章　介護保険制度開始直後の検証

ぜなら私は，介護保険開始前から一貫して以下のように予測していたからである．「営利企業が福祉分野に参入しても，それがこの分野の中心勢力になることはありえない……．医療・福祉施設の大半は，将来的にも，非営利組織（医療法人，社会福祉法人，農協・厚生連，生協，市民参加型組織等）であり続け……その『主役』が『複合体』であろう」(2：23頁)．

### ③京都府の介護保険事業者の3分の2は医療系

ただし，全国の介護保険事業者の「勢力図」は明らかにされていない．そこで私は，介護保険下の医療・福祉施設間競争の全国有数の激戦区である京都府の実態を，「京都府内介護保険指定業者名簿（延べ2779事業者．2000年8月16日現在）」を用いて調査した［詳細は第4節参照］．

まず事業者の開設法人種類をみると（表4-3），医療法人と非法人（個人病院・診療所）だけで総数の51.0％を占め，社会福祉法人（社会福祉協議会を含む）の25％の2倍に達している．それに対して，営利法人はわずか14％にすぎない．研究者や市民運動家の中には，NPO（特定非営利法人）が介護保険の主役になると期待されている方もいるが，それはわずか0.1％にすぎない．

しかし，この法人種類データだけでは，医療系事業者の比重を過小評価してしまう．なぜなら，社会福祉法人，公益法人，生活協同組合，さらには営利法人の中にも，母体が私的医療機関である法人（私的医療機関の系列法人）や病院を直接開設している法人が存在するからである．そこで，これらを含めた私的医療機関母体事業者を調査したところ，表4-4に示すように，事業者総数（延べ数）の実に65％を占めていることが判明した．逆に，非医療系の社会福祉法人と営利法人の割合は，それぞれ19％，13％に低下する．非医療系の営利法人の割合は，在宅サービスに限定しても14％にすぎない．

以上の結果は，介護保険事業の大半は，私的医療機関を中心とした非営利組織が担っていることを示している．

介護保険開始後の第3の現実（介護ビジネスの不振）と関連して，見落としてはならない悲惨な現実に，家事援助の訪問介護の報酬が極端に低額に設定されたために生じた「ヘルパー地獄」（滝上宗次郎氏）がある[3]．この点に

第1節　介護保険施行半年間の現実と改革課題

**表4-3　京都府の介護保険指定事業者の法人種別**

（2000年 8 月16日現在）

| | 延べ数 | （%） |
|---|---|---|
| 事業者総数 | 2779 | 100.0 |
| 社会福祉法人（社協以外） | 591 | 21.3 |
| 社会福祉協議会 | 110 | 4.0 |
| 医療法人 | 951 | 34.2 |
| 民法法人 | 188 | 6.8 |
| 営利法人 | 377 | 13.6 |
| 特定非営利活動法人（NPO 法人） | 4 | 0.1 |
| 農協 | 6 | 0.2 |
| 生協・企業組合 | 16 | 0.6 |
| 上記以外の法人 | 7 | 0.3 |
| 地方公共団体 | 63 | 2.3 |
| 非法人（個人病院・診療所） | 466 | 16.8 |
| 医療法人＋非法人（再掲） | 1417 | 51.0 |
| 社会福祉法人＋社協（再掲） | 701 | 25.2 |

資料：京都府「京都府内介護保険指定業者名簿」（2000
　　年 8 月16日現在）から筆者作成.


**表4-4　京都府の介護保険指定事業者の設立母体**

（2000年 8 月16日現在）

| 設立母体 | 総 数 | 在宅サービス | 入所施設 |
|---|---|---|---|
| 事業者総数（延べ数） | 2779 | 2588 | 191 |
| 設立母体（%） | 100.0 | 100.0 | 100.0 |
| 私的医療機関小計 | 64.8 | 65.2 | 59.7 |
| 　私的病院 | 32.2 | 30.8 | 51.3 |
| 　私的診療所 | 32.0 | 33.8 | 7.9 |
| 　医師会・看護協会 | 0.6 | 0.6 | 0.5 |
| 社会福祉法人・社協 | 18.9 | 17.5 | 37.7 |
| 他の非営利団体 | 1.0 | 1.0 | 0.0 |
| 営利法人 | 12.8 | 13.8 | 0.0 |
| 地方公共団体 | 2.5 | 2.5 | 2.6 |

資料：京都府「京都府内介護保険者指定事業者名簿」
　　（2006年 8 月16日現在）と筆者が独自に作成した
　　「複合体」データベース等から作成.
注：私的医療機関母体の事業者には，私的医療機関母体
　　（系列）または病院を開設している社会福祉法人，公
　　益法人，生協，営利法人等を含む.

第4章　介護保険制度開始直後の検証

ついては，別に論じたのでそれを参照されたい[6]．

## 2　介護保険の3つの改革課題

　以上の介護保険開始後の3つの現実を踏まえて，次に介護保険の3つの改革課題について私見を述べたい．ただし，これは網羅的なものではなく，他にも重要な改革課題は少なくない．たとえば家族介護者の社会的評価と権利擁護があるが，私の力不足で論じることはできず，他書に譲りたい[7,8]．

　また，以下に述べることはあくまで，私の考える「あるべき」改革課題であり，私の介護保険の将来予測とは異なる．後者については，第3章第1節を参照されたい[2]．

### (1)　低所得者の利用料・保険料の減免

　最大かつ緊急の課題は，低所得者のサービス利用抑制の原因となっている，利用料と保険料の減免である．

　私は，原則的には，住民税非課税の低所得高齢者からは，利用料・保険料とも徴収すべきでないと考える．なぜなら，「最低生活費非課税の原則」[8]は租税だけでなく，利用料・保険料にも拡大すべきであるし，この改革なしに，低所得の要介護者がニーズに見合った介護サービスを利用することは不可能だからである．

　これがすぐに実施できない場合も，次の2つの減免は緊急に行うべきである．1つは利用料の減免で，政府の「特別対策」で行われている，措置制度時代からのサービス利用者への訪問介護利用料の3％への軽減措置を，住民税非課税の低所得高齢者全体のすべての在宅サービス利用に拡大する．もう1つは保険料の減免で，現在保険料の第1段階とされている住民税非課税で老齢福祉年金加入者の保険料徴収を免除するとともに，本人が住民税非課税で同居家族が納税している第3段階の保険料を第2段階（世帯全員が非課税）の保険料と同額に軽減する．なぜなら，介護保険は個人加入原則であり，保険料は世帯ではなく，あくまで個人（所得）に課せられるべきだからある．

178

第1節　介護保険施行半年間の現実と改革課題

この財源として，緊急避難的には，介護保険創設により大幅に削減された市町村負担（総費用の25%から12.5%に半減）を充当すべきであるが，中期的（5年後の介護保険の見直し時）には国庫負担割合の引き上げが必要と考える．

厚生省はこのような改革の必要性を否定するだけでなく，逆に2000年9月25日に保険料の減免を「適当でない」とする見解を全市町村に送付した．市町村自治を否定するこのような見解は撤回すべきである．

厚生省や介護保険を推進した人々は，低所得者への保険料・利用料の減免措置に反対し，それを払えない人々は生活保護を受けるべきだと主張している．私も，理論的には，生活保護法が介護保険法を補完すべきと考える[9]．しかし，その大前提は，厚生省が長年続けてきた生活保護の「適正化」という名の保護抑制政策を転換し，申請や受給にスティグマ（社会的差別）が伴う現状を改めることである．また，措置制度（公費負担制度）では権利性が確保できないと主張して介護保険を推進した人々が，低所得者だけは公費負担制度を利用すればよいと言うのは，彼らの低所得者に対する差別意識をはしなくも露呈したものと言える．

「豊かさというのは，その社会の一番弱い人々を，どういうふうに扱うかということにもっともよく現れる」[10]．福祉最先進国デンマークのオールセン福祉大臣が提起したこの視点こそ，介護保険改革の出発点にすべきである．

## (2)　要介護認定システムの廃止

第2に，私は，5年後の介護保険の見直し時に，要介護認定システムそのものを廃止すべきと考える．

### ①要介護認定システムの根本的欠陥

最近は厚生省も現在の要介護認定の1次判定（コンピュータ・プログラム）に部分的欠陥があることを認め，痴呆性高齢者や在宅高齢者の介護の評価法を改善することを約束している．

しかし私は，コンピュータ・プログラムに基づく要介護認定とそれに基づく給付上限額の設定には根本的欠陥があると考えている．この点は，1997年

第4章　介護保険制度開始直後の検証

の第34回日本リハビリテーション医学会学術集会で初めて指摘した．少し長いが，全文引用する[11]．

　「1つは，本来，要介護者の評価では，生活問題の『全体性』の視点が不可欠だが，現在の要介護認定のプログラムは，身体的ADL偏重かつ，各種サービスの質とコストの違いを無視した介護時間偏重である．……第2に，仮に介護時間を指標にして要介護認定を行う場合でも，要介護度別に介護給付費を『個別的』に設定することには，無理がある．なぜなら，要介護認定のための基礎的研究で証明されているのは，各要介護度に属する要介護者集団の『平均的』介護時間に統計的な差があることだけであり，同一要介護度に属する個々の要介護者の介護時間には相当の差があるからである．第3に，この研究（要介護度の基礎的研究）で検討されているのは，『平均的』介護時間なのに，それが保険給付の『上限』にすりかえられていることである」．

　私は，痴呆性高齢者や在宅高齢者の介護・生活は，身体障害による要介護者や施設介護者に比べてはるかにバラツキが大きいため，狭義の介護時間に限定しても，信頼性のあるコンピュータ・プログラムを作成することは困難だ，と予測している．ましてや，さらに個別性が強い「生活障害」――要介護者の「置かれている環境その他厚生省令で定める事項」（介護保険法第27条）――の評価を，コンピュータ・プログラムで行うことは不可能である．

**②要介護認定システムの廃止**

　そのために，私は要介護認定システムを廃止し，厚生省は要介護の「状態像」別の「サービスモデル」を「ガイドライン」として示すにとどめ，サービス給付の種類・量の判断は利用者本人とケアマネージャーの合意に任せて，上限なしに給付する方式に変更する方が合理的と考える．これは，私が1996年に「介護保険論争の中間総括」で行った提案である（第2章第3節）．

　これは一見過激な提案に見えるかもしれないが，実は医療保険で日常的に

行われている方式である．福祉最先進国といわれるデンマークやスウェーデンもこの方式であり，公的ケアマネジメントの発祥の地であるイギリスの方式もこれに近い．わが国でも，介護保険開始から5年経過した時点では，ケアマネージャーの専門性は現在よりもはるかに高まっていると期待できるため，彼らの専門的判断を尊重することが可能になろう．

それに対して，この新しい方式だと介護費用が急騰すると心配されるかもしれない．しかし，①医療費に比べて介護費用は絶対額が少ないだけでなくバラツキも小さいこと，②わが国の高齢者がきわめて自己抑制的であること，および③ケアプランの作成はまったく自由ではなく厚生省が「ガイドライン」を示すことを考えると，それは杞憂に終わると予測する．逆に，要介護認定システムを廃止すれば，それの直接費用（約500億円）を節約できることを忘れるべきではない．

### ③要介護認定を残すなら現金給付を導入

この提案は発表当時にはまったく無視された．しかし，介護保険開始後は要介護認定に伴う業務の膨大さのために，現場のケアマネージャー等が同様の提案をするようになっている．ただし，私は，この提案が2005年の介護保険見直し時に採用される可能性は低い，とやや悲観的に考えている．

しかし，もし要介護認定システムを継続する場合には，それの見返りとして，要介護度別の現金給付を制度化すべきだ，と私は考える．わが国では，ドイツと異なり，「現金給付は女を介護に縛りつける」等の情緒的理由から，それの導入が見送られた．しかし，「同一リスクに対する同一給付」という保険原理から考えても，わが国の介護保険がドイツと同じく家族介護依存を前提にしている現実から考えても，現金給付の導入（正確には，現金給付と現物給付の併給）は当然の改革である．

なお私は，要介護認定システムは存続させるが，現在の2次判定は廃止し，1次判定に一本化すべきという主張には反対である．理由は2つある．1つは，上述したように統計的処理のみで個別の要介護度を正確に判定することは不可能だからである．もう1つは，1次判定だけにすると厚生省の官僚統

第4章　介護保険制度開始直後の検証

制と要介護認定基準の恣意的操作が現在以上に強まり，将来介護総費用が増加する度に要介護認定の基準が厳しくされる危険が大きいからである．

## (3)　医療施設の自己改革

第3の改革は医療・福祉施設（そこで働く職員）の自己改革であり，具体的にはそれらが介護保険事業に積極的に参入することである．

このように書くと，改革＝厚生省による法・行政制度の改革と理解している方は，違和感を持たれるだろう．しかし，日本の医療・福祉改革は，厚生省が法律を通し，医療・福祉施設がそれに従うという単純な上下の関係にはなく，一部の医療・福祉施設が先進的活動を展開し，それを厚生省が後追い的に政策化してきた側面も無視できない．

特に，介護保険施行後の第3の現実で述べたように，営利企業に依存して介護サービスの基盤を整備するという厚生省の当初の思惑はまったく外れ，非営利団体（特に医療・福祉施設）が介護保険事業を積極的に担わない限り，国民・要介護者のニーズには応えられなくなっている．しかも，介護保険は単なる福祉立法ではなく，「慢性期医療・介護（長期ケア）法」であるため[2]，福祉施設以上に，地域に根ざした医療施設が果たすべき役割は大きい．これは私の願望ではなく，表3・4で示したように，すでに起こっている現実でもある．

### ①医療施設には2つの選択肢

その場合，個々の医療施設には選択肢が2つある．1つは，医療施設は介護給付のうち医療系サービス（訪問看護，訪問リハビリテーション等）のみを提供し，福祉サービスは，地域の福祉施設や企業に依頼して提供すること（ネットワーク形成）．もう1つは，医療機関自身が福祉サービスを提供する施設・事業者を設立すること（保健・医療・福祉複合体化．以下「複合体」化）である．両者には一長一短があるが，私は介護保険制度では「複合体」形成の方が圧倒的に有利になると判断している[2]．また，独立した施設間のネットワークのみで高水準のサービスを提供できるのは，公私の医療・福祉サー

第1節　介護保険施行半年間の現実と改革課題

ビス基盤（インフラストラクチャー）が特別に充実しているか，ネットワーク化を推進する「カリスマ」的人物（ほとんどの場合，医師）がいるごく一部の地域に限られる．

②厚生省も「複合体」育成に方針転換

　実は介護保険法は，独立した医療・福祉施設間のネットワーク形成を予定していた．しかし，厚生省は最近，「複合体」育成に方針転換している．例えば，伊藤健康政策局長は医事評論家の水野肇氏との対談で，次のように述べている．「二木さんのことばを借りると，保健・医療・福祉の複合体という形が，医療提供者の生き残りをかけた1つの知恵として増えている．批判がないわけではないけれども，これが国民のニーズに合っていけば，プラスの評価をしなければいけないと思っています．けれども医療の提供側がそういう形で変わっていることは注目していい」（『社会保険旬報』2000年1月1日号）．

　この発言に先立って，神田介護保険制度施行準備室次長は，もっと直接的・具体的に「複合体」化を薦めている．「介護保険では医療法人ができる福祉サービスの枠を増やしました．介護保険では医療法人は大方の（福祉）サービスを展開できます．医療と福祉を総合的にできる点を生かして，積極的に在宅の要介護者に係わってもらいたい」，「（医療法人には）医療と他のサービスを1つの法人格として行われる強みを生かして活躍されることを期待しています．」（『社会保険旬報』1999年10月11日号）．

　さらに，最近では，「健康日本21」の実施責任者である佐栁健康増進課長が，介護保険と健康日本21とが車の「両輪」とした上で，「地域全体のケアにあたるべき存在」である地域の医療機関が「治療と保健を融合した役割」を果たすことを提唱している（『社会保険旬報』6月11日号）．

③厚生省はなぜ方針転換したか

　厚生省はなぜこのように方針転換したのか．私は理由が2つあると考えている．

　1つは手前味噌だが，私の「複合体」の全国調査[12]によって，「複合体」

183

第4章 介護保険制度開始直後の検証

が決して例外的存在ではなく，全国津々浦々に広まっており，しかも先進的医療機関の多くが「複合体」化していることを厚生省が知ったからである．

もう1つは，厚生省も当初は介護保険のサービス基盤整備を営利企業に依存して行おうと考えていたが，介護大手企業の動き・失敗をみて，それがきわめて危ないことに気づいたからである．言うまでもなく，それの最後のだめ押しになったのがコムスンの大失敗である．そのために，既存の医療機関や非営利団体に任せた方が安全だと軌道修正したのであろう．

これは私の推測にすぎないが，厚生省のこの姿勢は当分変わらないであろう．そのために，今後も厚生省の政策の追い風を受けて医療機関の「複合体」化が進行するのは確実である．

## おわりに――長期的には公費負担方式へ

以上，介護保険開始後の3つの現実に対応して，3つの改革課題を述べてきた．これらの改革は相当大きな改革であるが，それでも介護保険制度を前提としたものである．

しかし私は，長期的には，介護保険の抜本的改革課題として，社会保険方式を廃止して，公費負担方式に転換することが必要になると考える［ただし，これはかつての措置制度の復活を意味しない．新しい公費負担方式でも，介護保険と同じく，利用者の利用権・選択権は保障すべきである］．

私は，「介護の社会化」には大賛成であり，そのためにサービス給付の水準を現在より大幅に引き上げるべきだと思っている．しかし，現在の方式を前提にして引き上げようとすると，高齢者の保険料を大幅に引き上げなければならない（おおむね1万円以上）．しかし，それは現在の平均的高齢者の負担能力を超え，保険料未納者が急増する．この事態を避けるためには，公費負担割合を拡大する必要があるが，「社会保険方式」をとる限りは，保険料を支払えない層の「排除原理」（里見賢治氏）[1]が残るからである．

これは，具体的には，次のことを意味する．やや極端な例として公費負担割合を9割に引き上げ，それを消費税でまかなうと仮定しよう．この場合，

第1節 介護保険施行半年間の現実と改革課題

介護保険の総費用の9割は、低所得者を含めたすべての国民が負担することになる。しかしそれにもかかわらず、低所得者は1割分の保険料を支払えない場合、介護サービスのすべての利用権を失うのである。

そのため、私は公的介護保障の水準を大幅に引き上げるためには、いずれ全額公費負担方式に転換せざるをえなくなると考える。ただし、この公費負担の主な財源として、消費税を用いることには賛成できない。理由は2つあり、1つは現行消費税には逆進性が強く低所得者の負担が重いから、もう1つは、消費税では現在応分の社会保障費負担をしている企業の負担が全額免除されるからである。そのため、私は、里見賢治氏が主張されているように、公費負担方式の主な財源としては、「所得再分配機能が働きやすい所得税・法人税などの直接税に求める」のが最良と考える[13]。

**文　献**

1）里見賢治・二木立・伊東敬文『公的介護保険に異議あり』ミネルヴァ書房，1996．［本書第1章］
2）二木立『介護保険と医療保険改革』勁草書房，2000．［本書第2章］
3）滝上宗次郎「介護保険はなぜ失敗したか」『週刊東洋経済』2000年9月2日号．
4）岸田宏司「都道府県別要介護老人数の推計と介護実態」『ニッセイ基礎研究所調査月報』1997年2月号．
5）郷一尚「2010年には11兆5000億円，急成長する介護・福祉市場」『ばんぶう』1998年2月号．
6）二木立「訪問介護の主役は長期的には介護福祉士」『介護保険情報』2000年9月号［本章第3節］．
7）本沢巳代子『公的介護保険――ドイツの先例に学ぶ』日本評論社，1996．
8）伊藤周平『介護保険と社会福祉――福祉・医療はどう変わるのか』ミネルヴァ書房，2000．
9）尾藤廣喜・他編著『生活保護法の挑戦――介護保険・ホームレスの時代を迎えて』高菅出版，2000．
10）岡本祐三『デンマークに学ぶ豊かな老後』朝日新聞社，1990．
11）二木立「評価システムの在り方」『リハビリテーション医学』35巻8号，1998．
12）二木立『保健・医療・福祉複合体――全国調査と将来予測』医学書院，1998．
13）里見賢治「消費税依存の社会保障に異議あり」「朝日新聞」1999年10月29日朝刊「論壇」．

第 4 章　介護保険制度開始直後の検証

# 第 2 節　介護保険開始後 1 年の点検── 3 つの夢と現実

[2001年12月]

## はじめに

　介護保険制度が導入されて早くも 1 年 2 か月が経過した［2001年 6 月現在］．厚生労働省サイドは「順調な滑り出し」を強調している．しかし，現実は逆であり，介護保険の現場ではさまざまな混乱・困難が生じており，そのために介護保険開始前に語られていた「夢」や目的の多くは達成されていない，と私は考える．

　本節では，私が専門とする医療経済学と医療政策研究の視点から，厚生労働省や介護保険を支持・推進した人々が，介護保険開始前に，高齢者医療や介護保険事業者に関して語っていた次の 3 つの夢や目的が実現したか否かを，介護保険開始後 1 年間の現実に基づいて点検する．

　①介護保険により，老人医療費を大幅に削減できる．②介護保険により，高齢者介護は施設ケアから在宅ケアにシフトする．③民間事業者（介護ビジネス）が介護サービス事業者の主役になる．

## 1　老人医療費の削減は目標の半分

　まず，第 1 の夢・目的を点検する．

　介護保険制度は「今最も恵まれていない在宅を扱う『福祉の社会化』というよりも，施設を主眼においた財源対策……である．より本質的には厚生省の本丸であり，行き詰まりを見せている医療制度の建て直し……老人保健法の延命策」にすぎない．滝上宗次郎氏は，厚生省の高齢者介護・自立支援システム研究会が1994年12月に公式に介護保険構想を提唱する 2 か月前の同年10月に，こう喝破した[1]．

　ただし，高齢者介護・自立支援システム研究会の報告書ではこの点は明ら

かにされていなかった．しかし，翌1995年7月に発表された老人保健福祉審議会の介護保険制度についての「中間報告」では，「増大する医療費，特に老人医療費をまかなう各種医療保険の保険料負担の在り方についても問題が提起されている」と，介護保険制度創設の狙いの1つが老人医療費対策にあることが示された．これ以降，厚生省幹部もこの狙いを公式・非公式に認めるようになった．

そのために，2000年度予算では，それまで老人医療制度で給付されていた慢性期医療費の大半が介護保険制度に移行する結果，老人医療費は約2兆円（対前年度比11.8%）も削減可能と見込んでいた．

しかし，2000年度上期（4～9月）の老人医療費の減少率はその半分の5.6%にすぎない．その結果，介護保険制度創設により老人医療費を大幅に削減するという目的の達成は困難になっている．

これの主な理由は，当初19万床と予定されていた老人医療から介護保険に移行する療養型医療施設の病床数が，制度開始時11.5万床（目標19万床の6割．療養型等病床総数34万床の34%）にとどまったためである．この病床数（定員）は，介護保険開始後もほとんど増えていない（2000年10月1日現在，11万6千床．厚生労働省『平成12年度介護サービス施設・事業所調査結果速報』）．これにより医療保険に「社会的入院」が大量に温存されることになった．

### 社会的入院の解消で医療・福祉費総額は増加

私は，患者が医学的治療を終了し，病状が安定した後も病院に長期間入院し続ける「社会的入院」は日本医療の恥部の1つであり，受け皿（入所施設と在宅ケア）を拡充して解消すべきだと考えている．

ただし，ここで見落としてならないことは，病状が安定した長期入院患者を介護保険の療養型医療施設へ転送し，社会的入院を解消すると，常識とは逆に，医療・介護の総費用が増加することである．なぜなら介護療養型医療施設の介護報酬は，出来高払い分（リハビリテーション医療費等）を除いた定額払い分だけで月約40万円であり，老人の社会的入院医療費月32.5万円より

第4章　介護保険制度開始直後の検証

はるかに高いからである（1年以上入院の場合．厚生省『1998年社会医療診療行為別調査報告』．両者とも食費相当分を除く）．

　厚生労働省はかつて，老人の社会的入院医療費を月50万円と発表していたが，これは急性期入院患者も含む老人入院患者総数の平均医療費だったのである．

　手前味噌だが，私は介護保険論争中に，社会的入院の解消により公的費用は増加すること，特に「（一般病床の）療養型病床への転換により1月当たりの費用が10万円以上も増加する」ことを，一貫して警告していた[2]．

　では常識と異なり，病院への「社会的入院」の方が介護保険の療養型医療施設よりも安いのはなぜか？　理由は簡単で，療養環境が劣悪（病室面積は1人当たり4.3平方メートルで，療養型医療施設の6.3平方メートルの3分の2）な上に，介護職員数も少ないからである．

　それに対して，介護保険開始前には，特別養護老人ホームの費用（措置費）は社会的入院医療費より安いようにみえたが，これに含まれていない資本費用（キャピタルコスト）や外来医療費等を加えると，社会的入院医療費と同水準かやや高くなると私は推計した[3]．

　介護保険開始後は，特別養護老人ホームの介護報酬が大幅に引き上げられたため，それの1月当たり費用はキャピタルコストや外来医療費を除いても，社会的入院医療費と同水準になった．国民健康保険中央会「2000年度の介護給付費等の状況（暫定集計値）」によると，施設介護サービスの1件当たり費用額（1月当たり費用額にほぼ相当）は，介護老人福祉施設（特別養護老人ホーム）32万5441円，介護老人保健施設33万4673円，介護療養型医療施設44万1477円である．

## 2　在宅サービス利用は低調で施設需要が急増

　次に，介護保険の第2の夢・目的，「介護保険により，高齢者介護は施設ケアから在宅ケアにシフトする」を点検する．

　言うまでもなく，介護保険の金看板は「自立を支える多様な在宅サービス

第2節　介護保険開始後1年の点検

を重視している」（『平成12年版厚生白書』）ことである．

　しかし，介護保険施行1年を期して，主要紙（「朝日」「読売」「毎日」「日経」）が行った全国自治体調査は一致して，在宅サービスの利用が低調であり，特別養護老人ホームへの入所待ちが急増したことを報じた．

　実は厚生労働省自身も，初年度は，利用率（サービスをまったく利用しない人も含めた支給限度額に対する利用割合）を33％と非常に低く見込んでおり，各自治体もこの見込みに沿って，介護保険の事業計画を策定していた．それにもかかわらず，大半の市町村の在宅サービスの給付・利用実績は，計画を下回っているのである．

　「日本経済新聞」（2001年3月26日．以下，各紙調査とも2001年）の全国693市区を対象にしたアンケート調査（回答率92％）によれば，各自治体が立てた介護保険事業計画に対する実際の在宅サービスの利用割合は全国平均で74％にとどまり，利用実績が計画を上回っていた自治体はわずか5％に過ぎない．

　「朝日新聞」（3月8日）の全国自治体アンケート調査（回答率91％）でも，介護サービス利用（在宅と施設の合計）が年度当初の予算を下回る自治体が69％，在宅サービスの利用割合が（予想より）少ないと判断している自治体が67％に達していた．

　「読売新聞」（4月1日）の全国自治体アンケート調査（回答率81％）もほぼ同じ結果であり，介護サービスの給付実績が予算を下回る見通しの自治体が79％に達しており，それらの自治体の56％がその理由として「在宅サービスの利用が少なすぎた」をあげていた．

　これらの調査では，共通して，自治体が「利用が伸び悩んだ最大の要因は利用者の1割の自己負担」と判断していることも，報じられている．「朝日新聞」の調査では，63％の自治体が，在宅サービスの利用が少ない理由として，「自己負担が重い」ことをあげている．

　なお，2000年度（5月～翌年3月審査分）の在宅サービスの給付費総額は厚生省予算（介護給付費は初年度は11カ月分）の75.6％にすぎなかった．こ

189

第 4 章　介護保険制度開始直後の検証

の割合は施設介護サービスでさえ89.4％にとどまり，合計では84.3％となっている．

　このように在宅サービス利用が伸び悩んだのと対照的に，特別養護老人ホームへの入所希望は激増し，「毎日新聞」（4月1日）の全国の人口5万人以上の自治体・広域連合399を対象にした調査では，データが得られた268自治体で特別養護老人ホームへの入居待ちは4万6622人から7万7837人へと7割も増加していた．

　本来「通過施設」である老人保健施設の長期入所施設化も進んでいる．全国老人保健施設協会が2000年11月に実施した「介護保険制度開始後の実態調査」[4]によると，1施設当たりの月間「在宅復帰」者数は介護保険開始前（1999年度上期）の6.8人から開始後（2000年度上期）の4.5人へと3分の1も減っている．そのために，介護保険開始後，退所者に占める在宅復帰者の割合が「増えている」施設はわずか6.5％にすぎず，「減っている」施設が47.7％，「変わらない」施設が44.4％を占めている．退所者の平均在院日数が「長くなっている」施設も53.8％を占め，逆に「短くなっている」施設は9.8％にすぎない．

## 施設需要が急増した理由

　このように介護保険制度開始後，施設需要が急増した直接の理由は，かつては自治体が「措置制度」により特別養護老人ホームの入所者を管理していたのと異なり，介護保険では要介護と認定された者は自由に入所を申し込めるようになったからである．

　しかし，主因は介護保険の現在の在宅サービスの支給限度額では，たとえそれをすべて使ったとしても，重度の要介護者が家族介護に依存せずに在宅生活をおくることが不可能なため，と私は考える．

　先に述べた，厚生省の高齢者介護・自立支援システム研究会の報告書は，「重度の障害を持つような高齢者や1人暮らしで介護が必要な高齢者の場合には，24時間対応を基本とした在宅サービスを基本とした在宅サービス体制

190

第2節 介護保険開始後1年の点検

を整備する必要がある」と提言したが，それは文字通り夢に終わった．それ
どころか，介護保険開始前に措置制度の下で高水準の在宅介護サービスを提
供していた一部の先進自治体では，介護保険導入後，要介護者1人当たり利
用可能な在宅サービス量の上限が削減された結果，施設入所がかえって増加
したとも報じられている．

　在宅サービスが拡充しないのは訪問介護の介護報酬（公定料金）が低すぎ
るからだとして，それの引き上げも提唱されている．しかし，それと合わせ
て現在の在宅サービスの支給限度額を大幅に引き上げない限り，介護報酬の
引き上げは利用できるサービス総量の減少を招き，かえって在宅介護の条件
を狭めてしまう．そのために私は，在宅ケアを拡充するためには，支給限度
額の大幅引き上げと利用者の自己負担の減額の両方が必要だと考える．

　なお，最近，橋本泰子氏は，「在宅重視」を貫くために，「介護保険施設利
用者の制限」（「原則として，住むことのできる家もあり，何とか在宅生活の維持
が可能な人を施設でケアする必要はない」）を提唱しているが，これは介護保険
の根本理念である「利用者の選択権」を否定するものである[5]．

　そもそも，在宅ケアの拡充で施設ケアを減らすことは不可能であり，今後
は在宅ケアと施設ケアの両方の拡充が必要である．これは，国際的にも，国
内的にも確認されている医療経済学の常識である[6,7]．ただし，ここでの
（入所）施設には，介護保険施設だけでなく，介護保険法上は在宅サービス
に分類されている，グループホームやケアハウス，有料老人ホーム等の施設
も含める．

## 3　大手介護事業者の挫折と私的医療機関の進出

　最後に，介護保険の第3の夢・目的を点検する．

　介護保険開始前は，介護保険市場は8〜10兆円の巨大市場であり，その主
役が民間介護ビジネス（民間事業者）だとはやし立てられた．

　実は，介護保険市場8〜10兆円説には2種類あった．1つは，介護保険か
らは給付されない介護関連サービス（シルバーサービス）を含めて8〜10兆

191

第4章　介護保険制度開始直後の検証

円とするもの，もう1つは，介護保険開始時に，家族介護がすべて社会的介護に置き換わると仮定して，介護保険市場が8兆円に急拡大するというものである（後者はニッセイ基礎研究所の推計）．現時点では，これらが虚構の数字であることは明らかだが，ほとんどの新聞は社説や報道で，介護保険開始前だけでなく開始直後まで，この数字を無批判に用いていた．

　しかし，介護保険開始後，民間事業者（営利法人）が参入可能なのは制度上在宅介護市場のごく一部にすぎず，最大限でも1兆円（当面は数千億円）にとどまることが判明した．その結果，介護保険市場を過大評価して全国に事業所を急展開した大手の民間訪問介護事業者は大幅な戦線縮小を余儀なくされた．コムスンは2000年4月には1200か所もあった事業所（拠点）を，1年後には4分の1の約300か所にまで減らした．ニチイ学館も同じ期間に，約780か所から600か所に減らした．

　地域密着型の堅実経営を行っている民間事業者も少なくないが，それらはほとんどが中小零細企業であり，介護保険のサービス提供事業者の「主役」とはとても言えない．ちなみに，営利企業の訪問介護事業所のうち，最大手のニチイ学館とコムスンの2社のシェアは2000年4月の45％から，2001年3月には16％へと激減している（営利法人の訪問介護事業所総数の出所はWAMネット）．

　介護保険事業者の種類別の介護給付費シェアは公表されていない．しかし，日本在宅サービス事業者協会会長でニチイ学館代表取締役社長の寺田明彦氏は，「民間事業者が（介護保険）マーケットに占める割合は，いまだに在宅介護分野の10％に達していない」と認めている[8]（ただし，これは協会の公式調査ではなく，寺田氏個人の独自推計）．介護保険給付費総額のうち在宅サービスの割合が3割強（2000年度1年間の審査分で32.7％）であり，しかも民間事業者は施設サービスに参入できないことを考慮すると，介護保険給付費総額のうち民間事業者のシェアはわずか3％にすぎないことになる．

第2節　介護保険開始後1年の点検

表4-5　京都府の介護保険指定事業者「母体」
別の介護給付費割合

（2000年4～7月審査分）

| 事業者の母体種類 | 在宅 | 施設 | 合計 |
|---|---|---|---|
| 総数 | 100.0 | 100.0 | 100.0 |
| 私的医療機関 | 48.4 | 61.9 | 57.2 |
| 社会福祉法人 | 33.1 | 35.4 | 34.6 |
| 他の非営利法人 | 1.5 | 0.0 | 0.5 |
| 企業 | 14.5 | 0.0 | 5.1 |
| 自治体 | 2.5 | 2.6 | 2.6 |

資料：京都府資料と筆者の自調査より推計．
注：1) 介護保険指定事業者は2000年8月16日現在．
　　2) 私的病院・診療所「母体」事業者には，私的
　　　病院・診療所の直営事業者だけでなく，それ
　　　らの系列社会福祉法人・企業等の事業者も含
　　　む．
　　3) 介護保険給付費は2000年4～7月審査分．
　　4) 在宅サービスと施設サービスの割合はそれ
　　　ぞれ35.0%，65.0%（全国平均はそれぞれ
　　　30.5%，69.5%）．
　　5) サービス種類別の事業者数割合が，給付費
　　　割合と等しいと仮定して試算．

## 介護保険事業者の主役は「複合体」

　その結果，在宅サービス，施設サービスの大半は，社会福祉法人（社会福祉協議会を含む．以下同じ），医療法人を中心とする私的医療機関，農協・生協等，広義の非営利組織によって担われることになるのである．

　介護保険開始後，社会福祉法人が健闘していることはよく知られている．しかし，実は広義の非営利組織の中心は私的医療機関である．

　この点についての全国データはない．そこで，私が昨年8月時点の公式・非公式データを用いて，京都府で調査・推計したところ，表4-5に示したように，私的医療機関（病院・診療所）母体の事業所の介護給付費シェアは，在宅サービス費で48.4%，施設サービス費で61.9%，給付費総額で57.2%に達しており，社会福祉法人のシェア（在宅サービス費の33.1%，施設サービス費の35.4%，総額の34.6%）を大きく上回っていた［詳細は第4節参照］．

第4章 介護保険制度開始直後の検証

なお，ここで私的医療機関母体の事業所には，私的病院・診療所本体，それが直営する老人保健施設，訪問看護ステーション等だけでなく，私的医療機関系列の社会福祉法人や生協，企業等が開設している事業所も含んでいる．たとえば，京都府では，特別養護老人ホームのうち21％は，私的医療機関系列の社会福祉法人が開設している．

私は，このように多角経営を行う医療グループを保健・医療・福祉複合体（略して，「複合体」）と呼んでいる[9,10]．この「複合体」は，病院・老人保健施設・特別養護老人ホームの「3点セット」を開設している比較的大規模なグループから，訪問看護ステーションやヘルパー・ステーション等の在宅ケア施設のみを開設している診療所や中小病院（「ミニ複合体」）まで，多様である．

私は，介護保険開始前から，介護保険のサービス事業者の「主役」は民間事業者でも社会福祉法人でもなく，「複合体」となると予測してきた．介護保険開始後の現実は，私の予測通りになっている．

## おわりに――介護保険の改革課題

以上，医療経済学と医療政策研究の視点から，介護保険開始後1年間の現実を「点検」してきた．

最後に，これを踏まえて，私の考える介護保険の3つの改革課題について簡単に述べる．

①低所得者の利用料・保険料の減免制度を法定化する，②要介護認定システムを廃止する，もしそれを残すなら現金給付を制度化する，③介護保険の適用範囲を高齢障害者から全年齢（少なくとも40歳以上）の障害者に拡大する．

これらの改革課題は，介護保険制度を前提にしたものであるが，私は長期的には，介護保険の抜本改革課題として，社会保険方式を廃止して公費負担方式に転換することが必要になると考える．これらの改革課題については，別に詳しく述べたので参照されたい[11,12]．

第3節 訪問介護の主役は長期的には介護福祉士

**文　献**

1）滝上宗次郎『福祉は経済を活かす──超高齢社会への展望』勁草書房，1995，147頁．
2）二木立「介護保険論争の中間総括──法案具体化で決着した5つの論点」『社会保険旬報』1917号，1996，16〜20頁［本書第2章第3節］
3）二木立『日本の医療費──続 医療経済学』医学書院，1995，34頁．
4）全国老人保健施設協会「介護保険制度開始後の実態調査集計結果（概要資料）」『老健』2001年3月号，66〜71頁．
5）橋本泰子「介護報酬見直しの前に」『月刊介護保険』65号，2001，28〜29頁．
6）二木立『日本の医療費──続 医療経済学』医学書院，1995，173〜197頁．
7）二木立「わが国の高齢者ケア費用──神話と真実」『月刊／保険診療』56巻6号，2001，61〜67頁．［本書補章1］
8）寺田明彦「（民間事業者の）シェアは10％未満，力が発揮できない状態」『介護保険情報』1巻12号，2001，50〜51頁．
9）二木立『保健・医療・福祉複合体──全国調査と将来予測』医学書院，1998．
10）二木立『介護保険と医療保険改革』勁草書房，2000．［本書第3章］
11）里見賢治・二木立・伊東敬文『公的介護保険に異議あり──もう1つの提案』ミネルヴァ書房，1996，145〜149頁．［本書第1章］
12）二木立「介護保険施行半年間の現実と改革課題」『社会保険旬報』2078号，2000，16〜22頁．［本章第1節］

# 第3節　訪問介護の主役は長期的には介護福祉士

［2000年9月］

## 1　世界的に最高水準の介護福祉士の教育

　介護保険のマンパワーの問題で誰もが誤解していることは，訪問介護の担い手がヘルパーと思っていることだ．

　しかし介護保険法では，訪問介護は，「介護福祉士等その他厚生省令で定める者により行われる入浴，排せつ，食事等の介護その他の日常生活上の世話」（法7条6項）と，介護福祉士が主役に位置付けられている．これには大きな意味がある．

　専門職に必要なことは専門的な知識と技術を持っていることであり，それ

195

第4章　介護保険制度開始直後の検証

を身につける教育や研修が不可欠だ．わが国の介護福祉士の教育は，世界的
にみても最高水準にある．介護福祉士の教育時間は，2年間で約1500時間で
ある［2001年度から1650時間に延長］．ホームヘルパーの中心の2級ヘルパー
の教育が130時間でしかないことに比べても，はるかに高いレベルの教育を
受けている．こうした人材が長期的には訪問介護の中心になることは望まし
い．

　しかし，介護福祉士が訪問介護の中心だというのは現時点では空論で，訪
問介護に携っている介護福祉士はごくわずかである．訪問介護の専門性も，
まだまだ認められていない．訪問介護事業者の中にも「技術より愛を！」と
いうところがあるくらいだ．

　しかし，これからは要介護者に対するサービスの質が変わってくる．5年，
10年という長期的スパンで考えれば，訪問介護の中心が要介護者の身体介護
に移っていくことは間違いない．先の条文には，21世紀を見とおした訪問介
護のあるべき姿が示されており，評価してよい．ただ，これに気づいている
人が少ないだけだ．

## 2　現在の介護報酬では人材確保は難しい

　しかし，現在の訪問介護の介護報酬体系では，人材確保は難しい．人材確
保の大前提は，専門職が生活できる程度の介護報酬を設定することである．
医療（診療報酬）の場合と同じく，介護報酬は常勤専門職の人件費を賄える
水準でなければならない．

　どんな産業でも，健全に発展するためには，少なくとも中核スタッフは常
勤者で固めないと質の担保ができない．訪問介護についても，誰もが介護福
祉士になるべきとまではいわないが，長期的には中核を担うのは介護福祉士
であり，その給与の保証が大切だ．

　訪問介護事業者は，民間企業，社会福祉法人，社会福祉協議会，医療法人
を問わず，質の高い介護を行うために良質の人材の確保を考えている．しか
し，介護福祉士を常勤で雇いたいと思っても，今の介護報酬体系を前提にす

第3節　訪問介護の主役は長期的には介護福祉士

る限り，経営は絶対に成り立たない．

　具体的にどう変えるか．家事援助と身体介護の介護報酬の格差を早急に是正すべきである．身体介護4020円（30分以上１時間未満）はいいとしても，家事援助1530円（同）はあまりにも低すぎる．これでは身体介護に特化しない限り，確実な利益は見込めない．だが現実には，身体介護の報酬が相対的に高すぎるために，身体介護が十分に利用されず，複合型や家事援助に流れている．このような不合理な介護報酬格差をなくさないと，21世紀に質の高い介護は保証されない．

## 3　介護保険は各職種の領地争いの場ではない

　医学的に安定している要介護者という条件つきなら，身体介護は看護婦よりも介護福祉士のほうが上手に行える．看護婦は身体介護の教育を受けていないからだ．

　訪問看護ステーションが1990年に発足したときには，「介護を主とした訪問看護」という位置づけであった．これは，ある面では，ホームヘルパーが少なかった時代の苦肉の策であったが，介護保険のもとでは，看護行為が希薄な訪問看護は訪問介護に置き換わっていくことになる．

　訪問看護と訪問介護の値付けには，ずいぶん格差がある．単純にいえば，訪問看護は8000円，訪問介護は身体介護でも4000円である．こうした価格差によっても訪問介護の方に流れていく．

　日本看護協会は，介護保険開始前は，介護保険で訪問看護がばら色になるといっていた．看護協会に限らず，介護保険制度にかかわるすべての職能団体が，介護保険制度をリアルに見ないで，それにより自分たちの「領地」を拡大できると，いわば我田引水的に考えた．ケアマネジャー（介護支援専門員）「資格」についても，看護婦，保健婦，理学療法士，作業療法士，介護福祉士，社会福祉士などの職能団体は，それぞれ自分たちの職種こそが適任であると主張していた．そう主張しなかったのは，もともと卓越した権限をもっている医師会だけだった．

第4章　介護保険制度開始直後の検証

　訪問看護は非常に大切であるが，在宅ケアの量的中心は訪問介護である．しかし，これから病院の在院日数がますます短くなることを考えると，在宅で医療的な処置を必要とする人やターミナルケアを受ける人は増えていく．この面では看護婦の役割は大きくなる．

　介護保険では「保健・医療・福祉の連携」が強調されているのだから，ターミナルケアは看護婦が主役であるとか，介護福祉士が主役だというように，職種間の領地争いの場としてはいけない．それぞれの職種には歴史的・法的な役割があるので，医師，看護婦，介護福祉士，ヘルパーなどの専門職が，どうチームを組んでいくかが介護保険下のターミナルケアの課題になる．

## 4　経営が成り立つのは事業者間の連携か複合化

　介護保険法は，福祉立法ではない．そもそも福祉立法と思うことが間違いだ．介護保険法第1条に「保健医療及び福祉サービス」を提供するとあり，高齢者の慢性期医療・福祉サービスが統一された法律である．理念としても，保健・医療・福祉の連携が謳われている．

　このような法の趣旨からいって，介護保険事業者の経営が成りたつためには，①独立した事業者間で連携をとるか，②1つの事業体またはグループが保健医療及び福祉サービスを一体的に提供する（複合化する）か，2つの方法しかない．

　制度的には，それらを一体的に提供するほうが有利である．なぜなら，介護保険には競争の論理があり，連携と競争は「水と油」だからである．複合化が好ましくないと考える場合は，他事業者ときちんと連携する必要があるが，それは介護保険前よりも，はるかに困難である．

　民間の大手訪問介護事業者が苦戦している理由の1つは，訪問介護単独ではそれほど高い利益を上げることができないからである．

　それに対して，たとえば，医療施設を母体とする「複合体」が在宅ケアに参入している場合には，訪問介護でそれほど利益をあげる必要がなく，医療の方で顧客を確保し利益をあげればよい．特別養護老人ホームが主体の社会

第3節 訪問介護の主役は長期的には介護福祉士

福祉法人が訪問介護に参入していく場合も同様だ．実は介護報酬で一番優遇
されたのは特養であり，全国平均の利益率は1割を超えるだろう．そのため
に，特養を運営する社会福祉法人は，訪問介護で大幅な利益をあげる必要は
ない．

　また，同じ営利企業といっても，地場産業ともいえる地域密着型の訪問介
護企業の大半は「パパ・ママ・ストア」であり，社長も訪問介護に従事する
ために，一般管理費は非常に少ない．そのために，それほど高い利益率は必
要としない．逆に高度の本部機能を必要とする大手企業は，一般管理費が売
上高の2〜3割となるために，「パパ・ママ・ストア」に太刀打ちできない．

## 5　専門職は給与が保証されれば在宅に向かう

　医療・福祉の専門職は，今後，ある程度の給与が保証されれば在宅に出て
いくと私は予測している．たとえば理学療法士や作業療法士は介護福祉士以
上に高嶺の花といわれているが，それは近視眼的である．長期的にみると，
ある程度の給与が保証されればという条件付きで，さまざまな医療・福祉の
専門職が在宅に向かっていくだろう．

　日本は今後どんどん高学歴社会になっていく．若い人の立場で考えると，
最初からホームヘルパーになろうという人はおらず，介護福祉士，理学療法
士，作業療法士等の専門職に就こうとするだろう．

　ただし，ホームヘルパーという職業がなくなるわけではない．これからは
専業主婦は減少していくから，中高年女性のなかでホームヘルパーになりた
いと考える人は増えるだろう．しかし，少子化が進展し若者が高学歴を志向
する中では，専門性がより強い介護福祉士をめざす若者が増えていくにちが
いない．

　好景気のときには，学生は福祉分野にはあまり入ってこない．バブル経済
のころは，福祉系大学卒業生ですら，福祉系の職場よりも，一般企業に就職
するほうが多かった．

　しかし今の学生は，自分の生きがいと仕事とをあわせて考える傾向がある．

第4章　介護保険制度開始直後の検証

しかも，悪くいえば覇気がない反面，たいへん心優しい若者が増えている．このような学生が介護・福祉を志向するようになっている．彼らは生きがいを感じれば力を発揮するが，一方でドライだから，食べていけなければ辞めてしまう．大義のためだけに働く若者はもういない．

介護ビジネスが21世紀の成長産業といわれたが，上滑りの感を否めない．それが地についた産業となるためには，専門職として働く人々が世間並みの生活を送れる給与を確保できるようにする必要がある．

介護の人材がいくら出てきても，あるいは志をもって職についたとしても，労働条件が悪くてやめてしまうのでは，国家的な損失である．今のままでは，10年前に生じた「看護婦不足」と同じような「介護職不足」現象がおきる危険がある．

## 第4節　京都府の介護保険指定事業者の実態調査
### ——私的医療機関・「複合体」の参入を中心として

[2001年11月]

### はじめに

2000年の介護保険導入から，早くも1年半が経過した．開始後半年と1年の区切りの時期には，それの功罪を「点検」「検証」する新聞報道や論文が多数発表された．当然のことながら，一般の関心はサービス利用（特に在宅サービス利用の低さ）に集中した．サービス提供事業者の検討もなされたが，その多くはコムスンやニチイ学館等大手訪問介護事業者の「予想外の不振」の検討に焦点が当てられていた．私の知る限り，介護保険事業者の全体像を全国レベルで定量的に検討した報告はまだない．

### 厚生労働省調査の制約

これは当然で，介護保険の保険給付費データに比べて，事業者データは貧困であり，私が2001年4月に調べたところ，全国データとしては，厚生労働

省「介護保険指定事業者指定状況」（2000年7月1日現在）が「最新」の公式データであった．

しかし，これには次の3つの制約がある．第1は，法人種別の区分が『医療施設調査』に比べて粗いこと．第2は，介護保険法・同施行法により健康保険法に基づく保険医療機関の指定を受けている病院・診療所・薬局は，都道府県の指定を受けなくても指定事業者になれる「みなし指定」の規定があるにもかかわらず，これら施設が調査から除かれていること．第3の制約は官庁調査の宿命とも言えるが，指定事業者の設立母体や，法的には別法人である複数の事業者が形成している「グループ」についてはまったく分からないことである．

介護保険関連の著作の中には，厚生労働省調査の第2の制約を見落とした，「訪問看護においては営利法人のシェアは50％を超えている」等の誤った記載もみられる（現実には，後の表4-10で示すように，1％未満）[1,2]．第3の制約は，1990年代以降，私的医療機関の保健・医療・福祉複合体（以下，「複合体」と略す）化が進行し，少なくない病院・診療所が，同一法人または関連・系列法人（社会福祉法人，営利法人等）により保健・福祉施設を開設するようになっているだけに重大である[3,4]．そのために，厚生労働省調査により介護保険指定事業者の表向きの開設者を分析すると，かえってその実態を見誤ってしまう．


**京都府を調査対象に選んだ理由**

このような厚生労働省調査の制約を克服するためには，各自治体が発表している公式の介護護保険指定事業者名簿を用い，しかも全事業者の設立母体にまでさかのぼった調査をする必要がある．このような調査は市町村レベルでは比較的簡単に行えるが，介護保険指定事業者の地域差は医療施設以上に大きいので，その結果を一般化することはできない．そのために，都市部と農村部の両方のデータを含んだ都道府県レベルの調査が不可欠である．しかし，全事業者の詳細な名簿を公開している都道府県は必ずしも多くなく，私

第4章　介護保険制度開始直後の検証

の居住する愛知県ではそれは得られなかった．

　それに対して，京都府はホームページで「京都府内介護保険指定業者名簿」を公開しており，それを表計算ソフトにダウンロードし，他の情報を付け加えることにより，指定事業者の詳細な分析が可能になる．

　京都府は伝統的に医療施設が過密で，競争が激しい地域である．その上，介護保険開始前から私的医療機関の「複合体」化や営利法人の参入が急速に進み，今や介護分野でも全国有数の「激戦区」となっている．しかも，大都市（京都市．人口146万人）と農村部（北部の丹後地域等）の両方を抱えている．

　そこで私は，2000年8月16日現在の上記「名簿」を用いて，介護保険指定事業者の設立母体にまでさかのぼった調査を行った．それにより指定事業者総数（延べ数）の約3分の2は私的医療機関を母体としていることや，私的医療機関母体事業者の介護保険給付費総額に対するシェアは約6割に達するなどの興味ある事実を明らかにした[5,6]．本節ではこの調査の全体像を報告し，考察を加えたい．

## 1　調査方法

### 事業所・法人の調査

　上述した京都府「京都府内介護保険指定業者名簿」には，事業所番号，指定事業者のサービスの種類，法人の名称，事業所の名称，地域番号，事業所の所在地，電話・ファックス番号が掲載されている．事業者の総数（延べ数）は実に2779に達する．ただし，同一の事業者が複数のサービスの指定を受けていることが少なくないので，事業所実数を事業所番号を用いて数えた（総数1424）．さらに，法人によっては複数の事業所を開設しているので，「法人の名称」等を手がかりにして，同一法人の事業所を集約することにより，法人数を数えた（総数1028）．ここまでは「名簿」からほぼ正確に計算できる．ただし，各事業者の記載様式は統一されておらず，それを修正する必要もあるので，大変な手間がかかる．

第4節　京都府の介護保険指定事業者の実態調査

## 母体法人・グループの調査と施設開設「複合体」・「ミニ複合体」の定義

　法的には独立している「母体法人と関連・系列法人を合わせた」グループの抽出や母体法人の確認は，以下の5種類の資料・情報を用いて行った．ここで，関連・系列法人は，「理事長が母体法人理事長と同一人物かその親族である法人．それ以外でも母体法人と人事・資金等の関係が強い法人」を指す（3：5頁）．

　①私が以前「複合体」の全国調査を行ったときに作成したデータベース（これにより，1996年以前に開設された特別養護老人ホームや老人保健施設等の母体がわかる）[3]．②各種の病院・施設名簿：京都府保健福祉部『平成10年病院年報』，京都府私立病院協会『会員名簿（1998年2月）』，京都新聞社『もっと知りたい京都の病院40（2000年版）』等（後2者に掲載されている各病院の「関連施設」は有用）．③各病院の公式資料やホームページに記載されている関連・系列法人の情報．主な病院グループに対しては，手紙で個別に資料の寄贈を依頼し，「3点セット」（病院・老人保健施設・特別養護老人ホーム）開設7グループ等，大半のグループから資料をいただけた．④1997年以降に開設された特別養護老人ホームと老人保健施設で設立母体が不明な施設，および病院や診療所と住所が同じまたは隣接しており，それらの関連・系列法人である可能性がある約30法人・施設への電話調査（調査拒否はなし）．⑤京都府内の医療・福祉施設に詳しい団体（京都府保険医協会），個人（病院経営者・事務長，社会福祉法人理事長，営利法人社長等10人）から，手紙・電話で情報を得た．

　これにより，私的病院の系列関係，および私的医療機関母体の財団・公益法人，生協，社会福祉法人は，ほぼ正確に把握できた．私的医療機関母体の営利法人も，主なものは把握できたと判断している．

　私的病院・診療所グループで，特別養護老人ホームまたは老人保健施設を開設しているものを，（入所）施設開設「複合体」と定義した．また，診療所グループのうち，訪問看護ステーションを開設しているか，（病院・診療所が直接実施する）訪問看護・訪問リハビリテーション・居宅介護支援事業以外

の在宅サービス指定事業者となっているものを「ミニ複合体」と定義した。
中小病院の中にも同様な「ミニ複合体」はあるが，今回はそれの検討は省略
した。

　なお，母体となる「私的医療機関」は，日赤・済生会も含めた広義の「私
的医療機関（非国公立）」とし，しかも医師会・看護協会も加えた。ただし，
両者の数はごく少ない。

## 病院チェーンの分類と調査

　母体法人・「複合体」の調査と合わせて，私的病院チェーンの調査も行っ
た。以前の「複合体」の全国調査時と同じく，病院チェーンは「広義の病院
チェーン」とし，開設形態に基づき次の3型に分けた（3：6頁）。

　I型：同一法人が複数の病院を開設している「狭義の病院チェーン」。II
型：単独病院を開設している複数の法人・個人病院が同一グループを形成し，
グループ単位で複数の病院を開設しているもの。III型：「狭義の病院チェー
ン」が，病院を開設している他の病院開設法人・個人病院とグループを形成
しているもの。

　ただし，II・III型は，当事者が同一グループと認めているもの（病院の公
式資料，インターネットのホームページ等で）か，別法人だが院長が同一人物
または親子のものに限定し，ゆるやかな「連携」関係にあるものや非公開の
「隠れ病院チェーン」は含めなかった。

## 営利法人等の調査

　営利法人のうち株式会社の株式公開の有無・規模（資本金，従業員数）等
を，『日経会社情報2000-IV』，『会社四季報未上場会社版2001年上期』，日経
シニアビジネス編『介護保険サービス事業者ガイドブック』等を用いて調べ
た。この点については，企業分析の権威である野村秀和日本福祉大学教授か
ら指導を受けた。

　なお，私的医療機関母体ではない社会福祉法人，その他の非営利法人，営

第4節　京都府の介護保険指定事業者の実態調査

利法人の中にも，複数の法人間でグループを形成しているものがある．たとえば，松下電工のグループ企業3社はそれぞれ指定事業者になっている．しかし，この点についての情報はほとんど得られなかったので，これらの法人については，操作的に1法人＝1グループとみなした（上記松下グループ3社も，別グループとみなした）．

## 2　調査結果

### (1)　サービス種類別・法人種類別の指定事業者数

　まず15種類のサービス（居宅サービス12＋施設サービス3）別の指定事業者数は**表4-6**に示した通りである．なお「名簿」には，居宅サービスのうち居宅療養管理指導の指定事業者は掲載されていない．上述した「みなし指定」のために，ほとんどすべての医療機関がこのサービスの指定事業者になれるからと思われる．

　事業者総数（延べ数）2779のうち，93.1%（2588）が居宅サービス事業者である．意外なことに，その中で最も多いのは訪問介護（9.5%）ではなく，訪問看護（29.9%）であり，次いで居宅介護支援事業（22.2%）である．厚生労働省調査と異なり，これらには「みなし指定」を受けている私的病院・診療所が多数含まれるからである．なお，後に表4-10に示すように，訪問看護の指定事業者のうち訪問看護ステーションを開設しているのは14.0%にすぎない．

　施設サービスでは，介護老人福祉施設（特別養護老人ホーム）が91法人（3.3%）でもっとも多い．

　次に，法人種類別の指定事業者数（延べ数）を**表4-7**に示す．法人種類は厚生省調査に従った．

　総数で最も多いのは，医療法人の34.2%であり，2位の社会福祉法人（社協以外）の21.3%を大きく引き離している．医療法人に個人（病院・診療所）を加えた明らかな医療系事業者は総数の51.0%を占め，社会福祉法人・計（社協以外と社協．以下同じ）の25.2%のほぼ2倍の多さである．ただし，施

205

第4章　介護保険制度開始直後の検証

表4-6　京都府のサービス種類別介護保険指定事業者数
（2000年 8 月16日現在）

| サービス種類 | 事業者数 | (%) |
|---|---|---|
| 事業者総数（延べ数） | 2779 | 100.0 |
| 訪問介護 | 265 | 9.5 |
| 訪問入浴介護 | 51 | 1.8 |
| 訪問看護 | 831 | 29.9 |
| 訪問リハビリテーション | 198 | 7.1 |
| 通所介護 | 169 | 6.1 |
| 通所リハビリテーション | 135 | 4.9 |
| 短期入所生活介護 | 98 | 3.5 |
| 短期入所療養介護 | 100 | 3.6 |
| 痴呆対応型生活介護 | 11 | 0.4 |
| 特定施設入所者生活介護 | 7 | 0.3 |
| 福祉用具貸与 | 105 | 3.8 |
| 居宅介護支援事業者 | 618 | 22.2 |
| （居宅サービス小計） | 2588 | 93.1 |
| 介護老人福祉施設 | 91 | 3.3 |
| 介護老人保健施設 | 35 | 1.3 |
| 療養型医療施設 | 54 | 2.3 |
| （施設サービス小計） | 191 | 6.9 |

資料：京都府「京都府内介護保険指定事業者名簿」
（2000年 8 月16日現在）から作成．
注：1）厚生省「介護保険指定事業者指定状況」（2000
年 7 月 1 日現在）と異なり，「みなし指定」を
受けた事業者（個人病院・診療所）を含む．
2）同一事業者が複数のサービスの指定を受けてい
ることもあるので，事業者総数は，「延べ数」
となる．事業所実数は表4-11に示す．
3）「名簿」には，在宅サービスの 1 つである居宅
療養管理指導の指定事業者は掲載されていない．
「みなし指定」によりほとんどの医療機関が該
当するためと思われる．

設サービスに限定すると，社会福祉法人・計が52.9％と過半数を占めている．
営利法人は総数の13.6％にとどまっている．さらに，特定非営利活動法人
（NPO法人）はそれよりはるかに少なく，4 事業者（0.1％）にすぎない．生
協，農協もそれぞれ16，6 事業者にすぎない．しかも，次の表4-8で示すよ
うに，生協の 4 分の 3 は私的医療機関母体である．

第4節　京都府の介護保険指定事業者の実態調査

表4-7　法人種別介護保険指定事業者数（延べ数）

| 法人種類 | 事業者 | | | 比率（%） | | |
|---|---|---|---|---|---|---|
| | 総数 | 居宅 | 施設 | 総数 | 居宅 | 施設 |
| 総数（延べ数） | 2779 | | 191 | 100.0 | 100.0 | 100.0 |
| 社会福祉法人（社協以外） | 591 | 2588 | 101 | 21.3 | 18.9 | 52.9 |
| 社会福祉法人（社協） | 110 | 490 | 0 | 4.0 | 4.3 | 0.0 |
| 医療法人 | 951 | 110 | 62 | 34.2 | 34.4 | 32.5 |
| 民法法人（社団・財団） | 188 | 889 | 11 | 6.8 | 6.8 | 5.8 |
| 営利法人 | 337 | 177 | 1 | 13.6 | 14.5 | 0.5 |
| 特定非営利活動法人（NPO法人） | 4 | 376 | 0 | 0.1 | 0.2 | 0.0 |
| 農協 | 6 | 4 | 0 | 0.2 | 0.2 | 0.0 |
| 生協 | 16 | 6 | 0 | 0.6 | 0.6 | 0.0 |
| 上記以外の法人 | 7 | 16 | 1 | 0.3 | 0.2 | 0.5 |
| 地方公共団体 | 63 | 58 | 5 | 2.3 | 2.2 | 2.6 |
| 非法人（個人病院・診療所） | 466 | 456 | 10 | 17.6 | 17.6 | 5.2 |
| （再掲） | | | | | | |
| 社会福祉法人・計 | 701 | 600 | 101 | 23.2 | 23.2 | 52.9 |
| 医療法人＋個人病院・診療所 | 1417 | 1345 | 72 | 52.0 | 52.0 | 37.7 |

注：1）法人種類は，厚生省「介護保険指定事業所指定状況」に準ずる．
　　2）日赤・済生会は，社会福祉法人（社協以外）に含めた（総数はそれぞ
　　　れ8，3）．
　　3）「上記以外の法人」は，全国社会保険協会連合会，共済組合およびそ
　　　の連合会と学校法人（総数はそれぞれ2，4，1）．
　　4）営利法人開設の施設は，株式会社病院併設の老人保健施設．
　　5）生協には企業組合を含む（総数2）．

## (2)　母体別の事業者数

　ここで見落としてならないことは，一般には医療施設とはまったく無関係
と思われている社会福祉法人や営利法人等の中にも，私的医療機関を母体と
するもの（それの系列・関連法人）が少なくないことである．表4-8に示した
ように，社会福祉法人（社協以外）の29.9%（177事業者）が私的医療機関母
体である．民法法人（財団・社団），「上記以外の法人」，生協ではこの割合は
はるかに高く，それぞれ89.4%，100.0%，75.0%に達している．営利法人
ですら5.3%は私的医療機関母体である．以上5種類の法人を合わせると，
私的医療機関母体の事業者は384も増える．
　表4-9は，母体種類別の指定事業者数（延べ数）を示したものである．

第4章　介護保険制度開始直後の検証

表4-8　社会福祉法人等の指定事業者のうち私的医療機関
母体事業者数(延べ数)

| 法人種類 | 事業者数 | | | 非医療 |
| | 総数 | 医療母体 | (%) | |
|---|---|---|---|---|
| 社会福祉法人（社協以外） | 591 | 177 | 29.9 | 414 |
| 民法法人（財団・社団） | 188 | 168 | 89.4 | 20 |
| 営利法人 | 377 | 20 | 5.3 | 357 |
| 上記以外の法人 | 7 | 7 | 100.0 | 0 |
| 生協 | 16 | 12 | 75.0 | 4 |
| 合計 | 1179 | 384 | 32.6 | 795 |

注：社会福祉法人の私的医療機関母体事業者には，病院を開設して
いる社会福祉法人も含む（45事業者）．営利法人の私的医療機
関母体事業者には，株式会社立病院併設事業者も含む（3事業
者．同一企業）．社会福祉法人（社協），特定非営利活動法人
（NPO法人），農協立の事業者には，私的医療機関母体事業者
はなかった．

表4-9　母体種類別の介護保険指定事業者数（延べ数）

| 母体種類 | 事業者 | | | (%) | | |
| | 総数 | 居宅 | 施設 | 総数 | 居宅 | 施設 |
|---|---|---|---|---|---|---|
| 総数（延べ数） | 2779 | 2588 | 191 | 100.0 | 100.0 | 100.0 |
| 私的医療機関母体小計 | 1801 | 1687 | 141 | 64.8 | 65.2 | 59.7 |
| 私的病院 | 894 | 796 | 98 | 32.2 | 30.8 | 51.3 |
| 私的診療所 | 890 | 875 | 15 | 32.0 | 33.8 | 7.9 |
| 医師会・看護協会 | 17 | 16 | 1 | 0.6 | 0.6 | 0.5 |
| 社会福祉法人・計 | 524 | 452 | 72 | 18.9 | 17.5 | 37.7 |
| その他の非営利法人 | 27 | 27 | 0 | 1.0 | 1.0 | 0.0 |
| 営利法人 | 357 | 357 | 0 | 12.8 | 13.8 | 0.0 |
| 地方公共団体 | 70 | 65 | 5 | 2.5 | 2.5 | 2.6 |

注：1)私的病院には，日赤・済生会，会社立の病院を含む（事業者延べ数
各8，3，3）．
2)地方公共団体には，市が100%出資の財団と，公立病院・診療所（併
設施設）を含む（事業者延べ数各7，26）．

　総数では私的医療機関母体の事業者数は，①医療法人951，②個人病院・
診療所466，③上記の384を加えて，合計1801となる．
　私的医療機関母体事業者の割合は，総数，居宅サービス，施設サービスの

第 4 節　京都府の介護保険指定事業者の実態調査

すべてで，6割前後に達している（総数では64.8％）．表4-7の法人種類別デ
ータの「医療法人＋個人病院・診療所」と比べると，特に施設サービスの割
合が22.0％ポイントも増加していることが注目される．私的病院と私的診療
所とを比べると，総数，居宅サービスでは両者の割合は拮抗しているが，施
設サービスでは私的病院の方がはるかに多い（51.3％対7.9％）．

　逆に，社会福祉法人.計の割合は表4-7の法人種類別の場合より，相当低下
する．特に施設サービスでは37.7％と15.2％ポイントも低下している．これ
は，後述するように（表4-11），介護老人福祉施設（すべて社会福祉法人立）
の4分の1が私的医療機関母体なためである．営利法人の割合もわずかに低
下し，12.8％となっている．

## サービス種類別の母体事業者割合

　次に，15種類のサービス別に，母体事業者割合をみたのが**表4-10**である．
ここでは簡略化のために，母体は，私的医療機関，社会福祉法人・計，企業，
その他の4種類に分けた．「その他」の割合はほとんどのサービスで数パー
セントにすぎず，無視できる．

　私的医療機関母体事業者の割合は，次の6種類のサービスでは9割前後に
達している：訪問看護，訪問リハビリテーション，通所リハビリテーション，
短期入所療養介護，介護老人保健施設，療養型医療施設．これら以外の3種
類のサービス（居宅介護支援事業等）の割合も5割前後である．

　それに対して，社会福祉法人・計の割合が5割を超えるサービスは訪問入
浴介護，通所介護，短期入所生活介護，介護老人福祉施設の4種類である．
営利法人（企業）のシェアが1位なのは，福祉用具貸与（87.6％）と訪問介
護（42.3％）だけである．「はじめに」で述べたように，一部には「訪問看
護においては営利法人のシェアは50％超えている」といった誤解があるが，
営利法人の訪問看護のシェアはわずか0.6％にすぎない．

　表4-10でもう1つ注目すべきことは，一般には典型的な「福祉サービス」
とみなされている訪問介護と介護老人福祉施設でも，私的医療機関母体事業

209

第 4 章　介護保険制度開始直後の検証

表4-10　サービス種類別母体事業者の割合

| サービス種類 | 事業者総数 | 母体事業者 (%) | | | |
|---|---|---|---|---|---|
| | | 医療 | 社福 | 企業 | その他 |
| 総数 (延べ数) | 2779 | 64.8 | 18.9 | 12.8 | 3.5 |
| 訪問介護 | 265 | 23.4 | 28.3 | 42.3 | 6.0 |
| 訪問入浴介護 | 51 | 17.6 | 56.9 | 21.6 | 3.9 |
| 訪問看護 | 831 | 85.3 | 1.3 | 0.6 | 2.5 |
| 　うち訪問看護ステーション | 116 | 95.5 | 2.6 | 4.3 | 7.8 |
| 訪問リハビリテーション | 198 | 94.4 | 2.0 | 0.0 | 3.5 |
| 通所介護 | 169 | 23.7 | 65.7 | 4.7 | 5.9 |
| 通所リハビリテーション | 135 | 95.6 | 3.7 | 0.0 | 0.7 |
| 短期入所生活介護 | 98 | 23.5 | 75.5 | 1.0 | 0.0 |
| 短期入所療養介護 | 100 | 93.0 | 3.0 | 0.0 | 4.0 |
| 痴呆対応型生活介護 | 11 | 45.5 | 18.2 | 36.4 | 0.0 |
| 特定施設入所者生活介護 | 7 | 42.9 | 14.3 | 28.6 | 14.3 |
| 福祉用具貸与 | 105 | 8.6 | 1.9 | 87.6 | 1.9 |
| 居宅介護支援事業者 | 618 | 53.9 | 21.8 | 19.7 | 4.5 |
| 介護老人福祉施設 | 91 | 24.2 | 75.8 | 0.0 | 0.0 |
| 介護老人保健施設 | 35 | 88.6 | 8.6 | 0.0 | 2.9 |
| 療養型医療施設 | 65 | 93.8 | 0.0 | 0.0 | 6.2 |

注：1)「医療」＝私的医療機関，「社福」＝社会福祉法人・計，「企
業」＝営利法人，「その他」＝NPO法人＋農協＋生協＋「上記
以外の法人」（表4-7の注参照）.
　　2)訪問介護ステーション116母体：私的病院87（うち施設開設
「複合体」57），私的診療所5，医師会5，看護協会2，社会福
祉法人・計3，営利法人5，地方公共団体9.

者が4分の1も存在することである.

## (3)　母体種類別の事業者延べ数・事業所実数・法人数・グループ数

　ただし，ここまでの指定事業者数は「延べ数」であり，これだけでは指定
事業者の実態をとらえることはできない．なぜなら，先述したように，同一
の事業所が複数のサービスの指定を受けているときには，複数の事業者と計
算されるからである．

　そこで，母体種類別に，事業者延べ数，事業所実数，法人数，グループ数
を示したのが表4-11である．言うまでもないが，同一法人が複数の事業所を

第4節　京都府の介護保険指定事業者の実態調査

表4-11　母体種類別の事業者延べ数・事業所実数・法人数・グループ数

| 母体種類 | 事業者 | | 事業所 | | 法人数 | | グループ数 | |
|---|---|---|---|---|---|---|---|---|
| | 延べ数 | (%) | 実数 | (%) | | (%) | | (%) |
| 総数 | 2779 | 100.0 | 1424 | 100.0 | 1028 | 100.0 | 987 | 100.0 |
| 私的医療機関母体小計 | 1801 | 64.8 | 953 | 66.9 | 708 | 68.9 | 667 | 67.6 |
| 私的病院 | 894 | 32.2 | 357 | 25.1 | 138 | 13.4 | 103 | 10.4 |
| 施設開設「複合体」 | 581 | 20.9 | 231 | 16.2 | 66 | 6.4 | 35 | 3.5 |
| 非「複合体」 | 313 | 11.3 | 126 | 8.8 | 72 | 7.0 | 68 | 6.9 |
| 私的診療所 | 890 | 32.0 | 587 | 41.2 | 563 | 54.8 | 558 | 56.5 |
| 医師会・看護協会 | 17 | 0.6 | 9 | 0.6 | 7 | 0.7 | 6 | 0.6 |
| 社会福祉法人・計 | 524 | 18.9 | 174 | 12.2 | 101 | 9.8 | 101 | 10.2 |
| その他の非営利法人 | 27 | 1.0 | 19 | 1.3 | 18 | 1.8 | 18 | 1.8 |
| 営利法人 | 357 | 12.8 | 236 | 16.6 | 179 | 17.4 | 179 | 18.1 |
| 地方公共団体 | 70 | 2.5 | 42 | 2.9 | 22 | 2.1 | 22 | 2.2 |

注：1)私的医療機関母体ではない社会福祉法人，その他の非営利法人，営利法人
　　の中にも，複数の法人でグループを形成するものがありうるが，今回は確
　　認できなかった．
　　2)施設開設「複合体」（病院）は，特別養護老人ホームまたは老人保健施設
　　を開設．
　　35グループの内訳：両方開設（3点セット）7，老健のみ開設19，特養の
　　み開設9．
　　診療所，医師会中の施設開設「複合体」は，それぞれ6，1グループ．

表4-12　母体種類別の1グループ当たり事業所数とサービス種類

| 母体種類 | 事業所実数 | | サービス種類数 | |
|---|---|---|---|---|
| | 平均 | 最高 | 平均 | 最高 |
| 総数 | 1.4 | 56 | 2.2 | 14 |
| 私的医療機関母体小計 | 1.4 | 56 | 2.1 | 14 |
| 私的病院 | 3.5 | 56 | 4.8 | 14 |
| 施設開設「複合体」 | 6.6 | 56 | 7.8 | 14 |
| 非「複合体」 | 1.9 | 7 | 3.3 | 8 |
| 私的診療所 | 1.1 | 5 | 1.5 | 8 |
| 医師会・看護協会 | 1.5 | 3 | 2.3 | 6 |
| 社会福祉法人・計 | 1.7 | 15 | 4.1 | 6 |
| その他の非営利法人 | 1.1 | 2 | 1.6 | 10 |
| 営利法人 | 1.3 | 26 | 1.5 | 4 |
| 地方公共団体 | 1.9 | 5 | 2.4 | 4 |

第4章　介護保険制度開始直後の検証

有したり，複数の法人が同一グループを形成することがあるので，実数は，事業者延べ数→事業所実数→法人数→グループ数の順に減少する．

　事業所実数の総数は1424であり，事業者延べ数の総数2779の51.2％である．このことは1事業所が平均して2種類のサービス指定を受けていることを示す．法人数は1028，グループ数は987である．

　表4-11で注目すべきことは，母体種類のうち，私的病院中の施設開設「複合体」の割合のみが，事業者延べ数（20.9）→事業所実数（16.2％）→法人数（6.4％）→グループ数（3.5％）と順次低下することである．それ以外の母体の割合は逆にすべて増加している．これは，私的病院母体の施設開設「複合体」が，それ以外の母体に比べて，大規模なことを示している．

　この点は，母体種類別の1グループ当たり事業所数とサービス種類をみればよく分かる（**表4-12**）．以下，表4-17まで，グループ単位の分析を行う．

　総数では，1グループ当たりの平均事業所数は1.4であり，9割近いグループが1事業所である（後者の表は略）．

　平均事業所数を母体別にみると，私的病院が3.5と飛び抜けて多く，他はすべて2未満である．しかも私的病院のうち施設開設「複合体」では私的病院平均の倍以上の6.6である．事業所数の最高は京都民医連グループ（財団法人を中核とする9法人で構成）のなんと56である．それに対して，非「複合体」である私的病院の平均事業所数は1.9と，総数の平均に近い．非「複合体」の私的病院では1事業所のみの割合は6割近いが，施設開設「複合体」ではこの割合は1割未満である（表は略）．

　サービス種類でも施設開設「複合体」は突出しており，平均7.8種類で総数の平均の2.2種類の3.5倍である．最高は武田病院グループ（医療法人を中核として4法人，個人病院で構成）の14種類であり，介護保険で給付されるほとんどすべてのサービスの指定事業者となっている．サービス種類は，社会福祉法人・計が平均4.1種類で，施設開設「複合体」に次いで多い．

　それに対して，営利法人の1法人当たりサービス種類は平均1.5種類と，総数の平均2.2種類を下回り，最高でも4種類である．しかも，1種類のサ

212

第4節　京都府の介護保険指定事業者の実態調査

**表4-13　営利法人の法人形態と事業所数**

| 法人形態 | 法人数 | (%) | 事業所数 (京都府内) | | | |
|---|---|---|---|---|---|---|
| | | | 1 | 2 | 3 | 4以上 |
| 総数 | 179 | 100.0 | 165 | 9 | 3 | 2 |
| (%) | | 100.0 | 92.2 | 5.0 | 1.7 | 1.1 |
| 株式会社 | 90 | 50.3 | 80 | 6 | 2 | 2 |
| うち株式公開企業 | 4 | 2.2 | 1 | 1 | 0 | 2 |
| 親会社が株式公開 | 8 | 4.5 | 8 | 0 | 0 | 0 |
| 有限会社 | 89 | 49.7 | 85 | 3 | 1 | 0 |

**資料**：京都府資料と『日経会社情報2001-IV』『会社四季報未上場会社版2001年度
上期』等.
**注**：1)親会社が株式公開には，主力出資企業が株式会社公開企業と親会社が相互
企業を含む.
2)有限会社は，合資会社1社を含む.

ービスのみを提供している企業が6割を占めている.

## (4)　営利法人の法人形態と事業所数

私的医療機関について詳しく検討する前に，営利法人の法人形態と事業所
数を簡単に検討する（**表4-13**）.

営利法人の法人形態は，株式会社と有限会社とがほぼ同数である（それぞ
れ90，89社）. 言うまでもなく，有限会社はすべてごく小規模な地域的存在
であり，実態的にはNPO的な団体が設立したものも少なくない. 株式会社
についても，株式公開企業は4社（しかも東京第1部上場企業はなし），親会社
が株式公開企業なのも8社，合計12社（13.3%）にすぎない. これら以外の
「有力（注目）企業」も数社にとどまる.

京都府内の事業所数をみても，1事業所のみが営利法人全体で92.2%，株
式会社だけでも88.9%を占めている. 上記12社も9社が1事業所のみである.
これらの企業や「有力（注目）企業」の一部は京都府以外に複数の事業所を
開設しているが，京都府全体で1事業所ではとても「市場支配力」は得られ
ない.

例外的に多数の事業所を展開していたのは，株式公開企業であるコムスン

213

第4章　介護保険制度開始直後の検証

### 表4-14　京都府の私的病院チェーン（1998年）

| 病院チェーンのタイプ | グループ数 | 病院数 | 病床数 | 1グループ当たり病床数 |
|---|---|---|---|---|
| Ⅰ型（単一法人が複数病院） | 19 | 39 | 9,462 | 498 |
| Ⅱ型（複数法人が複数病院） | 4 | 8 | 3,751 | 938 |
| Ⅲ型（Ⅰ型＋他法人病院） | 2 | 9 | 1,789 | 895 |
| 私的病院チェーン合計(A) | 25 | 56 | 15,002 | 600 |
| 私的病院総数(B) | | 157 | 29,099 | |
| （A／B×100） | | 35.7 | 51.6 | |

資料：1) 京都府保健福祉部『平成10年病院年報』
　　　2) 京都私立病院協会『会員名簿（1998年2月）』
　　　3) 京都新聞社『もっと知りたい京都の病院2000年版』
　　　4) 各法人・グループの公開資料，ホームページに，関係者からの情報，電話調
　　　　査等を加えて作成．
注：1) 病院チェーンの分類は本文208頁を参照．
　　2) 京都府内に複数の病院を開設している法人・グループのみ（例：済生会，徳洲
　　　会は，京都府内1病院のため，単独病院とみなす）．
　　3) 母体法人の開設者：医療法人19，公益法人・社会福祉法人各2，日赤・学校法
　　　人各1．
　　4) 1000以上の病院チェーン：十全会グループ（Ⅱ型）3047床，日赤（Ⅰ型）
　　　1646床．
　　5) 2グループ（ともにⅠ型）以外は，病院または系列施設が介護保険指定事業
　　　者．

とニチイ学館である（それぞれ26，18）．ただし，廣末利弥氏によると，すで
に「名簿」発表の時点（2000年8月）で，コムスンは13事業所を廃止し，9
事業所を「出張所」に縮小していたとのことである[7]．

## (5)　指定事業者母体の私的病院・診療所

　次に，指定事業者の母体となっている私的病院・診療所グループの特徴と
私的病院・診療所全体の中での位置を検討する．

### 病　院

　その前に，1998年の京都府の私的病院チェーンの全体像を示す（**表4-14**）．
広義の病院チェーン（Ⅰ〜Ⅲ型の合計）は25グループ（56病院15,002床）存在

214

第4節　京都府の介護保険指定事業者の実態調査

表4-15　指定事業者である私的病院グループの病院数・
病床規模別の「複合体」割合

| | | 総数 | 「複合体」 | (%) | 非「複合体」 |
|---|---|---|---|---|---|
| グループ総数 | | 102 | 34 | 33.3 | 68 |
| 病院数 | 1（単独病院） | 79 | 24 | 30.4 | 55 |
| | 2以上（病院チェーン） | 23 | 10 | 43.5 | 13 |
| 病床数 | 199床未満 | 62 | 12 | 19.4 | 50 |
| | 200～499 | 29 | 16 | 55.2 | 13 |
| | 500床以上 | 11 | 6 | 54.5 | 5 |

注：1）母体病院（単独病院）が奈良県にある1グループを除く.
　　2）「複合体」は施設開設「複合体」. 病床数はグループ単位の総病床数.
　　　病院数・病床数には，グループ内の介護保険指定事業者ではない病院
　　　も含む.

し，私的病院・病床総数のそれぞれ35.7％，51.6％を占めている. しかもこ
の中には，済生会，徳洲会等，全国レベルでは巨大病院チェーンだが，京都
府内では1病院しか開設していないグループは含んでいない. なお，狭義の
病院チェーン（I型＋III型の母体法人）は10グループ（43病院，9,992床）であ
り，私的病院・病床総数に対する割合は，それぞれ27.4％，34.3％に低下す
る.

　これらの広義の病院チェーン25のうち23グループの病院または関連・系列
施設が介護保険指定事業者となっている.

　表4-15は，介護保険指定事業者となっている私的病院グループ102を対象
として，病院数・病床数別に施設開設「複合体」化の割合を検討したもので
ある.

　病院数別にみると，「複合体」化率は単独病院30.4％，病院チェーン43.5
％である. 病床数別（グループ単位の総病床数）に「複合体」化率をみると，
199床未満の中小病院では19.4％にとどまっているのに対して，200～499床
では55.2％，500床では54.5％である.

　この結果は，病院チェーンや大規模病院では，「複合体」化がより進んで
いることを示している. ただし，「複合体」化している病院グループの実数
をみると，単独病院の方が病院チェーンよりも多いことも見逃せない（それ

215

第4章　介護保険制度開始直後の検証

### 表4-16　私的診療所母体グループの内訳

|  |  | グループ数 | (%) |
|---|---|---|---|
| 総数 |  | 558 | 100.0 |
| 事業所数 | 1 | 539 | 96.6 |
|  | 2 | 14 | 2.5 |
|  | 3以上 | 5 | 0.9 |
| サービス種類 | 1 | 380 | 68.1 |
|  | 2 | 113 | 20.3 |
|  | 3 | 30 | 5.4 |
|  | 4以上 | 29 | 5.2 |
| 他　施設開設「複合体」 |  | 6 | 1.1 |
|　　ミニ「複合体」 |  | 65 | 11.6 |
|　　診療所チェーン |  | 5 | 0.6 |

注：1)サービス種類1の内訳，訪問看護361，ケ
アプラン8，訪問リハ6，通所リハ5．
同2：訪問看護と訪問リハ76．訪問リハ
とケアプラン31，訪問看護と通所リハ5，
通所リハとケアプラン1．
2)施設開設「複合体」は，特別養護老人ホ
ームまたは老人保健施設を開設．ミニ
「複合体」は，訪問看護ステーション開設，
またはそれを開設せず，訪問看護・訪問リ
ハ，ケアプラン（居宅介護支援事業）以
外の在宅サービスを実施．
3)診療所チェーンは，診療所を2つ以上開
設（うち，施設開設「複合体」1，ミニ
「複合体2」）．これ以外に，病院母体の診
療所チェーンが5．

ぞれ24，10）．「複合体」の典型・中核と言える「3点セット」（病院・老人保健
施設・特別養護老人ホーム）開設グループ[7]でも，単独病院が5病院を占めてい
る（表は略）．

## 診療所

　次に診療所について検討する（**表4-16**）．介護保険指定事業者である私的
診療所558グループの大半（96.6%）は1事業所のみであり，サービス種類
も1種類のみが68.1%を占めている．そのサービスの大半は（診療所が直接

216

第4節　京都府の介護保険指定事業者の実態調査

表4-17　私的病院・診療所総数のうちの介護保険指定事業者

|  | 施設数 | グループ数 |
|---|---|---|
| 指定事業者である病院実数(A) | 125 | 102 |
| 私的病院総数(B) | 157 | 127 |
| 　　　　　(A／B) (%) | 79.6 | 80.3 |
| 指定事業者である診療所実数(C) | 616 | |
| 私的診療所総数(D) | 2331 | |
| 　　　　　(C／D) (%) | 26.4 | |

注：1) 病院・診療所またはその併設・系列施設が介護保
　　　険指定事業者であるもの.
　　2) 私的病院総数のグループ数＝病院総数（157）－
　　　病院チェーンの病院数（56）＋病院チェーン数
　　　（26）.
　　病院・診療所総数の数値は1998年.

　実施する）訪問看護である．このように，診療所の大半は日常診療の延長線
上に介護保険に参入していると言えよう．

　しかし，一部の診療所は体制を整えて，介護保険に本格的に取り組んでい
ることも見落とせない．さすがに施設開設「複合体」（特別養護老人ホームま
たは老人保健施設を開設する）は6グループにすぎないが，「ミニ複合体」（訪
問看護ステーションを開設するか，訪問看護・訪問リハビリテーション・居宅介護
支援事業以外の居宅サービス指定事業者）は65グループ（11.6%）も存在する．
これらと重なるが，3種類以上のサービスの指定を受けている診療所グルー
プも59ある．

　今回の調査では診療所のチェーン化も調べた．それによると，診療所チェ
ーンは5グループにすぎなかった．ただし，これ以外に，私的病院母体グル
ープで診療所を複数開設しているものが5つあった（最高は京都民医連グル
ープで，22診療所も開設）．ただし，今回の調査対象は介護保険指定事業者に
なっている診療所（次の表4-17で示すように，診療所総数の4分の1）にすぎ
ず，この結果は「氷山の一角」かもしれない．

第4章　介護保険制度開始直後の検証

表4-18　介護保険指定事業者の母体の地域差

|  | 京都市 | 他 | 差 |
|---|---|---|---|
| 事業者総数（延数） | 1548 | 1231 | |
| 人口10万対事業者数（延数） | 106.0 | 104.9 | 1.1 |
| 母体割合（%） | | | |
| 私的医療機関母体小計 | 70.5 | 57.6 | 12.9 |
| 　私的病院 | 36.3 | 27.0 | 9.3 |
| 　　施設開設「複合体」 | 23.3 | 18.0 | 5.3 |
| 　　非「複合体」 | 13.0 | 9.0 | 4.0 |
| 　私的診療所 | 33.9 | 29.7 | 4.2 |
| 　医師会・看護協会 | 0.3 | 1.0 | -0.7 |
| 社会福祉法人・計 | 14.1 | 24.8 | -10.7 |
| その他の非営利法人 | 0.8 | 1.2 | -0.4 |
| 営利法人 | 14.5 | 10.7 | 3.8 |
| 地方公共団体 | 0.0 | 5.7 | -5.7 |

**私的病院・診療所総数のうちの介護保険指定事業者**

　この項の最後に，京都府の私的病院・診療所総数のうち，介護保険指定事業者になっている施設・グループの割合を計算する．**表4-17**に示したように，私的病院総数157のうち125病院（79.6%）が介護保険指定事業者となっている．診療所でもこの割合は26.4%と4分の1を超えている．

　やや意外なことに，病院グループ単位でみても，この割合は80.3%でほとんど変わらない．

## (6)　介護保険指定事業者の母体の地域差

　次に視点を変えて，介護保険指定事業者の母体の地域差の有無を検討する．

　**表4-18**は，介護保険指定事業者数（延べ数）を，京都市と京都市以外とで比較したものである．

　まず，人口10万人当たり事業者数をみると，京都市106.0，京都市以外104.9でほとんど変わらない．この点では，地域格差はないと言える．

　しかし，母体別割合をみると，明らかな地域差がみられる．つまり，京都市では私的医療機関の割合は70.5%に達しており，京都市外より12.9%ポイ

第4節　京都府の介護保険指定事業者の実態調査

ントも高い．営利法人の割合も，京都市の方が3.8％ポイント高い．逆に，
京都市以外では社会福祉法人・計と地方公共団体の割合がそれぞれ24.8％，
5.7％であり，京都市より10.7％ポイント，5.7％ポイント高い．そもそも，
京都市内には市立の事業者は皆無である．

このことは，非大都市部では，私的医療機関や営利法人の不足を自治体と
公的色彩が強い社会福祉法人（特に社会福祉協議会）が補っていると解釈で
きる．この点は，京都市以外の地域のうち過疎化がもっとも進んでいる京都
府北部の丹後地域では，私的医療機関と営利法人の割合がそれぞれ39.9％，
6.7％とさらに低く，逆に社会福祉法人と地方公共団体の割合がそれぞれ
37.4％，15.3％とさらに高いことからも確認できる（表は略）．

この表でもう1つ注目すべきことは，私的医療機関のうち病院母体の施設
開設「複合体」の割合が京都市では23.3％に達し，京都市外より5.3％ポイ
ントも高いことである．


(7)　サービス種類・母体種類別の介護給付費

最後に，介護給付費について検討する．

**表4-19**は，サービス種類別の介護給付費割合を示したものである（2000年
5〜7月審査分）．先に表4-6に示したように，指定事業者数では居宅サービ
スが93.1％を占めているが，介護給付費では逆に施設サービス費が64.9％を
占めている．

ただし全国平均と比べると，居宅サービス費の割合は4.5％ポイントも高
い．サービス種類別にみると，訪問介護，訪問看護，通所リハビリテーショ
ンの割合が特に高い．残念ながら，地域別の給付費は公開されていないので，
これの地域差の有無は検討できない．

**表4-20**は，表4-19と先に示した表4-10（サービス種類別母体事業者の割合．
ただし，母体事業者はより細分した元表）とから作成した，事業者母体別の介
護給付費割合の推計である．この値は，サービス種類別の事業所割合が給付
費割合と等しい等の仮定を設けて，母体別・サービス種類別の給費を計算し，

219

第 4 章　介護保険制度開始直後の検証

**表4-19　京都府と全国のサービス種類別介護給付費割合**

|  | 京都府 | 全国 | 差 |
|---|---|---|---|
| 合計 | 100.0 | 100.0 | 0.0 |
| 訪問介護 | 8.0 | 5.8 | 2.2 |
| 訪問入浴介護 | 0.5 | 1.0 | -0.5 |
| 訪問看護 | 3.7 | 2.5 | 1.2 |
| 訪問リハ | 0.1 | 0.1 | 0.0 |
| 通所介護 | 9.1 | 7.7 | 1.4 |
| 通所リハ | 5.6 | 6.5 | -0.9 |
| 短期入所生活介護 | 2.6 | 1.7 | 0.9 |
| 短期入所療養介護 | 0.6 | 0.5 | 0.1 |
| 居宅療養管理指導 | 0.6 | 0.4 | 0.2 |
| 痴呆対応型生活介護 | 0.2 | 0.3 | -0.1 |
| 特定施設入所者生活介護 | 0.4 | 0.4 | 0.0 |
| 福祉用具貸与 | 0.3 | 0.4 | -0.1 |
| 居宅介護支援事業者 | 3.4 | 3.1 | 0.3 |
| （居宅サービス小計） | 35.0 | 30.5 | 4.5 |
| 介護老人福祉施設 | 28.6 | 32.1 | -3.5 |
| 介護老人保健施設 | 15.8 | 23.4 | -7.6 |
| 療養型医療施設 | 20.6 | 13.9 | 6.7 |
| （施設サービス小計） | 65.0 | 69.5 | -4.5 |

**資料**：京都府国民健康保険組合連合会と国保中央会
発表資料から作成.

それらを積み上げた額を給付費総額で割って求めた．そのために相当の誤差
があると思われ，あくまで参考値である．

　この表で最も注目すべきは，私的医療機関母体事業者のシェアが，総数
57.2％，居宅サービス48.4％，施設サービス61.9％と，飛び抜けて高いこと
である．それに対して，社会福祉法人・計は総数で34.6％にとどまっており，
営利法人はわずか5.1％にすぎない．

　先に表4-9に示したように，事業者数（延べ数）でみると，病院と診療所
は拮抗していた（それぞれ総数の32.2％，32.0％）．しかしサービス給付費総
額に対するシェアは，私的病院43.9％，私的診療所＋医師会・看護協会（後
者はごくわずか）13.3％と大きな差がついている．これは，診療所の大半が，
給付費シェアの小さい居宅サービス（特に訪問看護）に特化しているからで

220

第4節　京都府の介護保険指定事業者の実態調査

**表4-20　介護保険指定事業者母体種類別の介護給付費割合の推計（2000年5～7月審査分）**

| 母体種類 | 総数 | 居宅 | 施設 |
|---|---|---|---|
| 総数 | 100.0 | 100.0 | 100.0 |
| 私的医療機関 | 57.2 | 48.4 | 61.9 |
| 　病院 | 43.9 | 26.5 | 53.3 |
| 　うち施設開設「複合体」 | 31.4 | 20.7 | 31.4 |
| 　診療所＋医師会・看護協会 | 13.3 | 21.9 | 8.6 |
| 社会福祉法人・計 | 34.6 | 33.1 | 35.4 |
| 他の非営利法人 | 0.5 | 1.5 | 0.0 |
| 営利法人 | 5.1 | 14.5 | 0.0 |
| 地方公共団体 | 2.6 | 2.5 | 2.6 |

資料：1）サービス種類別事業者割合が給付費割合と等しいと仮定して，母体別・サービス種類別の給付費を計算して，それらを積み上げた額を給付費総額で割った．
　　　2）居宅療養管理指導費は，医療施設数によって按分した（病院・診療所を区別せず）．

ある．

この表でもっとも注目すべきことは，わずか35グループにすぎない私的病院母体の施設開設「複合体」の給付費シェアが総数で31.4％と，診療所＋医師会・看護協会（564グループ）の13.3％の2.4倍にも達していることである．このシェアは社会福祉法人・計（101グループ）の34.6％に匹敵する大きさである．

## 3　考　察

### 本調査の意義

ここで，本研究の意義と限界を簡単に考察したい．

本研究では，「京都府内介護保険指定業者名簿」と私の独自調査を統合して，京都府の介護保険指定事業者の実態を検討した．その結果，事業者数でも，介護給付費割合でも，施設開設「複合体」を中核とした私的医療機関母体の事業者が総数の6割前後を占め，社会福祉法人や営利法人を圧倒してい

ることが明らかになった。また，私的病院の8割，私的診療所の4分の1が介護保険の指定事業者になっていることも分かった。

介護保険制度が始まる前は，「介護保険市場8(10)兆円」説がまことしやかに喧伝され，その主役が営利企業であるとされた。介護保険に反対する人々の中にも，介護保険により「地域の在宅サービス事業は営利企業の独占または寡占市場となるだろう」と懸念される方が少なくなかった[8]。しかし，今回の調査で，そのような期待や懸念は幻想・杞憂にすぎず，介護保険の「勝者」は「複合体」という私の予測が，少なくとも事業者数・介護保険給付費の点から，確認できた[3,4]。

なお，介護保険開始前だけでなく開始後も，一部の方は，NPO法人が「介護保険の受け皿として活躍することを期待して」いるが，これも幻想と言えよう[9,10]。

今回の調査により，広義の私的病院チェーンは京都府の私的病院総数の4割強，病床総数の5割を占めていることも明らかになった。「広義の病院チェーン」の概念・区分は，私が「複合体」の全国調査時に初めて確立したものだが，今後はこれを抜きにして，わが国の病院の検討はできないと言えよう。

当然のことながら，病院チェーンは単独病院に比べて施設開設「複合体」となっている割合が高かったが，実数でみると，単独病院母体の「複合体」の方が多かった。これは，「複合体」の典型・中核と言える「3点セット」開設グループでも同じだった。この結果は，「『複合体』化は病院チェーンや大病院の専売特許ではなく，私的中小病院や診療所にとっても十分実現可能な選択肢である」という私の以前の判断を，改めて裏付けるものと言えよう（3：33頁）。

やや意外なことに，介護保険事業者中の施設開設「複合体」の割合は京都市内の方が，京都市外よりも相当高かった。一般には，施設開設「複合体」の都市部での展開には制約があり，それが可能なのは地価の安い地方に限られると思われているが，決してそうではない。私が以前指摘したように，

第4節　京都府の介護保険指定事業者の実態調査

「東京都区部や大阪市……以外の都市部では，大阪市以外の政令指定都市を
含めて，地方と同様に多数の『3点セット』開設グループが存在する．この
点で，超巨大都市とそれ以外の都市は区別する必要がある」のである（4：
45頁）．

### 本調査の限界と今後の課題

　ただし，本調査にはいくつもの限界がある．主なものは以下の3つである．

　第1のしかも最大の限界は，私の今までの「複合体」調査と同じく，「箱
物」レベルの調査にとどまり，「機能」の調査を行えなかったことである．
今回は，それを少しでも補うべく，母体別の介護給付費割合を推計したが，
試算の仮定の妥当性は確認されておらず，あくまで参考値にすぎない．

　特に問題なのは，事業者の中には名目的に指定を受けても，実際にはほと
んど活動していないものが少なくないことである．例えば，私的診療所の指
定事業者数は私的病院と匹敵するほど多いが，相当部分が介護保険に関して
は休眠状態とも言われている．ただし，これは営利法人でも同じであり，例
えばコムスンは「名簿」上は26事業所も開設していたが，現実にはその大半
が廃止・出張所化していた．

　逆に，私的医療機関母体事業者のうち，施設開設「複合体」傘下の事業者
は，他の事業者よりもはるかに積極的な事業展開をしているとも言われてい
る．そのために，これらの事業所の給付費シェアは表4-20よりも多くなる可
能性が大きい．

　事業者の「機能」面の検討をするためには，最低限，法人種類別の介護給
付費データが必要だが，京都府国保連合会によると，そのデータの公開は予
定していないとのことである．

　第2の限界は，今回の調査はあくまで京都府のみを対象にしているため，
その結果を単純には全国に普遍化できないことである．

　ただし，京都府内でも相当の地域差があることを考慮すると，全国的には，
それ以上の地域差（都道府県格差・市町村格差）があることは確実であり，「全

223

第4章 介護保険制度開始直後の検証

国平均」にそれほど意味があるとは言えないかもしれない．しかし，私的医療機関母体事業者が，事業者数の面でも，介護給付費シェアの面でも他の事業者を圧倒していることは全国共通だとは言えよう．

表4-19に示したように，全国は京都府に比べて，居宅サービスの割合が低い．この点を考慮すると，全国の介護給付費の母体別シェアは，私的医療機関と社会福祉法人で京都府より高く，逆に営利法人のシェアは京都府（5.1％）よりさらに低いと思われる．

全国の居宅サービス費のシェアが3割強なこと，しかも居宅サービスにしか参入を許されていない営利法人（民間事業者）の居宅サービス費に対するシェアが1割にすぎないことを考慮すると[11]，営利法人の全国レベルの給付費総額に対するシェアはわずか3％にすぎないことになる．

第3の限界は，今回用いたデータが介護保険開始直後（2000年8月）のものであり，その後の変化を検討していないことである．本来なら，1年後（2001年8月）の「名簿」を用いて追跡調査すべきであるが，私の怠慢と時間的制約から行えなかった．今後の課題としたい．

**文　献**

1) 国民医療研究所編『21世紀の医療・介護労働——国民的大連携をめざして』本の泉社，2000，28頁．
2) 朝日健二『図説医療改革を見る40のポイント』大月書店，2001，38頁．
3) 二木立『保健・医療・福祉複合体』医学書院，1998．
4) 二木立『介護保険と医療保険改革』勁草書房，2000．
5) 二木立「介護保険施行半年間の現実と改革課題」『社会保険旬報』2078号，2000，16〜22頁．[本章第1節]
6) 二木立「介護保険1年」『エコノミスト』2001年5月15日号，56〜57頁．加筆補正し，『社会老年学』22巻3号に掲載．[本章第2節]
7) 廣末利弥「京都市における（介護保険）事業の進捗状況と課題」『月刊総合ケア』10巻10号，2000，80〜83頁．
8) 伊藤周平『介護保険と社会福祉——福祉・医療はどう変わるのか』ミネルヴァ書房，2000，148頁．
9) 一番ケ瀬康子「21世紀日本の社会福祉のために」『月刊総合ケア』10巻10号，2000，51〜58頁．
10) 渋川智明『福祉NPO——地域を支える市民起業』岩波書店，2001．

11) 寺田明彦「(民間事業者の) シェアは10%未満, 力が発揮できない状態」『介護保険情報』1巻12号, 2001, 50～51頁.

# 第5節　医療・福祉の連携か複合か
## ——両者の対立は無意味, 真理は中間にある

[2002年6月]

## はじめに——私の「複合体」研究の軌跡

　私は, 1991年に, 「病院だけでなく, 老人保健施設や特別養護老人ホーム, 有料老人ホーム, あるいは健康増進施設などを所有する……いわば『ヘルスケア・チェーン』(ヘルスケア・グループ)」に, 初めて注目した[1]. ただし, 当時はこれを「病院チェーン」の1つの展開形態と狭く理解していた.

　その後, いくつかのヘルスケア・グループの見学を通して, この理解では現実の変化をとらえられないことを知り, 1996年に, 病院チェーンだけでなく, 単独病院や診療所も含む公私の医療施設が, 同一法人または関連・系列法人とともに, 何からの保健・福祉施設 (入所施設だけでなく在宅・通所施設も含む) を開設し, 保健・医療・福祉を一体的に提供しているグループを保健・医療・福祉複合体 (以下,「複合体」と略す) と, 新たに定義した. この定義に基づいて, 1996～1998年に「複合体」の全国調査を実施し, その全体像を初めて明らかにするとともに, それの功罪 (効果とマイナス面) も示した. 合わせて, 介護保険制度が「複合体」への強い追い風になると予測した[2,3]. さらに, 1999～2000年には,「複合体」と米国のIDS (統合医療供給システム) との日米比較研究を行い, 両者は類似性よりも異質性の方がはるかに多いことを明らかにした[4].

　その後「複合体」という用語は医療・福祉関係者に急速に普及し, 今では医療・福祉系の雑誌や学会では普通名詞として日常的に用いられるようになっている. また, 私の予測通り,「複合体」は介護保険の勝者になっている (この点は後述する).

第4章　介護保険制度開始直後の検証

　他面，「複合体」そのものを否定的にみる見方や私の「複合体」研究に対する誤解もまだ残っている．そもそも，『Gerontology』14巻5号特集「地域における高齢者の医療・福祉の連携の課題」の「誌上ディベイト」で私に課された「医療・福祉の連携か複合か」という二者択一的な設問自体が，そのような誤解に基づいていると言えなくもない．

　本節では，上述した私の「複合体」研究に基づいて，以下の3点（3つの現実）を示したい．①連携と「複合体」とは対立物でなく，連続している．②病院だけでなく診療所も，本格的に地域ケアに取り組もうとすると，なんらかの「複合体」を形成する必要にせまられる．③介護保険制度は地域での連携を阻害し，医療施設の「複合体」化を促進する．

## 1　連携と「複合体」は対立物ではなく連続

　理念的に考えると，連携と「複合体」とは一見対立するようにみえるし，そう理解している研究者や在宅ケアの運動家は少なくない．しかし，現実には，連携と「複合体」とは「スペクトラム（連続体）」を形成している．

　全国的に見れば，独立した単機能の施設間の麗しい連携（ネットワーク）が有効に機能している地域は，保健・医療・福祉サービスのすべてが特別に充実しているごく一部の大都市部に限られる．逆に，大規模「複合体」がすべての保健・医療・福祉サービスの「囲い込み」を行っている地域も，ごく一部の農村部に限られる．これらを両端として，大半の地域では，入所施設開設「複合体」，「ミニ複合体」（定義は後述），単機能の医療・福祉施設とが競争的に共存しているのが現実である．正に，「真理は中間にある」と言えよう．

　ちなみに，『Gerontology』誌特集の共同企画者の鎌田實氏が院長を務められている諏訪中央病院は全国的に有名な公立「複合体」でもあり，それが地域の他の保健・医療・福祉施設と密接に連携して，地域住民に包括的なサービスを提供していることはよく知られている[5]．そのために，連携と「複合体」とを二項対立させて，優劣を論じるのは無意味である．率直に言って，

第5節　医療・福祉の連携か複合か

図4-1　戦略的提携の連続体

[連絡]　　　[調整]　　　[共同]　　　[所有統合]
Cooperation ── Coordination ── Collaboration ── Coadunation
出所：文献(7)より引用．

『Gerontology』誌特集は連携偏重または連携幻想に陥っている，と私には見える．

なお，アメリカでも，連携と所有統合（前述したIDS．私流に言えば「複合体」）の優劣をめぐる議論が活発に行われていたが，最近は，私と同じく，連携と統合をいくつかの段階からなる「連続体」ととらえる見方が有力になっている．参考までに，その代表的モデルを示す（図4-1）[6]．

## 2　本格的に地域ケアに取り組むと「複合体」化

次に私が強調したいことは，病院だけでなく診療所も，本格的に地域ケア・在宅ケアに取り組もうとすると，「複合体」を形成する必要にせまられることである．

「複合体」というと大規模な施設群を連想する方が少なくないが，私の定義では，「複合体」には，特別養護老人ホームや老人保健施設等の入所施設を開設しているグループだけでなく，診療所や中小病院が在宅・通所ケア施設（訪問看護ステーションや，通所リハビリテーション施設，ホームヘルパーステーション等）のみを開設している「ミニ複合体」も含まれる．本「誌上ディベイト」の対論者の黒岩卓夫氏が理事長の医療法人社団萌気会は，各種の在宅・通所ケア施設に加え，関連会社も有する（合計15事業体！）立派な「ミニ複合体」である［ただし，黒岩氏はそれを「ネットワーク型」と呼んでいる］．

第4章　介護保険制度開始直後の検証

表4-21　「在宅ケアを支える診療所全国ネットワーク」
加盟診療所の「複合パターン」

| 「複合パターン」 | 診療所数 | (%) |
|---|---|---|
| 総数 | 152 | 100.0 |
| ①入所施設開設「複合体」 | 24 | 15.8 |
| ②「ミニ複合体」 | 75 | 49.3 |
| ③単機能・他施設連携 | 28 | 18.4 |
| ④その他 | 25 | 16.4 |
| (再掲)「複合体」(①+②) | 99 | 65.1 |
| 非「複合体」(③+④) | 53 | 34.9 |

注：1) 施設開設「複合体」の内訳：老健のみ14，特
養のみ4，両方6．
2)「ミニ複合体」の定義：自院（法人）または
関連法人が，訪問看護ステーションを開設し
ているか，デイケア，在宅福祉サービス（デ
イサービス，ホームヘルプ，移動入浴，リフ
トタクシー）のうち1つ以上のサービスを提
供．
3) 単機能・他施設連携は，非「複合体」で，訪
問診療以外の在宅サービスのいずれかを連
携・協力施設が提供している診療所．

　地域ケア・在宅ケアを熱心にすすめている診療所医師の中には，大規模
「複合体」が利用者を囲い込むと毛嫌いし，独立した施設間のネットワーク
を絶対化・理想化している方が少なくない．しかし，大都市で往診専門診療
所に特化されている方を除けば，そのような方々の開設している診療所の多
くは，地域住民のニーズに応えるために「複合体」化しているのが現実であ
る．

　私が，在宅ケア先進診療所の全国組織である「在宅ケアを支える診療所全
国ネットワーク」の会員診療所を対象にして2000年に行った調査によると，
表4-21に示したように，会員診療所の実に65.1%もがなんらかの「複合体」
であった（入所施設開設「複合体」15.8%，「ミニ複合体」49.3%）[7]．逆に，医
療機能のみを有し，自院で提供していないサービスは連携・協力施設が実施
している診療所（単機能・他施設連携）は18.4%にすぎなかった．このこと

第 5 節　医療・福祉の連携か複合か

は，地域ケア・在宅ケアでの連携（ネットワーク形成）の難しさを示している
と言える．

　しかも，本「誌上ディベイト」の対論者の黒岩氏や本号の巻頭言を書かれ
た樋口恵子氏も認めているように，介護保険開始後，当初の期待とは逆に，
「在宅医療はやりにくくな」り，施設ケアの需要・ニーズが高まっている[8,9]．
そのために，今後，非大都市部で，なんらかの入所施設を開設する病院・診
療所が増加することは確実である．大都市部では，土地と地価の制約のため，
入所施設の開設は困難であるが，それの制約のない在宅・通所ケア施設を開
設する「ミニ複合体」は，急増し続けるであろう．ただし，この入所施設に
は，特別養護老人ホームや老人保健施設だけでなく，有料老人ホームやケア
ハウス，グループホーム等，介護保険では「居宅サービス」に分類されてい
る，事実上の入所施設も含んで考えるべきである．

## 3　介護保険は地域での連携を阻害し「複合体」化を促進

　第 3 に私が強調したいことは，介護保険制度は，地域での施設・事業者間
の連携を阻害し，医療施設の「複合体」化を促進することである．

　介護保険開始前だけでなく，開始後 3 年が経過した現在も，それが「連携
を必要とする画期的な制度の枠組みを提供」するとか，「住民本位の連携を
強めていく」と主張される方が少なくない．しかし，これは幻想であり，現
実は逆である．

　なぜなら，医療経済学的に見ると，要介護度別に支給限度額を設定する介
護保険の居宅サービス給付方式は，単独の医療・福祉サービスを提供する独
立した施設・事業者間の連携を阻害し，「複合体」化を促進する方向に働くか
らである．

　介護保険開始前は，医療・看護サービスと介護サービスとは財源が別であ
り，しかも利用料がごく低額であったため，経済的に対立することはなく，
利用者のニーズに応じて，サービスを増やすことが可能であった．しかし，
介護保険制度のもとでは，支給限度額または利用者の負担能力に制約されて，

229

第4章　介護保険制度開始直後の検証

**表4-22　京都府の母体種類別の全介護保険指定
事業者延べ数とグループ数**

| 母体種類 | 事業者延べ数 | (%) | グループ数 | (%) |
|---|---|---|---|---|
| 総数 | 2,779 | 100.0 | 987 | 100.0 |
| 私的医療機関母体小計 | 1,801 | 64.8 | 667 | 67.6 |
| 私的病院 | 894 | 32.2 | 103 | 10.4 |
| 　施設開設「複合体」 | 581 | 20.9 | 35 | 3.5 |
| 　非「複合体」 | 313 | 11.3 | 68 | 6.9 |
| 私的診療所 | 890 | 32.0 | 558 | 56.5 |
| 医師会・看護協会 | 17 | 0.6 | 6 | 0.6 |
| その他の非営利法人 | 27 | 1.0 | 18 | 1.8 |
| 営利法人 | 357 | 12.8 | 179 | 18.1 |
| 地方公共団体 | 70 | 2.5 | 22 | 2.2 |

出所：文献(11)より引用.
注：1)施設開設「複合体」(病院) は，特別養護老人
　　　ホームまたは老人保健施設を開設.
　　2)35グループの内訳：両方開設（3点セット）7，
　　　老健のみ開設19，特養のみ開設9.
　　3)私的病院の非「複合体」には，「ミニ複合体」
　　　を含む.

あるサービスを増やせば別のサービスを減らさなければならなくなった．そ
のために，単独のサービスを提供している事業者間で「パイの奪い合い」が
生じ，それの調整のために多大の時間的・心理的コスト（経済学的には「取引
費用」と呼ぶ）が発生するようになっている．それに対して，医療・介護サー
ビスを一体的に提供している「複合体」は，この取り引き費用を大幅に削減
できるのである[2,3]．

　介護保険開始前は，居宅サービス（特に訪問介護）の主役となると期待さ
れていた営利法人事業所のシェアが伸び悩んでいる理由の1つは，それらが
介護サービス（しかも多くは単品サービス）しか提供できないためである．

　逆に，介護保険開始後は，私の予測通り，「複合体」が介護保険指定事業
者の勝者・中核となっている．この点についての全国調査はないが，私が
2000年に行った京都府の全介護保険指定事業者の実態調査では，私的病院の

第5節　医療・福祉の連携か複合か

うちの入所施設を開設している「複合体」35グループは，グループ総数の3.5%にすぎないが，事業者（延べ数）総数の20.9%を占めていた（表4-22)[10]．これに「ミニ複合体」を加えると，「複合体」全体で，事業者総数の約4割を占めると思われる．

　この点に関連して見落としてならないことは，介護保険開始前は施設間の連携のみを強調していた厚生労働省が介護保険開始直後から，「複合体」の育成に方向転換していることである．これについての証言は，別に詳しく紹介したので参照されたい[11]．

## おわりに

　最後に誤解のないように．私は，「複合体」の推進者でも礼賛者でもなく，常にそれの効果とマイナス面をワンセットで指摘してきた．そのために，本「誌上ディベイト」の対論者の黒岩氏が「おわりに」で指摘されている，複合体の功罪に同意する．この部分に限らず，私は黒岩卓夫氏のご主張・ご指摘の多くに賛成である．同氏は，「複合体」の利点として，「地域に即した柔軟な対応が可能」であり，「地域での連携の極致であり，利用者にとって最も安心できるシステム」であることをあげている．他方で，同氏はその欠点として，「その地域での他の経営体，小規模のサービスを必要とせず，排除する存在ともなりかねない．その結果，地域独占になりやすく，住民・利用者からサービスの質を評価しにくい側面を持っている」ことをあげている[12]．

　しかし，上述した3つの現実を踏まえると，「連携か複合化か」と言った二者択一的な問題設定をしたり，「複合体」を排除または無視して，麗しい連携の重要性を語ることは無意味である．今求められていることは，このような観念的議論ではなく，それぞれの地域の実態と特性に合わせて，連携と「複合体」との競争的共存の道を探ることだ，と私は考えている．


**文　献**
1 ）二木立『複眼でみる90年代の医療』勁草書房，1991，111頁．

第4章　介護保険制度開始直後の検証

2）二木立『保健・医療・福祉複合体——全国調査と将来予測』医学書院，1998．
3）二木立『介護保険と医療保険改革』勁草書房，2000，27〜46頁．［本書第3章第2節］
4）二木立「保健・医療・福祉複合体と IDS の日米比較研究」『社会保険旬報』2062・2063号，2000．（11）所収）．
5）鎌田實『命があぶない医療があぶない』医歯薬出版，2001，65〜81頁．
6）Bailey D, Koney KM: Strategic Alliances Among Health and Human Services Organizations, Sage Publications, 2000, pp.3–14.
7）二木立「在宅ケア先進診療所の実態調査」『月刊総合ケア』2001年10月号．（11）所収）．
8）黒岩卓夫「介護保険で在宅医療はやりにくくなった」『日経ヘルスケア21』2001年8月号．
9）樋口恵子「街の中に良質な施設を」『読売新聞』2001年4月1日朝刊．
10）二木立「京都府の介護保険指定事業者の実態調査」『病院』2001年11・12月号．［本章第4節］
11）二木立『21世紀初頭の医療と介護——幻想の「抜本改革」を超えて』勁草書房，2001，145〜147頁．［本章第1節］
12）黒岩卓夫「医療・福祉の連携の本音は」『Gerontology』14巻3号，2002．

# 第5章　2005年介護保険制度改革と新予防給付

［本章には，2005年の改正介護保険法成立前後に発表した2論文を収録した．第1
節では，2005年制度改革の方向を2004年時点で簡単に予測した．

　第2節では，介護保険制度改革の目玉・切り札とされた「新予防給付」（介護予
防）の医学的・経済的効果についての文献レビューを行い，介護予防のうち，施設
入所者（主として重・中等度の要介護者）を対象にした口腔機能向上と栄養改善，
および運動機能訓練による下肢筋力・歩行機能の向上については，「厳密な意味で
のエビデンスが得られている」と言えるが，地域居住の軽度者に対する口腔機能
向上と栄養改善の効果，および運動機能訓練によるADLまたはQOLの改善効果
については，「厳密な意味でのエビデンスが得られている」とは言えないこと，し
かも，なんらかの介護予防による介護・医療費の抑制効果を実証した研究は皆無で
あることを明らかにした．さらに，新予防給付の導入により介護費用が大幅に抑
制できるとの厚生労働省の試算の根拠と妥当性を検討し，それが非現実的な仮定
に基づいており，「介護予防対策が相当進んだ」段階でも，費用削減効果は期待で
きないことを示した．］

## 第1節　2005年介護保険制度改革の方向

［2004年10月］

　2005年に予定されている介護保険制度改革（介護保険法改正）では，年率
10％に達する介護保険給付費の急増を抑制するため，保険給付範囲が縮小・
制限され，利用者負担が増加することは確実である．具体的には，要支援・
要介護1の家事援助の抑制と「新・予防給付」の新設，施設の「日常生活費
用（食事，ホテルコスト等）」の利用者負担の引き上げである．ただし，私は，
これらの全面的な「保険外し」は困難だと判断している．

第 5 章　2005年介護保険制度改革と新予防給付

## 見落せない 2 つのこと

　このように，2005年の介護保険制度改革は大枠では「夢も希望もない」ことを踏まえた上で，見落としてならないことが 2 つある．

　**第 1 は，厚生労働省はあくまで保険給付費の伸び率の抑制を目的としており，介護給付費の実額が今後も増加し続けることは容認していることである．**その理由は，2 つある．1 つは，高齢人口（特に後期高齢人口）が今後も急増し続けること．もう 1 つは，医療では医薬品費や検査費用等の実額を抑制することが可能なのに対して，介護費用（特に居宅サービス費）の大半は人件費であり，しかも従事者の給与水準は医療分野よりもはるかに低いため，介護報酬の大幅引き下げは不可能だからである．例えば，訪問介護事業者では給与費は介護事業費用の 9 割に達している（『国民の福祉の動向2003』215頁）．この意味では，介護は医療以上に「永遠の安定成長産業」と言える．

　**第 2 は， 2 種類のサービスが新たに制度化されることである．**1 つは，要支援・要介護 1 の家事援助の抑制と引き替えに導入される**「新・予防給付」**（筋力向上トレーニング，転倒骨折予防，低栄養改善，口腔ケア，閉じこもり予防等の新たなサービス），もう 1 つは入所 3 施設の建設抑制・凍結と引き替えに**新設される，さまざまな「小規模・多機能型サービス」**（小規模で，かつ通い・泊まり・訪問・居住などの機能を利用者の視点に立って複合的に組合せ，利用者の状態の変化に応じて，継続的かつ包括的に提供する形態を総称するもの）である．これらは，ともに医療機関，特に「複合体」にとってのマーケット拡大を意味する．

　しかも，小規模・多機能型サービスは市町村に事業者の指定権と一定の枠内での価格（介護報酬）引き下げ権が付与される予定である．それどころか，それの一つとされる予定のグループホームに対する規制はすでに始まっている．「朝日新聞」（2005年 7 月27日朝刊）の全国首長調査によると，回答した2838市町村のうち507の市町村（17.9％）が何らかの総量規制を実施しており，さらに498（17.6％）が検討中とのことである．このことはある意味で措置制度の復活とも言え，指定が「早い者勝ち」（届け出順）で行われる可

第1節 2005年介護保険制度改革の方向

能性が大きいと言える．それだけに，このサービス提供を予定している施設
は，介護保険法「改正」を待たずに，早めの取り組みを始める必要がある．

## 介護保険制度改革は「複合体」への第2の追い風

　私は，厚生労働省・高齢者介護研究会が2003年年6月に『2015年の高齢者
介護』を発表したとき，それが「複合体」に対する「第2の追い風になる可
能性が大きい」と判断した【注1】．第1の追い風とは，もちろん介護保険制
度の創設である．その後，厚生労働省・社会保障審議会介護保険部会「介護
保険制度の見直しに関する意見」（7月30日）を読んで，その感を強くした．
その理由は2つある．

　1つは，第2部制度見直しの具体的内容のⅠ給付の効率化・重点化で提起
されている「新・予防サービス」が従来の福祉（介護）サービスと異なり医
療的色彩が強いこと．もう1つは同じく第2部のⅡ新たなサービス体系の確
立で，「医療と介護の関係」の強化が，多面的に強調されていることである．
その柱は次の3つである．「地域における医療と介護の包括的・継続的マネジ
メント」，「重度者に対応した医療型多機能サービス」および「施設や居住型
サービスにおける医療と介護の機能分担」．このことは，介護保険法がます
ます「高齢者慢性期医療・介護保険法」としての性格を強めることを意味し
ている．

　もちろん理論的には，「新・予防サービス」や「医療と介護の関係の強化」
を独立した施設間のネットワークで行うことも可能だが，現実には，保健・
医療・福祉サービスを一体的に提供できる「複合体」が行う方が圧倒的に有
利である．

　なお，2005年の法改正で，身体・知的障害者の支援費制度，精神障害者の
福祉施策と介護保険制度との「統合」（正確には，若年の障害者を介護保険の
対象者に含めること），および被保険者の対象者の20歳以上への拡大という大
改革を一挙に実現することは至難の業である．少なくとも，2006年度からそ
れが実施されることはありえない，と私は予測している．具体的には，「統

第 5 章　2005年介護保険制度改革と新予防給付

合」そのものが見送られるか，法の条文に「統合」が盛り込まれたとしても，
実施は数年延期されるであろう【注 2】.


注
1 ）「2015年の高齢者介護」は「複合体」へのさらなる追い風に
　　「複合体」の今後の展開や医療機関の「複合体」化について検討する場合，見
落としてならないのは，厚生労働省の高齢者介護研究会が2003年 6 月に発表し
た「2015年の高齢者介護（高齢者介護研究会報告書．以下，報告書)」である.
　　この報告書の最大の特徴は，介護保険制度の基本理念を**従来の「自立支援」
から「尊厳（を支えるケア)」に大きく転換**したことである. 驚くべきことに，
報告書の目次にはどこにも「自立支援」がない（ただし，本文では「尊厳」と
「自立支援」が併存している). これは，介護保険の出発点となった「高齢者介
**護・自立支援システム研究会報告」（1994年12月)** が，「今後の高齢者介護の基本
理念は……**「高齢者の自立支援」**と高らかに宣言していたのと比べると大転換
と言える.「自立」の概念をいくら拡張しても，報告書が重視している痴呆高齢
者ケアやターミナルケアを「自立支援」と呼ぶのは無理があることを考えると，
この転換は妥当と言える.
　　このような理念の転換を受けて，報告書は今後の新しい施策として，「生活の
継続性を維持するための，新しいサービス体系」（特に「自宅，施設以外の新た
な『住まい方』の実現」と「地域包括ケアシステムの確立」）および「新しいケ
アモデルの確立——痴呆性高齢者ケア」を提起している.「自宅，施設以外の新
たな『住まい方』」は「第三類型」とも呼ばれているが，これは従来の「在宅重
視（偏重)」からの転換と言える.
　　これを実現するために，「**在宅の介護サービスと在宅の医療サービスとを適切
に組合せて**，施設と同様に安心感の継続できる環境を整備していくこと」，「切
れ目のないサービスを一体的・**複合的に提供できる拠点**」づくり，施設サービス
まで視野に入れながら「必要なサービスが切れ目なく提供できる体制を実現し
ていく」ことが提起されている.
　　ここで注目すべきことは，これらの「新しいサービス体系」は，「複合体」の
新しい展開を促進することである. そもそもこれらは，先進的「複合体」が既
に取り組んでいることであり，それを公式に認知したとも言える.
　　もちろん理論的には，これらのサービスの提供は独立した施設間のネットワ
ークによっても可能だが，「複合体」の方が圧倒的に有利なことは間違いない.
ただし，「複合体」には大規模グループだけでなく，医療的ケアと在宅・通所サ
ービスだけを提供している「ミニ複合体」も含まれる.
　　私は，介護保険が開始される前から，それが「複合体」への強い追い風にな
ると予測し，その後の事態は私の予測通りに進んだ. この報告書は，「複合体」
への第 2 の追い風になる可能性が大きい.（以上，『医療改革と病院』勁草書房，

236

2004，82-83頁）．

### 2） 支援費制度等との「統合」が2006年には実施されない2つの傍証

　第1の傍証．日本精神科病院協会（日精協）の報告書によると，日精協の問い合わせに対して，厚労省障害保健福祉部は，身体・知的・精神の三障害者福祉の介護保険制度への「統合」に関して，「厚生労働省として2〜3年の時間をかけて具体策を検討するための予算を17年度に確保したく，そのため日精協に意向を問うていることを確認した」（『日精協誌』23巻7号，2004）．

　第2の傍証．兵庫県が2004年7月29日に厚生労働省に提出した「介護保険制度の見直しに関する提言」は，厚生労働省から同県への出向者が中心になってまとめたものであるが，その中に，介護保険制度と支援費制度との統合は「平成18年度からの実施は困難であり，少なくとも第四期事業運営期間の始期である平成21年度［2009年度］からの実施とすべきである」と明記されている．


## 第2節　新予防給付の行方
### ——長期的な健康増進効果と費用抑制効果は未証明

[2006年4月]

## はじめに

　2006年4月から実施される介護保険法改正の目玉・切り札は「新予防給付」である．厚生労働省は，2005年の法改正にあたって，これの導入により要介護状態の発症・悪化を予防でき，その結果，介護保険制度開始以降急増し続けている介護給付費の伸び率を大幅に抑制できると主張した．具体的には，介護給付費は，現行制度のままでは平成24〜26年度に10.6兆円になるが，「介護予防対策が相当程度進んだケース」ではそれは8.7兆円にとどまり，差し引き1.9兆円（17.9%）も抑制できるとの「介護給付費の見通し—— ごく粗い試算」を発表している[1]．

　私は，要介護者・要支援者（以下，要介護者）が自由意志で参加する限り，介護予防対策には賛成であるし，かつてリハビリテーション専門医だった経験に基づいて，それにより要介護度の悪化をある程度は予防できるとも期待している．と同時に，現在専門としている医療経済学の視点からは，このよ

第5章　2005年介護保険制度改革と新予防給付

うな巨額の介護費用抑制効果はにわかには信じがたかった．そこで2005年6月に開催された第47回日本老年医学会学術集会パネルディスカッション「高齢者の医療・介護制度を考える」での発表を機会に，厚生労働省が介護予防の効果の根拠として示した文献集を含めて，国内外の実証研究を可能な限り収集・分析した．その結果，介護予防の短期的健康増進効果は証明されているが，長期的健康増進効果はまだ証明されていないこと，および介護予防の費用（介護費・医療費）抑制効果を厳密に実証した研究は国際的にもまったく存在しないことを明らかにした[2,3]．

本節では，この文献学的研究で明らかになったことを紹介する．あわせて，新予防給付の導入により介護費用が大幅に抑制できるとの厚生労働省の試算の根拠と妥当性を検討する．それにより，介護予防の推進を前提にして，今後の「介護給付費［抑制——二木補足．以下同じ］の見通し」を立てることは極めて危険かつ無責任であることを示したい．

## 軽度者への介護サービスは介護給付費増加の主因ではない

その前に，厚生労働省が，新予防給付導入の理由としてあげた，従来の介護予防給付には問題があるとする以下の2つの主張は事実に反することを簡単に指摘したい．①介護保険制度開始後，要支援・要介護1の認定者（以下，軽度者）が急増し介護保険財政を圧迫している．②従来の予防給付では軽度者の悪化を防げていない（軽度者に対するサービスが状態を悪化させている）．

①は，軽度者数急増を介護給付費急増に短絡させたための誤解であり，軽度者の1人当たり保険給付費が非常に低いことを見落としている．具体的には，制度開始後4年間（2000年10月から2004年10月）の介護給付費増加に対する軽度者の「増加寄与率」はわずか24.9％にすぎない（「介護保険事業状況報告」より計算）．なお，厚生労働省担当者は，介護保険法改正成立後は，一転して，介護保険制度は「利用者数，費用のいずれの増加も当初の推計どおり」と主張するようになっている[4]．

②については，日本医師会総合研究機構（川越雅弘氏）の島根県の一地域

を対象にした要介護度の追跡調査（標本調査）で，軽度者ほど悪化率が高かったことがその大きな（ほとんど唯一の）根拠とされていた．しかし，厚生労働省自身が2005年8月に公表した「平成16年度介護給付費実態調査」（全数調査）により，1年間の要介護状態の維持・改善率は軽度者と中・重度者間でほとんど差がないことが全国レベルで明らかにされ，この主張も否定された【注1】．

## 1 厚生労働省発表の介護予防効果の文献集等の検証

介護保険法改正時の国会内外の論戦で特徴的だったことは，厚生労働省が，介護予防の効果を科学的に示したとされる文献集（実証研究論文）や調査結果を積極的に公表したことであった．それに基づいて，尾辻秀久厚生労働大臣（当時）は，介護予防の「効果は国内外の論文で既に証明されており，広く認められているというのが前提の［法］改正だ」（「朝日新聞」2005年5月30日朝刊）と主張した．さらに，中村秀一老健局長（当時）も，運動器の機能向上，口腔機能ケア，栄養改善の「3点につきましては，内外の調査研究によって厳密な意味でのエビデンスが得られている」と豪語した（2005年5月19日参議院厚生労働委員会）．もしこれが本当だとしたら，「根拠に基づく政策」形成が行われたことになり，画期的である．

厚生労働省が主に根拠として用いた文献集・調査結果は，次の3つである．①「新しい介護予防サービスの効果について」（2004年12月27日第2回介護予防サービス評価委員会資料），②「介護予防の有効性に関する文献概要」（同），③「介護予防市町村モデル事業中間報告」（2005年4月19日老健局）．以下，この順で厚生労働省の主張の妥当性を検証する．

### (1) 厚生労働省「新しい介護予防サービスの効果について」

この文献集に示されている個々の文献を調べた結果，次の3点が分かった．

第1は，介護予防による健康改善の短期的効果（3〜6か月）はそれなりに確認されているものの，長期的効果はほとんど調査されていない，つまり

第5章　2005年介護保険制度改革と新予防給付

分からないことである．

　第2は，効果の検証は欧米で行われたもので，この文献集には日本におけ
る検証は示されていないことである．この点については，介護予防の伝道師
とも言える辻一郎氏も，2004年時点で，次のように率直に指摘していた．
「これら［転倒骨折予防プログラム］はすべて欧米で行われたものであり，日
本における転倒骨折予防プログラムの効果は十分な検証を受けているとは言
い難い．欧米と日本とでは，家屋環境も高齢者の障害構造も異なっているた
め，日本の状況に応じたプログラムの開発そして RCT［ランダム化比較試
験］による検証が待たれる」[5]．

　なお，日本福祉大学大学院生（山本美智予，笹川修）が2005年6月に，医
学中央雑誌を用いて独自に検索したところ，介護予防の効果を実証的に検証
した日本語の原著論文は14あったが，運動機能の向上をランダム化比較試験
で検証したものは1つのみで，しかも有意の改善はみられなかった[6]．

　第3に明らかになったこと――これがもっとも重要――は，介護予防によ
る介護・医療費抑制効果（短期・長期）を実証した研究は，欧米にもまったく
ないことである．

## 介護予防の経済効果は誤訳

　実は，この文献集は，筋力トレーニングが医療費抑制につながったとの2
つの英語文献を紹介していたが，2つとも誤訳であった．

　まず，この文献集では，論文「訓練――始めるのに年をとりすぎているこ
とはない」[7]を，「筋力トレーニングにより，高齢者の転倒予防や医療費の削
減につながったとの報告」と紹介しているが，原著では医療費の検討は行わ
れていない．

　次に，論文「在宅高齢者に対する筋力・筋持久力訓練が歩行・バランス・
転倒リスク・医療利用に与える効果」[8]を，「トレーニングは高齢者の転倒や
医療費の抑制につながることを検証している」と紹介しているが，原著の結
論・結果は，以下のように大分違う．「トレーニングは，高齢者の一部のグル

240

第2節　新予防給付の行方

ープでは，転倒予防や医療利用の減少に効果があるかもしれない．歩行，バランス，身体的健康に軽度の障害がある地域居住の高齢者に対する短期間のトレーニングは，障害の悪化を防止する効果をもっていないかもしれない」[下線は筆者]．文献集の紹介は，原文の may を，意図的あるいは英語力の低さのために，抜かした「メイ訳」と言える．

　しかも，この論文では医療利用（外来受診率と高額医療費の入院割合）の減少が示されているが，総医療費の減少にはまったく触れていない．このことは総医療費については有意差がなかったことを強く示唆している（有意差があれば，必ずそれを書く）．

(2)　厚生労働省「介護予防の有効性に関する文献概要」

　これは，介護予防サービス開発小委員会（座長：辻一郎東北大学大学院教授）が収集・要約した労作であり，痴呆・うつ予防（38），口腔機能向上（15），栄養改善（29），運動器の機能向上（49），閉じこもり予防（3），その他（11）の6分野に分けて，144論文の概要が収録されている（カッコ内は論文数．一部分類に誤りがあるので，内容に即して私が再集計）．ただし，痴呆・うつ予防と閉じこもり予防についての論文の質は低く，効果はまったく証明されていなかった．それに対して，口腔機能向上，栄養改善，運動器の機能向上の効果は確認されているように見えるので，順次詳しく検討する．なお，この資料は厚生労働省のホームページには掲載されていないが，老健局老人保健課に申し込めば入手できる．

　「文献概要」に含まれている論文の質は雑多であるが，一般にエビデンスの質がもっとも高いとされる「ランダム化（無作為化）比較試験」に基づく研究とそれに次いで質が高いとされる「非ランダム化比較試験」に基づく研究を中心に検討する．なお，運動器の機能向上についての論文を中心に，概要に不明・疑問点があった論文は，原著論文にあたり記述を確認した．

①口腔機能向上

　まず，口腔機能向上についての15論文のうち，ランダム化比較試験の4論

241

第5章　2005年介護保険制度改革と新予防給付

文と非ランダム化比較試験の5論文のすべてで，何らかの健康増進効果（血清アルブミン値の改善，発熱・肺炎の減少，要介護度の改善等）が示されている．しかも，ランダム化比較試験の4論文はすべて介入期間が1年以上である（1論文は1年，3論文は2年）．

　ただし，これら9論文のうち8論文は病院・施設入所者（つまり重・中等度の要介護者）を対象としており，在宅高齢者を対象にしたのは非ランダム化比較試験の1論文だけである（佐々木ら，42頁．以下，頁数は「文献概要」中の頁数．介入期間は6か月）．これでは軽度者を対象にした口腔機能向上の「厳密な意味でのエビデンスが得られている」とは言えない．いずれの研究も費用抑制効果は調査していない．口腔機能向上の研究で特徴的なことはすべて日本人の研究であり，なぜか欧米諸国の研究はまったくないことである（大半が佐々木英忠東北大学老年科教授グループ）．

②栄養改善

　次に，栄養改善についての29論文のうち，ランダム化比較試験は9論文あり，そのほとんどで栄養状態が改善され，体重も増加している（1論文は他の研究の結果を統合した「メタアナリシス」）．ただし，それらのうちADLやQOLの変化も検討しているのは5論文で，しかも統計学的に有意な改善を確認できているのは2論文だけである．介入・観察期間は口腔機能向上の場合に比べて短く，7論文が6か月以下であり，最長は9か月である（メタアナリシス論文は除く）．

　口腔機能向上の場合と同じく，9論文中7論文は病院・施設入所者を対象としており，在宅の「低栄養虚弱高齢者」を対象にしているのは1論文だけである（Payette，77頁．残りの1論文は在宅高齢者と施設入所者の両方を含むメタアナリシス）．そのために，やはり，この結果から，軽度者を対象にした栄養改善の「厳密な意味でのエビデンスが得られている」とは言えない．「詳細なコスト分析」をしているのは非ランダム化比較試験の1論文のみで，しかも介入群と対照群の費用に有意差はなかった（Rypkema，69頁）．

242

第2節　新予防給付の行方

### ③運動器の機能向上

　運動器の機能向上についての48論文には，ランダム化比較試験が33論文も含まれており，それらにより，生理学的機能（最大酸素摂取量等），下肢筋力，バランス機能，歩行機能の向上が確認されていると言える．他面，それらのうち，ADL または QOL の変化も検討しているのは 8 論文だけであり，しかも意外なことに統計学的に有意の改善を確認しているのはわずか 3 論文である．

　これら33論文のうち，介入または追跡期間が 1 年以上なのは 5 論文にすぎない．最長は 2 年だが，これの対象は長期療養施設入所者であり，しかも「初回の転倒発生までの時間，死亡までの期間，入院日数，転倒回数は比較群とコントロール群で有意差がなかった」とされている（Nowalk ら，126頁）．

　なお，これらのランダム化比較試験の33論文のなかに日本人の研究は 8 論文ある（いずれも2000年以降の発表）．そのうち 4 つは辻一郎教授グループが公募に応じた同一の健康老人を対象に行った研究であり，研究方法は厳密だが，効果指標はほとんど生理学的機能（最大酸素摂取量，家庭血圧， 1 日総エネルギー消費量等）に限定されている．残りの 4 つは大渕修一・島田裕之氏らの東京都老人総合研究所グループが健康老人または福祉施設利用の歩行可能な高齢者を対象にして行った研究であり，下肢筋力，姿勢バランス機能等を評価している．後者のうち，ADL の変化を評価しているのは 1 論文のみで，それでは「基礎的 ADL（バーテル指数)」の有意な改善が確認されている（大渕，104頁)[9]．ただし，「文献概要」には含まれていない，ADL の変化をランダム化比較試験で検討したもう 1 つの論文（対象は大腿骨頚部骨折後患者）では，ADL の有意な改善はみられなかった[10]．

### 運動器の機能向上の経済効果

　運動器の機能向上についての論文のうち，「レビュアーメモ」で「医療費の抑制効果まで言及した貴重な論文」と評価されているランダム化比較試験

243

が1つあるが，これは「新しい介護予防サービスの効果について」の項で指摘したように誤読で，総医療費についてはまったく触れていない[11]．

　非ランダム化比較試験で医療費抑制効果を示唆したとする日本人の研究も1つあるが，試験開始前の対照群の1人当たり年間医療費は介入群より43.7％も高く，両群はとても同質とは言えない．その上，費用抑制効果を論じる際にプログラム実施のコスト（運動療法のスタッフの人件費等）を無視するという初歩的誤りを犯している（神山ら，114頁）［補注：初出論文の一部不正確な記載を訂正][12]．そのために，「文献概要」の「レビュアーメモ」でも「対象がランダム化されていないので，筋力トレーニング単独による医療費抑制効果とは断定できない部分がある」と批判されているほどである．

　もう1つ，竹内孝仁氏らも，パワーリハビリによる医療費削減効果を試算し，パワーリハビリを「全国で実施した場合」，介護費用を年1兆7203億円も節約できると主張している（134頁）[13,14]．

　これの基礎となっているのは，川崎市で54人の高齢者に3か月間のパワーリハビリを行ったところ，54人中42人（77.8％）が要介護度改善，21人が「非該当」になったとの驚異的効果である．竹内氏は，①その効果が永続する，②利用者は給付限度額を100％利用している，③川崎市の成果がそのまま全国にも通じることを前提に，試算している．

　しかし，このような3つの前提は現実離れしており，試算は机上の空論である．常識的に考えて，パワーリハビリだけで，介護保険総費用6.8兆円（2004年度）の25％も節減できることはありえない．はじめにで述べたように，厚生労働省「介護給付費の見通し」の「介護予防対策が相当進んだケース」ですら，10年後（平成24〜26年度）の介護給付費節減は1.9兆円である．しかもこれは，居住費用・食費の保険外しを含んだ数字で，「介護予防の効果は概ね半分程度」，つまり1兆円以下である．

　小括：介護予防のうち，施設入所者（主として重・中等度の要介護者）を対象にした口腔機能向上と栄養改善，および運動機能訓練による下肢筋力・歩行機能の向上については，「厳密な意味でのエビデンスが得られている」と

言える．他面，地域居住の軽度者に対する口腔機能向上と栄養改善の効果，および運動機能訓練による ADL または QOL の改善効果については，「厳密な意味でのエビデンスが得られている」とは言えない．しかも，なんらかの**介護予防による介護・医療費の抑制効果を実証した研究は皆無**である．

(3) 厚生労働省「介護予防市町村モデル事業中間報告」

　紙数の制約上，本報告の筋力向上訓練の結果のみを検証する．この事業のトレーニング期間は約3カ月間，対象選択基準は市町村によりバラバラであり，もちろん対照群はない．

　モデル事業前後の計測値を比較してもっとも注目すべきことは，身体機能に関する項目（11項目）でも，生活機能・QOL に関する項目（9項目）でも，改善は概ね5～6割である反面，悪化が3割前後もあることである．新しい医学的治療（新薬や手術等）で悪化が3割もあった場合には，ただちにその実態と原因を精査し，その結果が出るまではその治療の実施を控えるのが常識であるが，厚生労働省はそれを怠り，「統計学的に有意な改善がみられた」ことだけを強調している．

　しかし，対象が多ければ（数百例以上あれば），わずかな差でも有意差が出るのは統計学の常識である．厚生労働省の主張は，「統計的に有意ということは生物学的，医学的に……有意義だという内容を含まない」ことを見落とした，典型的な「有意症」（有意差症候群）と言える[15]．

## 2　厚生労働省の文献集には含まれていない重要文献

　次に厚生労働省の2つの文献集には含まれていないが，介護予防（やはり紙数の制約上運動器の機能向上のみ）の効果を検討する上で不可欠な重要文献を紹介する．

第5章　2005年介護保険制度改革と新予防給付

## (1)　「高齢者に対する漸増抵抗筋力増強訓練の体系的文献レビュー」
の概要

2004年に，厚生労働省の2つの文献集の公表に先だって，筋力増強訓練（筋トレ）の健康増進効果が限定的であることを疑問の余地なく示した画期的「体系的文献レビュー」が発表されていた。それは，レイサムら「高齢者に対する漸増抵抗筋力増強訓練の体系的文献レビュー」である[16]。以下，少し長いが，最重要論文なので，概要の全訳を紹介する。

　　この体系的文献レビューの目的は高齢者の身体障害を軽減するための漸増抵抗筋力増強訓練（progressive resistance strength training. 以下 PRT）の効果を定量化することである。各種データベースの検索や，研究論文の文献欄，および研究者との接触によりランダム化比較試験を収集した。2人のレビュアーが，それぞれ独自に，各試験が選択基準に合致しているか否かのスクリーニング，研究の質の評価，およびデータの抽出を行った。参加者の平均年齢が60歳以上で，PRT により直接的に介入しているランダム化比較試験のみを選択した。データは，母数モデルまたは変量モデルを用いてプールし，重み付けの平均差を算出した。アウトカムの測定尺度が異なっている場合には，標準化平均差を計算した。

　　その結果，62の試験（対象総数は3674人）が，PRT の効果を対照群と比較していた。14試験で，障害アウトカムのデータのプールが可能であった。大半の試験の質は低かった。PRT は筋力強化に大きな効果があったが，効果の幅には大きなバラツキがあった。PRT は，歩行速度の低下などの機能障害（functional limitations）尺度についても軽度の（modest）効果があった。しかし，ADL や健康関連 QOL ［要旨中の原語は physical disability. 本文の説明から意訳］の改善効果の証拠は全くなかった。PRT による有害事象（adverse events）の調査は不十分であったが，それが明確に定義されきちんと調査されていたほとんどの試験で生じていた。

　　結論は以下の通りである。PRT は高齢者の筋力増強や歩行速度の低下

246

などの一部の機能障害の改善には効果的であった．しかし，現在得られるデータに基づけば，PRT の ADL や健康関連 QOL 改善効果は不明である．さらに，試験における有害事象の記録が不備であるために，PRT に伴うリスクを評価することは困難である．

この結果を踏まえて，著者は，PRT を他の形態の訓練（バランス訓練など）と組み合わせること，および自己効力感，動機付け，訓練参加へのバリアなど，障害に影響する他の要因も考慮すべきだと主張している．

介護予防の本来の目的が高齢者の要介護度の悪化予防にあることを考慮すると，筋力増強訓練は筋力増強や歩行速度の改善等には効果があるが，ADL や QOL の改善効果の証拠はないという本研究は，厚生労働省の主張を根底から覆すと言える．

(2) 最新のコクラン・レビュー

次に，ヘルスケア分野のランダム化比較試験の結果を系統的にまとめているコクラン共同計画の最新の介護予防関連の文献レビューを簡単に紹する．

辻一郎教授は，2004年に発表した前掲論文[5]で，コクラン・レビューにより，①筋力増強・バランス訓練，②太極拳の集団実施，③家屋環境の評価・改善，④向精神薬の投与中止，⑤総合評価・個別指導，⑥ヒッププロテクターは「有効性の根拠あり」とされていると紹介していた．

ところが，私が2005年6月に最新のコクラン・レビューで「追試」したところ，かなり異なる結果が得られた．具体的には，①筋力増強・バランス訓練の効果が，上述した「体系的文献レビュー」と同じく限定的とされているだけでなく，③家屋環境の評価・改善については「介入の効果を判定するには不十分な根拠しかない」[17]，⑥ヒッププロテクターについは「効果の根拠はない」とされていた[18]．②，④，⑤については検索しなかった．さらに，①の一部と言える「脳卒中患者の体力増強訓練」については，「現時点では，その方法をガイドするデータはほとんどない」[19]，高齢者の転倒予防につい

ては，「介入予防は転倒予防には効果的だが，転倒関連の事故を予防できる
か否かは必ずしも明かではない」[20]，とされていた．

このような評価結果の違いの原因について辻教授に直接問い合わせたとこ
ろ，新たな研究がどんどん報告されているため，辻教授が用いた2001年版の
レビューと私が用いた2003～2004年版のレビューでは結果が異なっていると
教えていただいた．医学研究に馴染みのない読者は，研究が積み重なると効
果が出やすくなると思われるるであろう．しかし現実はしばしば逆であり，
特定の治療法・介入の効果についての厳密な評価研究が進むほど，当初過大
に主張されていた効果・適応が否定される，あるいはそれらが限定されるこ
とは少なくないのである．

このことを知って私は，今から約30年前に，ボイタ法による脳性マヒの早
期診断・訓練を行えば，脳性マヒのなんと96％が正常化すると喧伝されたも
のの，その後の臨床経験と厳密な実証研究でそれが否定されたことを思い出
し，既視感にとらわれた[21]．

このようなコクラン・レビューの変化は，一時点での不十分なエビデンス
を絶対化して，政策を立案（あるいは合理化）することの危険性を示してい
ると言える．

ここで誤解のないように．私は，筋力増強訓練を含めた介護予防の役割を
すべて否定しているわけではない．私が批判しているのは介護予防（さらに
は健康・自立）の強制と介護予防により介護費用を抑制できるとのエビデンス
に基づかない主張である．介護予防に関しても，それぞれの方法の適応と禁
忌を明確にし，対象を限定して治療・介入した上で，効果を厳密に評価する
という臨床研究の王道に戻る必要がある．

## 3 新予防給付の導入により介護費用が大幅に抑制できるとの厚生労働省の試算

最後に，新予防給付の導入により介護費用が大幅に抑制できるとの厚生労
働省の試算の根拠と妥当性を検討する．はじめにで述べたように，厚生労働

第 2 節　新予防給付の行方

省は，新予防給付の導入で要介護度の悪化が予防でき，介護費用が1.9兆円
も抑制できるとの「介護給付費の見通し――ごく粗い試算」を公表している．

　2005年の介護保険法改正案の国会論戦で明らかにされた，厚生労働省の試
算の根拠は以下の通りである．「現行のすべての要支援者及び要介護１の７
～８割程度」が新予防給付の対象になる（西副大臣．４月６日衆議院厚生労働
委員会）．「対象者の10％の方について要介護状態の悪化の防止ができる」
（中村老健局長．４月１日衆議院厚生労働委員会），「地域支援事業については，
対象者の２割が要支援，要介護状態になることが防止できるという見込みで
想定」（中村老健局長．１月15日衆議院厚生労働委員会）．しかも，暗黙の了解
として，その効果が永続すると仮定されている．

　しかし，すでに述べてきたように，新予防給付による長期的健康増進効果
や介護費抑制効果は証明されていない．しかも仮に効果があるとしても，政
府は新予防給付は「利用者の選択が基本」で強制しないと公式答弁したため，
新予防給付を選択する高齢者が厚生労働省の当初予定を大幅に下回ることは
確実である．その結果，「介護予防対策が相当進んだケース」の費用節減効
果は見込めないことになる【注２】．

　はじめにで述べたように私は元リハビリテーション専門医で，かつては脳
卒中患者の早期リハビリテーションにおける予後予測を主な研究テーマにし
ていた．その経験に基づくと，障害（要介護度）の評価に比べて，障害の回
復の個別的予測ははるかに難しく，相当の専門知識を必要とする．この点を
見落として，介護認定審査会の書類審査のみで，「要支援１とか要支援２の
判定は，コンピュータのプログラムに基づく第一次判定で，……判定結果を
出そう」とする（中村老健局長．４月１日衆議院厚生労働委員会）のは無謀で
ある．

　もう１つ，大変逆説的であるが，仮に新予防給付に長期的な健康増進効果
がある場合，長期的には，（累積）介護費用は増加する可能性が大きいので
ある．この点については，アメリカの禁煙プログラムの医療費節減効果のシ
ミュレーション研究のロジックと計算結果が大変参考になる．それによると，

249

第5章　2005年介護保険制度改革と新予防給付

禁煙プログラムの実施により，医療費は短期的には減少するが，喫煙を止めた人々の余命の延長とそれによる医療費増加のために，長期的には（15年後以降は）累積医療費は増加に転じるという結果が得られている[22]．

　このロジックは，私がかつて従事していた脳卒中の早期リハビリテーションにもそのまま当てはまる．早期リハビリテーションにより「寝たきり老人」は減らせるので，医療・福祉費は短期的には確実に減少し，余命の延長も期待できる．しかし，寝たきりを脱した患者にはさまざまな基礎疾患があり，しかもたとえ早期リハビリテーションを行っても，なんらかの障害が残ることが普通なので，延長した余命の期間に，脳卒中が再発したり「寝たきり」化する確率が高いため，累積医療費が増加するのである．私は，介護予防にもこのロジックは当てはまると判断している．

## おわりに

　以上の検証・検討を踏まえると，長期的な健康増進効果のエビデンスも，介護費用抑制のエビデンスもない介護予防の推進を前提にして，今後の「介護給付費の［抑制］見通し」を立てるのは，危険かつ無責任である．そのために，私は，小山秀夫氏と堤修三氏の次の警告に賛同する．

　小山秀夫氏「介護予防についても，要介護者の発生率が減少するという目標より，発生率が増加しないことを目標にした方がよいと思う．つまり，目標を高くするだけでは問題を大きくするだけで，無用な混乱を助長するように思える」[23]．堤修三氏「昨年［2004年］の年金制度改革といい，今年の介護保険制度改革といい，改革の必要性を訴える政府の言い分は，今のままでは将来制度を維持できなくなるというものだった．だが，その将来なるもののイメージはなんと貧相なものだろう．多くは，従来のトレンドを伸ばしたものにすぎず，施策の効果だけは明確な根拠もなく楽観的に見込んである」[24]．

　最後に，**新予防給付導入の政策的意図**を簡単に推測して，本節を終わりたい．私は，百戦錬磨の厚生労働省老健局幹部が新予防給付に大きな健康増進

第2節　新予防給付の行方

効果と費用抑制効果があるとナイーブに信じ込んだとは考えられない．その
ために，私は，今回の介護保険制度改革の隠れた本丸は制度存続のための被
保険者の拡大による保険料収入の増加だったが，それが挫折したために，保
険給付額の抑制しかできなくなり，それへの国民の不満をそらすために，一
見口当たりの良い新予防給付の創設を前面に出した，と判断している．ちな
みに，ある病院団体幹部は「新予防給付は年齢拡大に失敗した厚生労働省の
アリバイ宣伝で，本気でやろうとしているか怪しい（本気でやると費用増に
なるため）」と喝破している．

　逆に言えば，今後，新予防給付に介護給付費抑制効果がないことが明らか
になった場合には，それは全面的に廃止されるか，大幅に縮小される可能性
が大きいと言える．


注
1 ）「軽度者の重度化要因調査研究報告書──介護度分析からの提言」（2005）
　　軽度者の要介護度悪化の原因を考える上で，NPO法人地域保健研究会（会長
　田中甲子氏．介護予防事業に関わる東京都の保健師有志で組織．E-mail: chiiki-
　hoken@muc.biglobe.ne.jp）がまとめたこの報告書は必読文献と言える．「介護
　予防活動に熱意をもって取り組んでいた」東京都下某市の協力を得て，要介護
　度が2年間で悪化した100人について担当ケアマネージャーから聞き取り調査を
　行い，その全記録を会員全員がなんども検討した上で，「介護度重度化要因」に
　ついて多面的に分析している．その要因としては①疾患によるものが44件とも
　っとも多く，以下，②認知症によるもの39件，③加齢による脆弱化23件，④家
　族関係15件，⑤転倒14件の順になっている（重複計上．合計158件）．なお，要
　因として，ヘルパーによる“家事代行”など「介護過剰」はゼロだったため，
　分析段階では削除したとのことである．34頁の小冊子だが，調査方法，要因の
　分析，考察とも丁寧に書かれている労作で，しかもそれぞれの要因別に簡潔な
　事例も加えるなど，「顔の見える」調査研究になっている．
2 ）　新予防給付は開始前から「死に体」
　　介護保険法改正の実施を前にして，介護予防を推進してきた研究者も，介護
　予防の効果についてなぜか「禁欲的」になっている．例えば，辻一郎氏は，新
　著で，以下のような「介護予防のエビデンス再考」を行っている．「介護予防に
　関するサービスを受けた者では心身の機能が改善する．そのエビデンスは豊富
　にある．しかし，今回提案されている介護予防……（中略）のエビデンスは，
　現状では乏しい」[25]．辻氏は，長期的には「要介護度の悪化を食い止めることが

第 5 章　2005年介護保険制度改革と新予防給付

できれば」,「介護予防の保険財政効果」が生じると期待しているが,同時に介護予防開始後「数年間は給付増となることを覚悟すべき」とも主張している.辻氏と並んで,介護予防の効果研究を精力的に行ってきた大渕修一氏(東京都老人総合研究所)も,介護予防が「政策として実施されたときに,要介護度を低下させたり,重度化を予防したりするという効果があるかどうかについては,残念ながらまだ十分な証拠がない」と認めている[26].

　私の知る限り,この2人を含めて,新予防給付による費用抑制効果を正面から支持している研究者は1人もいない.この点から,私は新予防給付は,少なくとも理論的・政策的には,開始前から「死に体」に陥っていると判断している[27].

## 文　献

1) 厚生労働省「介護保険制度改革の全体像」2004年12月.
2) 二木立「新予防給付の科学的な効果は証明されているか?」『文化連情報』328号:34-36, 2005.
3) 二木立「新予防給付の科学的な効果は証明されているか?(その2)」『文化連情報』329号:23-27, 2005.
4) 唐澤剛「第2ステージに入った介護保険」『病院経営』337号:1頁, 2006.
5) 辻一郎「介護予防に対する老年学の役割」『日本老年医学会雑誌』41巻(3号):281-283, 2004.
6) 藤田博暁・他「大腿骨頚部骨折患者の在宅リハビリテーションメニュー施行による運動機能の介入効果」『東京都老年学会誌』10巻:61-64, 2004.
7) Jette AM, et al: Exercise -It's never too late: The strong-for-life program. Am J Public Health 89(1): 66-72, 1999.
8) Buchner DM,et al: The effect of strength and endurance training on gait, balance, fall risk, and health services use in community-living older adults. J Gerontol A Bio Sci Med Sci 52(4): 218-224, 1997.
9) 大渕修一「平成12年度老人保健健康増進事業　介護予防としての高負荷筋力増強訓練の応用に関する調査事業報告書」2001.
10) 前掲6)
11) 前掲7)
12) 神山吉輝・他「高齢者の筋力系トレーニングによる医療費抑制効果」『体力科学』53巻(2号):205-209, 2004.
13) 竹内孝仁・他「パワーリハビリ」『老年精神医学雑誌』15巻(1号):21-24, 2005.
14) 竹内孝仁「高齢者とパワーリハビリ」『エコノミスト』2003年12月9日号:36〜38頁.
15) 佐久間昭『薬効評価Ⅰ』東大出版会, 1977, 51頁.
16) Latham NK, et al.: Systematic review of progressive resistance strength training in older adults. J Gerontol Med Sci 59A: 48-61, 2004.

第5章第2節　文　献

17) Lyons RA, et al: Modification of the home environment for the reduction of injuries. The Cochrane Database of Systematic Reviews 2003. Issue 4. Art. No.:CD003600.DOI:10.1002/14651858.CD003600.

18) Parker MJ, et al: Hip protectors for preventing hip fractures in the elderly. The Cochrane Database of Systematic Reviews 2004. Issue 3. Art. No.: CD001255.DOI:10.1002/14651858.CD001255.pub2.

19) Saunders DH, et al: Physical fitness training for stroke patients. The Cochrane Database of SystematicReviews2004. Issue 4. Art. No.: CD003316. pub2.DOI:10.1002/14651858.CD003316.pub2.

20) Gillespie LD, et al: Interventions for preventing falls in elderly people. The Cochrane Database of Systematic Reviews 2003, Issue 4.Art.No.: CD000340. DOI:10.1002/16651858.CD000340.

21) 児玉和夫「脳性麻痺の早期診断と早期療育」『総合リハ』12巻3号：179-183, 1984.

22) Barendregt JJ,et al: The health care costs of somoking. N Eng J Med 337: 1052-1057, 1997.

23) 小山秀夫「システムの目標と問題」『介護保険情報』6巻3号：30-33, 2005.

24) 堤修三「未来からの自由」『介護保険情報』6巻3号：60, 2005.

25) 辻一郎『介護予防のねらいと戦略』社会保険研究所, 2005, 81, 146, 40頁.

26) 大渕修一「さまざまな側面から高齢期の悪循環を断ち切る役割に期待」『WAM』494号：8-9, 2006.

27) 二木立「新予防給付は開始前から『死に体』」『文化連情報』331号：32-33, 2005.

# 補　章

[補章には 2 つの論文を収録した．最初の「わが国の高齢ケア費用」では，医療経済学の視点から，高齢者ケア費用に関する 5 つの代表的な「神話」を検討し，それらが事実に反することを示した．2 番目の「日本の介護保険制度と病院経営」では，まず日本の介護保険制度について，制度の本質，制度創設の目的，制度創設後 5 年間の変化，2005年の法改正の特徴について，述べた．次に，日本と韓国の病院制度の簡単な比較を行い，両国の制度は先進国中もっとも類似しているが，違いも少なくないことを指摘した．第 3 に，日本で介護保険制度創設前後から急増している「複合体」について，それの定義，実態，出現した制度的理由，功罪，介護保険制度が複合体への強い追い風になる理由，および「複合体」の新たな展開形態について述べた．]


## 1　わが国の高齢者ケア費用——神話と真実

[2001年 6 月]


はじめに

　わが国は21世紀前半に世界一の超高齢社会となるため，高齢者ケア（医療・介護）費用が急増する．そのために，それを抑制する「抜本改革」を実施しないと，わが国の社会保障・医療保険制度は破綻する．

　わが国では，このような危機感がなかば常識化している．2001年 3 月に発表された厚生労働省『医療制度改革の課題と視点』（以下，『課題と視点』と略す）も，この視点からの分析と問題提起に終始している．しかし，その大半は事実の裏付けを欠いた「神話」にすぎない．

　本論では，私の専門とする医療経済学の視点から，高齢者ケア費用に関す

補　章

る5つの代表的な「神話」を検討し，それらが事実に反することを示す．最後に，私の医療改革の「スタンス」（価値判断）を述べる．

(1)　人口高齢化によりわが国の医療費は急増する，わけではない

　第1の，しかも最大の神話は人口高齢化により今後わが国の医療費が急増するという主張である．

　確かに，国民医療費のうち老人医療費が，1990年代以降も老人人口の急増に伴い急増し続けているのは事実である．1990～1998年度の8年間に老人人口（老人保健法の老人医療受給対象者数：70歳以上人口プラス65～69歳の寝たきり老人）は年平均4.3％も増加し，それに伴い同じ期間に老人医療費は年平均7.9％も増加した．老人人口増加の老人医療費増加「寄与率」は55％にも達している．

　しかし，ここで見落としてならないことは，わが国では，老人人口の急増と同時に，「若人」（非老人）人口の減少が進んでおり，その結果，「若人」の医療費は，他の条件を同じとすれば，減少していることである．そのために，人口高齢化（正確に言えば，人口構成の変化・高齢化）が医療費総額（国民医療費）に与える影響を検討する場合には，老人人口の増加による老人医療費増加額から「若人」人口の減少による「若年」医療費減少額を差し引く必要がある．

　人口高齢化による医療費増加の測定法には「国際標準」がある．それは，基準年の年齢区分別1人当たり医療費に，任意の年の年齢区分別人口割合を掛けて，その任意の年の国民1人当たり医療費を計算し，それを基準年の国民1人当たり医療費で割って，増加率を計算する方法である（1：13頁）．これにより，人口増加，技術進歩，診療報酬（医療価格）改定等の影響を除いた，人口高齢化のみによる医療費増加率を計算できる．この計算は慣れれば非常に簡単で，電卓でも可能である．ただし，基準年をいつにするか，年齢階層をどのように区分するかで，結果はわずかに変わる．

　私は，人口高齢化による年平均医療費増加率を，1980～2025年度の45年間，

256

1 わが国の高齢者ケア費用

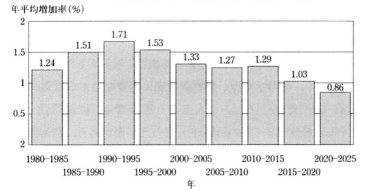

図6-1 人口高齢化による一般診療医療費増加率の推移

出所：二木立『介護保険と医療保険改革』189頁.
注：基準年は1997年．年齢は5区分．

5年刻みで計算したことがある（図6-1）（2：189頁）．それによると，意外なことに，人口高齢化による年平均医療費増加率のピークは1990～1995年度の1.7％であり，以後この値は減少し続け，わが国の人口高齢化がピークになると言われている2020～2025年度には0.9％にまで低下するのである．ちなみに，現在（2000～2005年度）の数値は1.5％である（以上，基準年は1997年．年齢区分は，0～14歳……75歳以上の5区分）．

ここで注意すべきことは，この数値が1990～95年のピーク時でも1.7％であり，同じ期間の老人人口の年平均増加率4.3％の半分にも満たないことである．この結果は，老人人口と老人医療費の増加のみに注目した議論が，人口高齢化による医療費増加を実態よりもはるかに大きく見せかけることを示している．

なお，人口高齢化による医療費増加率が今後低下し続けるという推計は私の独創ではなく，『平成8年版厚生白書』（433頁「医療費の将来推計における伸びの内訳」）も，『平成8年度経済白書』も認めている，専門家の間での周知の事実である．

ただし，厳密に言えば，この推計でさえ，人口高齢化による医療費増加率を過大評価している．なぜなら，医療費増加は人口高齢化以外の諸要因によ

257

補　章

っても生じるが，この推計ではそれらの影響を無視する結果，人口高齢化と
他の諸要因による「複合的」医療費増加が，すべて人口高齢化による医療費
増加とみなされてしまうからである．

　人口高齢化が医療費増加に与える影響を厳密に検討するためには，人口高
齢化だけでなく，所得水準等，医療費増加に影響を与えうる他の諸要因を
「独立変数（説明変数）」とし，1人当たり医療費を「従属変数（被説明変
数）」とする回帰分析（マクロ経済分析）を行う必要がある．欧米諸国ではこ
のような分析が多数行われているが，意外なことに，ほとんどの研究で人口
高齢化は医療費増加をもたらす有意の要因ではないことが示されている
（1：17頁）．

　権丈善一慶應義塾大学教授も，欧米で行われた，国際比較データを用いた
医療費のマクロ経済分析の結果を詳細に検討し，「一国内の医療費総額は所
得により決定され，高齢化の影響をほとんど受けないこと」を再確認してい
る[3]．

(2)　わが国の老人の1人当たり医療費は若人の5倍で世界一高い，
　　わけではない[4]

　第2の神話は，わが国の老人（65歳以上）の1人当たり医療費は「若人」
（0〜64歳）の5倍で，世界一高いという主張である．

　厚生労働省は，最近，わが国の老人医療の無駄・非効率の指標として，こ
れをことあるごとに強調している．『課題と視点』でも，OECDデータを示
して，「わが国の（1人当たり医療費の）老若比率は国際的に高い」と書いて
いる（『課題と視点——解説・資料編』17頁）．それによると，わが国の比率（倍
率）は4.90倍であり，アメリカの3.50倍，イギリスの3.35倍，フランスの
3.00倍，ドイツの2.68倍よりも相当高いようにみえる．

　しかし，この「国際比較」は，次の3つの理由から正しくない．

　第1に，この国際比較の表の注に小さく書かれているように，「医療費に
ついては，各国の制度，統計データの定義などの相違から単純に比較するこ

1 わが国の高齢者ケア費用

表6-1 2000年度老人・若人別1人当たり国民医療費の
粗い推計——介護保険導入の有無による違い

| | 1人当たり国民医療費（千円） | | |
| | 1998年度 （実績） | 2000年度（推計）（介護保険なし） | （あり） |
|---|---|---|---|
| 老人（65歳以上） | 698.0 | 731.3 | 639.9 |
| 若人（0〜64歳） | 146.3 | 145.9 | 145.9 |
| 老人・若人比率 | 4.77 | 5.01 | 4.39 |

資料：厚生省『平成10年度国民医療費』（40頁），『平成12年度厚生白書』（189-190頁），『国民衛生の動向2000年』（39頁）より，筆者試算．

試算の仮定・方法

①介護保険が導入されなかった場合の2000年度の1人当たり医療費は，1998〜2000年の1人当たり医療費の年平均増減率が1997〜1998年度の増減率と同じと仮定して試算（老人は＋2.36％，若人は−0.13％）．

②介護保険導入により，医療費から介護給付費に2兆円移行（2000年度厚生省予算）．

③介護保険導入による老人1人当たり医療費削減額は，2兆円を2000年の65歳以上人口21,870千人（『日本の将来推計人口1997年推計』）で割って求めた（91.4千円）．

④なお，この方法によると，介護保険が導入されなかった場合の2000年度の国民医療費総額は31.3兆円となり，厚生省予算上の推計31.1兆円とほぼ等しい．（『平成12年版厚生白書』189-190頁）．

とは困難」だからである．府川哲夫氏も，この比率が国によって大幅に異なるのは，「各国の高齢者医療の中に制度的に介護的要素がどの程度組み込まれているかに依存する」ためと指摘している[5]．具体的に言えば，欧米では入院医療が短期入院医療を意味するのと異なり，わが国の病院には，欧米諸国なら老人福祉施設に移されるような医学的治療を終了した老人患者（いわゆる「社会的入院」患者）が多数入院し続けているため，この比率が相当高くなるのである．

逆に，2000年度に創設された介護保険制度により，医療費から介護給付費

に2兆円移行するため（厚生省予算），1人当たり医療費の老若比率が相当低下することは確実である．私の試算では，2000年度のこの比率は，もし介護保険がなかった場合には5.0倍であるが，介護保険導入により4.4倍にまで低下する（**表6-1**）．

第2に，厚生労働省『課題と視点』は，OECD統計から，この比率がわが国と同レベルの国々を意図的に（？）除外している．具体的には，カナダ4.90倍（1997年），オーストラリア4.09倍（1993年），スイス4.00倍（1991年）等である．ちなみに，私が以前，1980年前後のデータが示されている12カ国すべてを対象にして，加盟国の平均比率（単純平均）を計算したところ4.3倍であり，わが国の4.8倍が飛び抜けて高いわけではなかった（1：21頁）．

第3に，これは厚生労働省の責任ではないが，OECDのアメリカのデータ（3.50倍）は誤りで，正しくは4.60倍であり，日本と同水準である[6]．私の経験では，OECDの1人当たり医療費の老若比率データには，これ以外にも不可解な数字が少なくない．

老人と「若人」との1人当たり医療費比率について，私が強調したいことは，わが国ではこの比率が1980年代後半以降，低下し続けていることである．手前味噌だが，これを最初に指摘したのは私である（1：11頁）．厚生労働省『課題と視点』（16頁）もこの事実を一部認めている．それによると，入院医療費の比率のピークは1987〜1988年度の8.4倍で，1998年度には7.3倍にまで低下している．

### (3) 「終末期医療の在り方」の見直しにより老人医療費の抑制が可能，ではない

第3の神話は，「終末期医療の在り方」を見直せば，老人医療費は抑制できるという主張である．

わが国でこの主張を最初に行ったは，広井良典氏らにより1997年にまとめられた『「福祉のターミナルケア」に関する調査研究事業報告書』である[7]．この報告書は，「終末医療費（ここでは死亡前1年間の医療費と定義する）が高

額に上っていることは周知の通りである．さらに今後高齢者とくに後期高齢者の死亡数が急増すると想定されることから，高齢者の終末医療費の規模は今後急速な拡大が見込まれる．終末医療費が遠からぬ将来において医療保険財政を圧迫する恐れもある」(54頁)という危機意識に基づいて，現在の医療主体のターミナルケアを，医療抜き(「ノン・メディカル」)の「福祉のターミナルケア」に転換すること，具体的には病院・診療所での死亡を減らし，福祉施設や自宅での死亡を増やすことを提案し，それにより2020年には1兆円の医療費が節約できると主張した．

　この報告書をめぐっては，翌1998年に，専門誌(『社会保険旬報』誌)上で，広井氏と石井暎禧・横内正利の2医師との間で激しい論争が繰り広げられた(同誌1973〜2004号，ただし不定期)．この論争では，ターミナルケアの在り方については最後まで平行線をたどった．他面，広井氏は，この報告書が「医療費抑制を論拠づける」ものという石井氏の批判(1973号)に対して，「『医療や福祉にかかる費用を減らすため』などという，つまらない考えは全く持っていない」と弁明した(1975号)．そのため，「終末医療費……が高額に上っている」とする報告書の主張の是非は，この論争では正面からは議論されなかった．

　私は，この論争には直接参加しなかったが，報告書の「第4章ターミナルケアの経済評価」を検討し，「定義・予測・仮定が恣意的，費用計算は粗雑で，(福祉のターミナルケアにより1兆円の医療費を節約できるとする)結論は誤り」なことを示した(2:159頁)．

　ただし，終末期医療費が高額という理解は現在も根強く残っている．そのためか，厚生労働省『課題と視点』でも，「終末期医療の在り方」の見直しが「適切で効率的な高齢者医療」を実現する3本柱の1つとされている．

　しかし，わが国の終末期医療費の医療費総額に占める割合はアメリカに比べてはるかに低いことが，府川哲夫氏の詳細な実証研究により明らかにされている[8]．具体的には，アメリカではメディケア(老人医療保険)加入者の死亡前1年間の医療費がメディケア医療費総額の約3割に達しているのに対し

補　章

て，わが国の老人の死亡前1年間の医療費は老人医療費総額のわずか11%に
すぎないのである．しかもわが国では，アメリカと異なり，死亡直前に医療
費が高騰する患者は，死亡者中の20〜25%にすぎない．この事実に基づいて，
府川氏は日本の老人死亡者の医療費の「このような特徴は，日本の医療費を
低い水準に抑えている重要な要因の1つ」と結論づけている．

　ただし，死亡前1年間を「終末期」とするのは医療の現実，医療者や患
者・家族の実感とは合わない．なぜなら，1年も前から死期を確実に予想す
ることは不可能だからである．そこで，現実に即して終末期を死亡前1カ月
間に限定すると，わが国の終末期入院医療費総額（老人分＋「若人」分）は
1998年度で7859億円であり，国民医療費のわずか3.5%にすぎない．これは，
厚生労働省の外郭団体である医療経済研究機構が昨年［2000年］発表した
『終末期におけるケアに係る制度及び政策に関する研究報告書』が行ってい
る推計である（9：42頁）．

　この報告書をとりまとめた片岡佳和氏（前医療経済研究機構研究主幹）は，
最近，報告書が結論として，「死亡直前の医療費抑制が医療費全体に与える
インパクトはさほど大きくない」と述べていることを強調して，終末期ケア
が「医療費の高騰につながる可能性は否定している」と明言している[10]．こ
れにより，終末期医療費をめぐる論争には決着がついたと言える．


(4)　老人の社会的入院を解消すれば医療費は抑制できる，が福祉費は
　　　それ以上に増加する

　第4の神話は，老人の社会的入院を解消すれば，老人医療費を抑制できる
という主張である．

　先に述べたように，医学的治療を終了した患者が病院に長期間入院する
「社会的入院」は我が国特有の現象である．「社会的入院」の公式の定義はな
いが，多くの場合，6か月以上の入院が1つの目安とされている．私もこの
基準に基づいて，1993年度の社会的入院医療費総額の推計を行い，それが旧
厚生省の公式発表約1兆8700億円よりはるかに少ない1兆1000〜2000億円で

262

1　わが国の高齢者ケア費用

あることを明らかにしたことがある（1の2刷：39頁）．

　最近発表された厚生労働省『1999年患者調査』によると，医療機関側が「受け入れ条件が整えば退院可能」と考えている「社会的入院」患者は約27.5万人（入院患者総数の19%）も存在する．

　2000年4月に開始された介護保険制度の目的の1つが，このような社会的入院患者を病院から介護保険施設に移すことにより老人医療費を抑制することだったことは，よく知られている．

　私自身も，「社会的入院」は決して望ましいものではなく，受け皿（入所施設と在宅ケア）を拡充して解消すべきと考えている．しかし，意外なことに，介護保険の療養型医療施設の1月当たり介護報酬は約40万円で，老人の社会的入院患者の1月当たり医療費32.5万円（1年以上入院．厚生省『1998年社会医療診療行為別調査報告』）よりはるかに高い（両者とも食費相当部分は除く）．厚生労働省はかつて，老人の社会的入院医療費が50万円に上ると発表していたが，これは急性期入院も含んだ，老人入院患者全体の平均医療費だったのである．

　なお，「社会的入院」でもっとも深刻なのは，実は老人ではなく，「若人」の精神障害患者の数年～数十年に達する超・超長期入院である．わが国の病院の一般病床の平均在院日数が31.5日であるのに対して，精神病床のそれはなんと406.4日にも達している（厚生省『1998年病院報告』）．


(5)　在宅ケアを拡充すれば施設ケアは減らせる，わけではない

　第5の，そして最後の神話は，在宅ケアを拡充すれば，施設ケアを減らすことができ，ひいては医療・福祉費総額を減らせるという主張である．

　介護保険の金看板も「自立を支える在宅サービスを重視」し，施設利用を減らすことだったが，介護保険開始後の現実は逆である．同制度開始1年を期して各新聞社が一斉に行った全国調査は共通して，在宅サービスの利用は低調で，施設利用が急増したことを報じている［詳細は第4章第2節参照］．

　しかし，これは，国際的・国内的経験からも，当然予測されたことである．

263

補 章

　例えば，OECD が1996年に発表した『要介護老人のケア』は，加盟国の
在宅ケアと施設ケアの水準の関係を検討した上で，次のように述べている
（11：69頁）．「施設ケアと在宅ケアとは代替的というよりは，補足的である．
在宅ケアが最低レベルの加盟国のほとんどは，施設ケアも最低レベルである．
在宅ケアが高レベルの加盟国で，施設ケアが低レベルな国は１つもない．」

　さらに欧米諸国では，在宅ケアと施設ケアの医学的・経済的効果を厳密に
比較した費用効果分析が多数行われており，それらの知見を統合した研究
（「メタ・アナリシス」）も少なくない．それにより，在宅ケアの効果は限定的
であり，しかも施設ケアに比べて公的総費用（医療・福祉費）が高くなること
が，疑問の余地なく証明されている．この点について詳しくは，拙著[1]（第
４章医療効率と費用効果分析）を参照されたい．このことは，最近では，欧米
だけでなくわが国の医療経済学研究者の常識になっている．

## わが国の実証研究 （1）――都道府県別データ

　わが国でも，以上と同じ事実が，国民健康保険中央会が1997年にまとめた
『市町村における医療費の背景要因に関する報告書』により示されている
（データは1993年度）[12]．この報告書は，都道府県レベルの１人当たり医療費
（診療費）と他の諸要因との相関関係を検討しているが，在宅サービス（ホー
ムヘルプとデイサービス・デイケア）の「利用が多いとむしろ老人診療費（計）
が高い傾向」を認めている．図6-2にデイサービスについての結果を示す
（相関係数（r）＝0.31，p＜0.05．ホームヘルプでは r＝0.21で，統計的に有意差な
し）．意外なことに，老人保健施設や老人福祉施設に関しても，それらが
「多いと老人診療費が高い傾向」がある（老人保健施設では r＝0.31，p＜0.05．
老人福祉施設では r＝0.22で，有意差なし）．

　実はこの研究は，当初，在宅ケアを拡充すれば老人医療費を減らすことが
できる，あるいは「（入所）福祉施設が充実していると社会的入院が少なく
なるので老人医療費は少なくなる」と期待して統計分析を行ったのだが，全
く逆の結果が出たのである．厳密に言えば，この研究は相関係数のみを検討

264

1 わが国の高齢者ケア費用

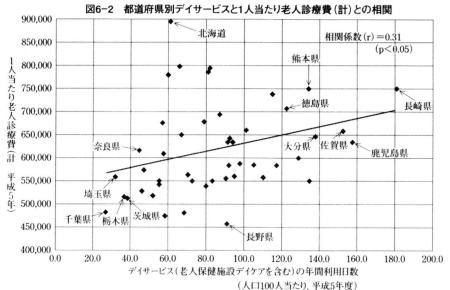

図6-2 都道府県別デイサービスと1人当たり老人診療費(計)との相関

出所:『市町村における医療費の背景要因に関する報告書』128頁.
注:長寿社会開発センター『老人保健福祉マップ』等により作成.

しているため,因果関係について論じることはできない.しかし,統計分析の結果がすべて同じ傾向を示していることを考慮すると,控えめに,在宅ケアや医療施設以外の入所施設を拡充しても,医療費を減らすことは困難だとは言えよう.

**わが国の実証研究(2)——広島県御調町のデータ**

在宅ケアを拡充すると,公的医療・福祉総費用が増加することは,わが国の別の研究でも確認されている.それは,『国保直診(国民健康保険直営診療施設)と新しい介護システムに関する研究報告書』(1996年)である[13].この研究は,広島県御調町等3つの「地域包括ケア先進地域(町)」と同一県の類似町との健康指標,医療・福祉(費)指標とを比較検討している.

表6-2に,広島県御調町と同県内類似2町の保健医療福祉(費)の比較を示す.

補　章

表6-2　広島県御調町と同県内類似2町の保健医療福祉（費）の比較

|  | 御調町 | 類似2町 |
|---|---|---|
| 寝たきり老人比率（％） | 0.9 | 2.6 |
| 在宅死率（％） | 18.9 | 11.4 |
| 65歳以上人口中長期入院比率（％） | 5.4 | 1.2 |
| 老人1人当たり医療費（円／年） | 700,231 | 623,262 |
| 老人千人当たり保健医療福祉関係マンパワー（人） | 159.4 | 2.6 |
| 同保健福祉サービス量（人・日／年） | 111.5 | 27.6 |
| 同保健医療福祉投資額（円／年） | 521,700 | (126,300) |

資料：『国保直診と新しい介護システムに関する研究報告書』から筆者作
　　成．
注：1）報告書では，御調町と宮城県湧谷町，兵庫県五色町の3町を「寝た
　　　きり老人ゼロ運動モデル町」として，同一県内の類似町および町所
　　　在県と比較．表には，この運動の発祥地である御調町と類似町のデ
　　　ータのみを示した．
　　2）類似2町は，自治省「類似団体別市町村財政指数表」により御調町
　　　と同じ類型に分類されている倉橋町，吉田町．
　　　ただし，保健医療福祉投資額は，これら2町のデータが不明のため，
　　　他の2モデル町の類似町それぞれ1町（計2町）の平均．
　　3）在宅死率（1993年）以外は，1994年．
　　4）長期入院は6カ月以上の入院．医療施設だけでなく，老人保健施設
　　　と特別養護老人ホームへの（長期）入所も含むと思われる．
　　5）保健医療福祉投資額は，保健医療福祉にかかわる施設及び人的サー
　　　ビス（人権費換算）の総投資額．

　御調町はわが国の地域包括ケア最先進地域で，それにより寝たきり老人が
激減したことはよく知られている．この報告書でも同町の寝たきり老人比率
はわずか0.9％にすぎず，類似2町の2.6％の3分の1にすぎないことが確認
されている．御調町の在宅死率は18.9％で，やはり類似2町の11.4％の約2
倍の高さである（ただし，この数値は全国平均）．

　他面，御調町の老人1人当たり医療費は広島県内の類似2町より1割以上
高く，老人千人当たり（医療以外の）保健福祉サービス量は類似2町の4倍
も多い．その結果，御調町の老人千人当たり保健医療福祉投資総額（施設費
プラス人件費）は類似町より4倍も高くなっている．土屋正忠武蔵野市長に
よると，御調町に限らず，「福祉モデル自治体」はどこでも，「中央省庁のさ

まざまなモデル指定を受けて，巨額の国費を傾斜配分し，自主財源の何倍もの仕事をしているのである」(14：132頁)．

　よく考えてみればこれは当然の結果である．一般の医療・福祉に比べてはるかに労働集約的（人件費比率は約7〜8割）な在宅ケアでは，効率化の余地はごく限られているため，「良かろう，安かろう」は困難であり，「良かろう，高かろう」にならざるを得ないからである．

　上記報告書では，御調町の意外な事実も明らかにされている．それは，同町の65歳以上人口の長期入院比率が5.4％で，類似2町の1.2％の5倍に達していることである．町の公式調査によると，同町の寝たきり老人のうち在宅者は2割にすぎない（「御調町老人保健福祉計画のあらまし」1994年（15：26頁））．御調町は，公立病院に加えて，老人保健施設と特別養護老人ホームの入院・入所「3点セット」を有するため，この割合が高くなっていると考えられる（報告書では，「長期入院比率」と書かれているが，おそらく老人保健施設と特別養護老人ホームへの入所者も含んでいると思われる）．

　先述したように，御調町はわが国の地域包括ケア最先進地域で，いわば介護保険を先取りした高水準の在宅ケアを提供している．このことを考えると，御調町の経験は，今後わが国で介護保険制度により在宅ケアを大幅に拡充しても，施設ケアを減らすことはできないことを暗示していると言えよう．


おわりに――私の医療改革のスタンス

　以上，私の専門とする医療経済学の視点から，高齢者ケア費用に関する5つの代表的な「神話」が事実に反することを示してきた．

　ここまでは，私の価値判断を述べることは意識的に禁欲してきた．そこで，最後に，21世紀初頭の医療改革についての私のスタンス（価値判断）を簡単に3点述べ，本論を終わりたい．

　第1に，わが国の医療費水準（GDPに対する割合）はアメリカだけでなくほとんどのヨーロッパ諸国よりもはるかに低いため，公的医療費の総枠を拡大しない限り，医療の質を引き上げることは困難である．

補　章

第2に，医療と医療保障制度は国民生活に深く根ざしているため，それの大改革（医療ビッグ・バン）は不可能であり，部分改革（ソフト・ランディング）しかありえない．そのために，私は池上直己慶應義塾大学教授の，「医療分野においては……抜本改革よりも当事者による地道な改善の積み重ねのほうが……効果的」という主張を支持する（16：234頁）．

第3に，わが国の医療改革の焦点になっている高齢者医療制度の改革に関しては，既存の医療保険制度の存続を前提とする限り，新しい制度を創設するよりも，現行老人医療制度を微修正する（公費負担割合を拡大する）方が合理的でしかも公平である．

**文　献**
1）二木立『日本の医療費——国際比較の視角から』医学書院，1995．
2）二木立『介護保険と医療保険改革』勁草書房，2000．
3）権丈善一「再分配政策としての医療政策」『三田商学研究』39巻3号：157〜202，1996．
4）二木立「厚生労働省『医療制度改革の課題と視点』の本音とねらい」『社会保険旬報』2096号，2001．
5）府川哲夫「高齢化と老人医療費」『病院管理』35巻2号：109〜121，1998．
6）Lubitz J, et al: Three decades of health care use by the elderly, 1965-1998. Health Affairs 20(2): 19-32, 2001.
7）広井良典・他『「福祉のターミナルケア」に関する調査研究事業報告書』長寿社会開発センター，1997．
8）府川哲夫・他「老人死亡者の医療費」『医療経済研究』1号：107〜118，1994．
9）医療経済研究機構『終末におけるケアに係る制度及び政策に関する研究報告書』2000．
10）片岡佳和「終末期におけるケアに係る制度及び政策について」『社会保険旬報』2095号，2001．
11）OECD:Caring for Frail Elderly People, OECD, 1996.
12）国民健康保険中央会「市町村における医療費の背景要因に関する研究報告書」1997．
13）全国国民健康保険診療施設協議会「国保直診と新しい介護システムに関する研究報告書」1996．
14）土屋正忠『介護保険をどうする』日本経済新聞社，1999．
15）太田貞司他『どんなケアマネージャーになるか』萌文社，1998．

16) 池上直己・J. C. キャンベル『日本の医療——統制とバランス感覚』中公新書，
1996.


## 2 日本の介護保険制度と病院経営
### ——保健・医療・福祉複合体を中心に

[2006年1月]


はじめに——自己紹介

　本題に入る前に，私の簡単な自己紹介を行う．私は，臨床医（リハビリテーション専門医）出身の医療経済学・医療政策研究者である．

　私は，1972年に東京医科歯科大学医学部を卒業した学生運動世代であり，大学卒業直後から13年間，東京の地域病院に勤務し，脳卒中の早期リハビリテーションの診療と研究に従事した．それを集大成した『脳卒中の早期リハビリテーション』[1]は，日本初の脳卒中リハビリテーションのEBM（根拠に基づく医療）書であった．1985年日本福祉大学教授となり，それ以降，政策的含意が明確な実証研究と医療政策の批判・提言の研究・言論活動を続けている．なお，日本福祉大学教授となった後も，2004年まで19年間，上記病院で診療（リハビリテーション外来と往診）を継続していた．

　2003年度から，日本福祉大学の21世紀COE（center of excellence）プログラム「福祉社会開発の政策科学形成へのアジア拠点」の拠点リーダーをつとめている．これは，日本に世界水準の大学を創るために文部科学省が始めた国家的プロジェクトで，約140校ある福祉系大学のなかでは，日本福祉大学だけが選ばれている．このCOEプログラムには5つの研究領域があり，その1つが「日韓比較研究」で，これは延世大学校等との共同研究でもある．私は，「医療・高齢者ケアの日韓比較研究」を行っており，そのために韓国の病院・複合体を訪問調査している．

補　章

## (1)　日本の介護保険制度——2000年の制度創設から2005年の制度改革へ

　まず日本の介護保険制度について，2000年の制度創設から2005年の制度改革までのポイントを述べる．ただし，制度の網羅的な説明ではなく，韓国の医療関係者が知っておくと参考になることに限定する．その際，それのプラス面だけでなく，マイナス面についても述べる．

### 1)　2000年創設の介護保険法の本質

　まず，2000年創設の介護保険法の本質について述べる．介護保険法の本質は，単なる福祉法ではなく，「高齢者慢性期医療・介護保険法」である（2：5頁）．この点は，介護保険法第1条（法の目的）に，要介護者に「保健医療サービス及び福祉サービスに係る給付を行う」と明記していることからも明らかである．この第1条だけでなく法の全条文で，保健医療サービスが福祉サービスよりも先に置かれている．なお，日本では一般には「介護」に医療は含まれないが，介護保険法の「介護」のみは慢性期医療も含んでいる．

　その結果，介護保険制度創設により，高齢者の慢性期医療の多くが「老人保健法（医療）」から「介護保険法」に移行した．具体的には，病院の療養病床の一部（34万床のうち11.5万床．約34％），老人保健施設のすべて，訪問看護と訪問リハビリテーションの大半と通所リハビリテーション等が移行した．

　介護保険制度により，医療機関（病院・診療所）は，高齢者福祉施設（特別養護老人ホーム等）以外の，ほぼすべての事業に参入可能になった．また系列の社会福祉法人を作れば，高齢者福祉施設の開設も事実上可能である．それに対して，営利企業が参入できるのは在宅福祉サービスに限られている．

**ドイツの介護保険制度との違い**

　ここで，日本の介護保険制度についてのよくある誤解を正したい．それは，「日本の介護保険制度はドイツの介護保険制度をモデルにしている」という誤解である．しかし，実際は，日本の介護保険制度は，ドイツの社会保険方式，北欧諸国の市町村主権，イギリスとアメリカのケアマネジメント，および日本の国民健康保険制度を折衷したものである．

2　日本の介護保険制度と病院経営

　ドイツの介護保険制度との主な違いは4つある．第1は，純粋の社会保険
方式ではなく，保険と公費の混合方式で，給付費の5割が公費であること．
第2は，介護だけでなく慢性期医療も給付対象としていること．第3は，ド
イツの介護保険制度にはないケアマネジメントを導入していること．第4は，
ドイツの介護保険制度にはある現金給付がないことである．

## 2) 介護保険制度創設の目的——公式目的と隠れた目的

　2番目に，介護保険制度創設の目的（公式目的と隠れた目的）について述
べる．最大の公式目的は言うまでもなく，「介護の社会化」，要介護高齢者の
サービス拡充と家族介護者の負担の軽減である．

　もう1つの公式目的は高齢者の「社会的入院の是正」による，高齢者の入
院医療費の抑制である．ここで，「社会的入院」とは，医学的治療の終了後
も，患者が自宅退院や福祉施設入所ができないなどの社会的理由で，病院に
長期間入院することの俗称で，概ね6か月以上の長期入院を指す．介護保険
制度開始前は，65歳以上の高齢者の入院患者のうち約4〜5割が6か月以上
の長期入院であった．

　しかし，介護保険制度にはもう1つ隠れた目的もあった．それは，急増す
る老人医療費の一部を介護費へ転嫁する「コストシフティング」である．国
民の多くは医療不信が強いため，医療保険料の引き上げには大反対したが，
「介護の社会化」には賛成し，新たな負担を伴う介護保険制度の創設にも賛
成した．

　実は，厚生省は当初，公費負担方式（財源は消費税）とすることも非公式
に検討していた．しかし，消費税の引き上げに対する国民の反発が非常に強
かったため，社会保険方式に転換した．

## 3) 介護保険制度創設後5年間の変化

　3番目に，介護保険制度創設後5年間の変化について述べる．介護保険制
度創設後，要介護認定者数とサービス利用者数は急増し，介護保険の総費

補　章

用・給付費も急増した．要介護認定者数は，218万人（2000年4月）から411万人（2005年4月）へ，5年間で1.9倍化した．特に「軽度者」（要支援と要介護1）は2.4倍化した．介護保険の総費用（保険給付費に1割の利用者負担額を加えたもの）も，3.6兆円（2000年度）から6.8兆円（2005年度予算）へ，同じ期間にやはり1.9倍化した．

　ここで見落としてならないことは，給付費の増加は制度開始前の想定範囲に収まっていること，および「軽度者」の急増は保険給付費急増の主因ではないことである（「軽度者」の給付費増加寄与率は約25％にすぎない）．

　この間，「在宅重視」の目標に沿って，在宅サービスは急増した反面，施設サービス（施設の新設）は厳しく抑制された．ただし，家族の介護負担の軽減は進んでおらず，施設入所希望は逆に増加し，大都市部中心に，施設（特に利用者負担の少ない特別養護老人ホーム）の入所待ちが急増した．特別養護老人ホーム入所の待機者数は制度開始前の1999年の10.5万人から2004年の34万人に3倍化した．

　その結果，不足する特別養護老人ホームの代替として，中所得層向けのグループホームと高所得層向けの有料老人ホームが激増した．グループホーム数は制度開始前の300弱から2005年の6000超へ20倍化した．有料老人ホーム数も制度開始前の約300から2005年の1400へ5倍化した．なお，介護保険法上は，これらは施設サービスではなく在宅サービスと規定されている．

　5年間の変化で最後に強調したいことは，この間政府の財政危機が進行し，社会保障給付費の抑制が至上命令になったことである．特に小泉政権は，歴代の自民党政権に比べても，厳しく社会保障給付費を圧縮している．


4)　2005年の介護保険法改正の特徴

　4番目に，2005年の介護保険法改正の特徴を簡単に述べる[3]．

　最大の目的は，急増する介護保険給付費を抑制し，制度の持続可能性を保つことである．ただし，ここで注意しなければならないことは，それが介護給付費絶対額の抑制ではなく，「伸び率」の抑制であり，政府が想定してい

2 日本の介護保険制度と病院経営

る今後の介護保険給付費の伸び率は，医療費の伸び率よりもかなり高いことである．そのために，私は介護は，医療以上の「永遠の安定成長産業」と位置づけている．

介護保険給付費の抑制策は短期と長期の2つある．まず，短期的抑制策は，保険給付の範囲と水準の縮小で，中心は，施設の食費と居住費を保険給付から除外し，全額利用者負担とすることである．これは，利用者には「夢も希望もない」改革であり，特に低所得者の施設入所はきわめて困難になる．施設もこれにより大幅減益に直面している．なぜなら，保険給付費の減額幅が施設が患者から徴収する費用を上回るためである．さらに，「軽度者」への在宅介護サービス給付も相当制限されることになった（次に述べる「新介護予防給付」へ移行するため）．

長期的抑制策は，介護予防の推進により，介護費用の急増の抑制をめざすことである．具体的には，「軽度者」には「新介護予防給付」（筋力向上トレーニング，口腔機能ケア，栄養改善）を優先して実施し，要介護者の出現率を低下させ介護費用を抑制することをめざしている．

ただし，私の包括的な文献学的研究によれば，これら3つのサービスの長期的健康増進効果はまだ証明されておらず，それらによる費用（医療費・介護費）抑制効果を厳密に実証した研究は世界に1つもない[4,5]．

介護保険法改正のもう1つの特徴は，従来の「在宅重視（自宅偏重）」から，自宅と施設（正確に言えば，従来型の大規模施設）の中間と言える，地域密着型の「小規模・多機能型サービス」の整備へ転換することである．これの実態は，グループホーム等の小規模施設で，大規模施設に比べて，建設費・介護給付費ともはるかに安い．

(2) 先進国（OECD加盟国）中もっとも類似している日本と韓国の病院制度

次に，日本と韓国の病院制度の簡単な比較を行う．実は，日本と韓国の病院制度は先進国（OECD加盟国）中もっとも類似している．

273

補　章

　まず，病院の大半が民間病院で国公立病院は少ない先進国は，日本・韓国・アメリカの 3 か国だけである．

　しかし，同じく民間病院中心と言っても，日本・韓国とアメリカには根本的違いがある．それは，日本と韓国の民間病院の大半は（事実上の）医師所有であること，および日本と韓国では営利目的は禁止され，株式会社による病院経営も原則として認められていないことである．

　ただし，医師所有病院は，欧米諸国の所有者のいない非営利病院に比べて，非営利性が弱いことも見落とせない．経済学的には，それらは，営利組織と純粋な非営利組織との中間の，「営利のみを目的とするのではない（not-only-for-profit)」組織（カナダの医療経済学者 Evans が提唱した概念）と言える[6]．

　病院の機能分化（急性期病院と慢性期病院への分化）が遅れている点でも，日本と韓国は共通している．

### 日本と韓国の病院（制度）の 5 つの違い

　ただし，日本と韓国との違いも見落とせない．私は，現時点では，暫定的に，以下の 5 つが大きな違いだと思っている．

　第 1 は，日本では，医療法人病院の開設者は原則として医師に限定され，非医師による開設はごく例外的であることである．

　第 2 は，日本では，都道府県の「地域医療計画」により，病院の新設は厳しく制限されていることである．

　第 3 は，日本では，病院の倒産はきわめて少ないことである．毎年民間病院の 1 割が倒産している韓国の読者には信じられないかも知れないが，日本の1987〜2004年度の18年間の病院倒産総数は140件であり，病院総数のわずか1.5％にすぎない[7]．

　第 4 は，日本では，病院の IT 化（電子カルテ，およびその前提の病名の標準化）はきわめて遅れており，保険請求もいまだに紙ベースなことである．

　第 5 は，韓国では，老人病院等の高齢者の長期療養施設の整備が非常に遅れていることである．

2　日本の介護保険制度と病院経営

この第5の違いのためもあり，韓国では，病院の保健・福祉分野への進出＝複合体化はまだごく一部でしか生じていない．しかし，韓国でも，介護保険制度導入により，病院の複合体化が今後急速に進む可能性がある．しかも，日本の経験に照らせば，複合体化は，韓国の民間中小病院の生き残りの有力な選択肢になりえる．

(3)　日本の保健・医療・福祉複合体
1)　保健・医療・福祉複合体の定義（二木）
　そこで次に，日本の保健・医療・福祉複合体（以下，複合体）について，介護保険制度との関係を中心に紹介する[2,8,9]．
　まず，複合体の定義を述べる（2：27頁，8：4頁）．複合体の包括的な定義は，医療機関（病院・診療所）の開設者が，同一法人または関連・系列法人とともに，各種の保健・福祉施設のうちのいくつかを開設し，保健・医療・福祉サービスを一体的（自己完結的）に提供するグループである[8]．複合体のうち，医療機関と在宅・通所ケア施設（訪問看護ステーションやホームヘルパー・ステーション，通所リハビリテーション施設等）のみを有するものを「ミニ複合体」と呼ぶ[9]．
　複合体は私が提唱した概念だが，現在では，厚生労働省，医療・福祉関係者の間では，「一般名詞」・共通言語となっている．
　複合体は，1980年代後半から出現したが，急増したのは1990年代後半以降である．具体的には，日本で介護保険制度の創設が初めて公式に提案された1994年12月以降，急増した．

2)　複合体の実態
　次に，複合体の実態を簡単に6点述べる．これは，私が1996〜1998年に行った全国調査[8]，2000年に京都府で行った調査（9：203頁），およびフィールド調査に基づいている（私は，今までに全国で100以上の複合体を訪問調査している）．ただし，複合体の全国調査はこれ以降行われていない．

275

補　章

第1に，公立複合体は少数であり，大半が民間複合体である．

第2に，制度上は福祉施設である特別養護老人ホームの3割が民間医療機関母体である．先述したように，民間医療機関が特別養護老人ホームを開設するためには，系列の社会福祉法人を開設する必要がある．

第3に，複合体には多様な形態があるが，中核は病院・特別養護老人ホーム・老人保健施設を開設する「3点セット」複合体である．「3点セット」複合体は，母体病院の機能から2類型に大別できる．1つは，急性期病院が老人ケア分野での継続性を保つ（退院患者の受け皿を確保する）ために「複合体」化したグループ，もう一つは慢性期病院（老人・精神）が老人ケアのメニューを拡大するために「複合体」化したグループである．総数では，前者が4割，後者が5割であり，残り1割は「混合型」（急性期病院と慢性期病院の両方を持つ）である．

第4に，入所施設を持たず，在宅・通所ケアに特化した「ミニ複合体」も多数存在する．

第5に，複合体の大半は，大病院ではなく，中小病院・診療所が母体となっている．私は，これが一番注目すべきことだと思っている．ただし，病院の複合体化率は，大病院や病院チェーン（同一法人または同一グループが複数の病院を所有）の方がはるかに高い．

第6に，リハビリテーション病院は，一般の病院よりはるかに複合体化が進んでいる．介護保険制度開始直前（1999年），すでに，リハビリテーション病院の約4割が入所施設（特別養護老人ホームまたは老人保健施設）を併設していた（2：64頁）．当時，病院全体ではこの割合は1〜2割にすぎなかった．


3)　1980年代後半から複合体が出現・急増した3つの制度的理由

介護保険制度が提唱される前の1980年代の後半から複合体が出現・急増した制度の理由は3つある．

第1の理由は，1987年から都道府県の「地域医療計画」により，病院の新

2 日本の介護保険制度と病院経営

設が大幅に制限されたことである．1970年代〜1980年代半ばまでは，経営手腕のある民間病院の経営戦略は病院の規模拡大または病院チェーン化であったが，「地域医療計画」によりそれが困難になったため，保健・福祉サービス分野に積極的に進出するようになった．

第2の理由は，厚生省が，1989年に，病院と施設・自宅の「中間施設」である老人保健施設を創設したことである．私の調査によると，老人保健施設の約9割が民間医療機関を母体としている（8：75頁）．実は厚生省は当初，医療費抑制のために，病院から老人保健施設への転換＝病床削減をめざしていたが，現実には老人保健施設の大半は新設だった．しかも，病院（特に急性期病院）の利益率がわずか数％しかないのに比べて，老人保健施設の利益率ははるかに高い（概ね10％以上）．

第3の理由は，政府が1989年に「ゴールドプラン」（高齢者保健福祉推進10か年戦略）を作成し，公費で，在宅福祉サービスと福祉施設の大幅拡充を計画的に進めたことである．これは，1989年から10年間に6兆円の公費を投入した，史上最大の福祉拡充計画であった．なお，この計画の直接の契機は，1989年に導入された消費税に対する国民の強い批判を和らげることであった．

しかも，「ゴールドプラン」では，従来自治体と社会福祉法人に限定されていた在宅福祉サービスの提供者を医療機関等にも開放した．その結果，経営手腕のある民間医療機関は，退院患者の受け皿整備のためにも，この新しい事業に積極的に参入した．また，特別養護老人ホームの建設費の大半は公費負担であり，しかも利益率も高かったため，経営手腕のある民間医療機関は，系列の社会福祉法人を設立して，特別養護老人ホームを開設した．

そして結果的には，**2・3番目の理由が2000年創設の介護保険制度の基盤整備になった**．日本の高齢者福祉は，1990年まではヨーロッパ諸国に比べて大きく遅れていたが，「ゴールドプラン」のおかげで，介護保険制度が創設された2000年にはすでにヨーロッパ水準に近づいていた．たとえば，1990年の日本の65歳以上の在宅福祉サービス利用率は1.0％にすぎなかったが，2000年には5.5％となり，ドイツ（2003年）の7.1％に近づいた（10：62頁，

277

補　章

11：41頁)．高齢者の施設入所率は日本3.2%（2000年），ドイツ3.9%（2003年）である．ちなみに韓国の2000年の高齢者の施設入所率，在宅福祉サービス利用率はともに0.1%であり，まだきわめて低い（11：41頁)．


4)　複合体の功罪

次に，複合体の功罪について述べる．他のあらゆる組織と同じく，複合体にもプラス面とマイナス面の両方がある．

まず，複合体の経済学的なプラス面（効果）としては，保健・医療・福祉サービスを「垂直統合」することにより，「範囲の経済」と「取引費用」の削減が生じ，サービス提供が効率化することがあげられる．

ただし，この経済的効果は学問的にはまだ完全には証明されておらず，現実には，患者・利用者への継続的・包括的サービスの提供による，安心感の増加というマーケティング上の効果が大きいと言える．

逆に，複合体には以下の4つのマイナス面もある．

第1は「地域独占」で，患者・利用者を囲い込み，医療・福祉施設の連携を阻害することである．第2は，「福祉の医療化」による，福祉本来の発展を阻害することである．第3は，「クリーム・スキミング」（利益のもっとも上がる分野への集中）により利潤の極大化を図ることである．第4は，中央・地方政治家や行政との癒着である．

ただし，これらのマイナス面はすべての複合体に見られるわけではなく，それらとは無縁の良心的な複合体も少なくない．


5)　介護保険制度が複合体の追い風になる理由

私は，2000年介護保険制度創設は介護保険制度創設は複合体への強い追い風になったし，2005年の制度改正も複合体への第2の追い風になると判断している．

まず，**2000年の介護保険制度創設が複合体への追い風となった理由**は4つある．

2 日本の介護保険制度と病院経営

　第1は，介護保険では，在宅利用者の慢性期医療・福祉費用に要介護度別に支給限度額が設定されたことである．そのために，医療施設と福祉施設が独立してサービスを提供する場合には，限られたパイの奪い合いが生じ，それの調整のためのコスト（「取り引きコスト」）が発生するが，医療・福祉サービスを一体的に提供する複合体ではこれを大幅に削減できる．

　第2は，介護保険では，特別養護老人ホームの性格が一変したことである．従来の公費負担制度の下では特別養護老人ホームへの入所は市町村が決めていたが，介護保険制度では，特別養護老人ホームは契約施設となった．その結果，わが国の高齢者は医療への依存度が強いため，独立型の特別養護老人ホームよりも，医療機関母体の特別養護老人ホームの方が，利用者の安心感が高く，利用者確保の点で圧倒的に有利になった．

　第3は，複合体は，一般の社会福祉法人等に比べて，経営能力・人材がはるかに厚いことである．医療保険の出来高払い制度の下で他施設との競争や経営合理化に習熟している「複合体」は，公費負担制度に守られて経営努力をほとんど必要としなかった社会福祉法人に比べて，経営能力・人材の厚さという点ではるかに勝っている．

　第4は，要介護者の発掘・確保の点でも，複合体は圧倒的に有利なことである．なぜなら，新規の要介護者の大半は，疾病・事故が原因で要介護状態になるため，医療機関がまず把握することになる（医療機関に入院し，医学的治療が終了した時点で，潜在的「要介護者」となる）からである．介護保険では「医療の出口に福祉の入り口がある」と言える．

　次に，**2005年の介護保険法改正が複合体への第2の追い風になる理由は2**つある[3]．

　1つは，新設される新（介護）予防給付は，従来の福祉（介護）と異なり，医療的色彩が強いことである．もう1つは，新設される地域密着型の「小規模多機能サービス」では，「医療と介護の機能分担と連携」が強調されていることである．

補 章

6) 介護保険制度創設以降の複合体の新たな３つの展開形態

最後に，介護保険制度創設以降の複合体の新たな３つの展開形態について，簡単に述べる（12：80頁）.

第１は，診療所や中小病院が，訪問看護ステーションやホームヘルパー・ステーション，通所リハビリテーション施設等の在宅・通所ケア施設を併設する「ミニ複合体」化である．これは，土地の制約が大きく入所施設の開設が困難な大都市部を中心に急速に増加している.

第２は，予防分野への進出である．今までの「複合体」は大半が，福祉分野への進出であったが，「健康日本21」を受けて，予防分野に進出する「複合体」が増えている．予防サービスには，全額自費という魅力があり，しかも将来の「顧客」を確保するというメリットもあるからである.

第３は大手複合体が進めている「企業化」である．数の上で多いのは系列の子会社（いわゆる MS 法人）による事業展開であるが，手腕のある「複合体」は大企業と対等の共同事業も始めている.


おわりに
　——介護保険制度下の医療機関の２つの選択とリハビリテーション医療
　　施設・専門職の責務

最後に，介護保険制度下の医療機関の２つの選択とリハビリテーション医療施設・専門職の責務について簡単に問題提起したい.

日本では，今後，一部の専門病院・診療所を除けば，医療機関が孤立して存在することは困難になる．その結果，医療機関は２つの選択に直面する．それらは，複合体化と他の医療・福祉施設とのネットワーク形成の選択である.

ただし，両者は対立物ではなく，「真理は中間にある」と言える．現実にも，１つの大規模複合体による地域独占も，単独機能の施設間の純粋なネットワークも例外的であり，大半の地域では複合体とネットワークが競争的に共存している.

特に，「医療と福祉の接点」というリハビリテーション医療の特性・位置を考慮すると，リハビリテーション医療機関は，一般の医療機関以上にネットワーク形成や複合体化を進める必要がある．先述したように，リハビリテーション病院の複合体化は現実に相当進んでいる．

合わせてリハビリテーション専門職種には，リハビリテーション医療の適応と禁忌の明確化，「根拠に基づいた」リハビリテーションの確立が求められている．特に，従来一部の医療機関で見られていた，慢性期リハビリテーションの漫然とした実施の見直しは不可欠である，と私は判断している．

以上は，日本の医療機関，リハビリテーション医療施設・専門職についてのものだが，介護保険制度の創設を控えた韓国の医療・リハビリテーション関係も，今後同じような選択や責務を果たさなければならなくなる可能性があるかも知れない．本論がそのための参考になれば幸いである．

**文　献**

1）二木立・上田敏『脳卒中の早期リハビリテーション』医学書院，1987（同第2版，1992）．

2）二木立『介護保険と医療保険改革』勁草書房，2000．

3）二木立「後期小泉政権の医療改革」『社会保険旬報』No.2223: 6-16, 2004.

4）二木立「新予防給付の科学的な効果は証明されているか？」『文化連情報』No.328: 34-36, 2005.

5）二木立「新予防給付の科学的な効果は証明されているか？（その2）」『文化連情報』No.329: 23-27, 2005.

6）Evans RG: Strained Mercy. Butterworths, 1984, pp.120-121.

7）帝国データバンク情報部「医療機関の倒産動向調査」2005．

8）二木立『保健・医療・福祉複合体――全国調査と将来予測』医学書院，1998．

9）二木立『21世紀初頭の医療と介護――幻想の抜本改革を超えて』勁草書房，2001．

10) OECD: Caring for Frail Elderly People, 1996.

11) OECD: Long-term Care for Older People, 2004.

12）二木立『医療改革と病院――幻想の「抜本改革」から着実な部分改革へ』勁草書房，2004．

初出一覧

本論文の各章・節の初出の掲載書・誌は，次の通りである．各章・節とも，元論文の誤植の訂正と表記法の統一を行ったが，「歴史の証言」としてそれ以外の加筆・訂正は行わなかった．用語の表記も原則として元論文のままとした（例：看護婦，厚生省，痴呆）．各章の冒頭に［　］で要旨を加えた．

序　章　書き下ろし．
第1章　介護保険論争の原点
　　　　…里見賢治・二木立・伊東敬文『公的介護保険に異議あり』ミネルヴァ書房，99-154，1996. 3. 10（原題は「公的介護保険の問題点」）
第2章　介護保険法成立前の論争と中間総括
　第1節　老健審「第2次報告」のもう1つの読み方…『社会保険旬報』No.1903: 6-14, 1996, 3. 1.
　第2節　老健審「最終報告」の3つの新しさ…『社会保険旬報』No.1910: 6-13, 1996. 5. 11.
　第3節　介護保険論争の中間総括…『社会保険旬報』No.1917: 16-20, 1996. 7. 21（二木立『介護保険と医療保険改革』勁草書房，2000, 4. 20に再録）．
　第4節　公的介護保険法が成立しても老後の不安が決して解消されない理由…『日本の論点'97』文藝春秋，480-483，1996. 11. 10（『介護保険と医療保険改革』に再録）．
第3章　介護保険開始直前の評価・予測と保健・医療・福祉複合体
　　　　…すべて，二木立『介護保険と医療保険改革』勁草書房，2000. 4. 20に再録．第1・2節は同書収録時に複数の論文を統合．
　第1節　介護保険の全体的評価と将来予測…『経済』No.42: 43-56, 1999. 3. 1, 『月刊新医療』No.290: 123-125, 1999. 2. 1,『日本病院会雑誌』46(10): 1503-1507, 1999. 10. 1を統合．
　第2節　保健・医療・福祉複合体の功罪…『病院』58(6): 538-542, 1999. 6. 1, 『Gerontology』11(4): 323-328, 1999. 10. 1を統合．
　第3節　居宅介護支援事業者の「公正中立」と利用者囲い込みを考える…『月刊ケアマネジメント』11(2): 10-12, 2000. 1. 25.
　第4節　介護保険下の訪問看護ステーション…『訪問看護と介護』5(2): 76-82, 2000. 2. 15.

初出一覧

## 第4章 介護保険制度開始直後の現実の検証
…第5節を除き，二木立『21世紀初頭の医療と介護』勁草書房，2001.
11. 20に再録．第3節は同書収録時に加筆．

第1節 介護保険施行半年間の現実と改革課題
…『社会保険旬報』No.2078: 16-22, 2000. 11. 1.

第2節 介護保険開始後1年の点検…『老年社会科学』22(3): 319-324, 2001. 12.
20. (原題は21世紀の高齢者「ケア」を問う――介護保険制度の点検：医療経
済学と医療政策研究の視点から)

第3節 訪問介護の主役は長期的には介護福祉士…『介護保険情報』1(6): 9-11,
2000. 9. 1に加筆．

第4節 京都府の介護保険指定事業者の実態調査
…『病院』60(11, 12): 969-974, 1053-1057, 2001. 11. 1, 12. 1.

第5節 医療・福祉の連携か複合か
…『Gerontology』14(3): 48-52, 2002. 6. 10.

## 第5章 2005年介護保険制度改革と新予防給付
第1節 2005年介護保険改革の方向…『社会保険旬報』No.2223: 10-11, 2004. 10.
21 (論文「後期小泉政権の医療改革の展望――介護保険・診療報酬改定も含め
て」の一部).

第2節 新予防給付の行方…『社会福祉研究』No.95: 20-28, 2006. 4. 1.

## 補章1 わが国の高齢者ケア費用――神話と真実
…『月刊／保険診療』56(6): 61-67, 2001. 6. 10.

## 補章2 日本の介護保険制度と病院経営
…『日本福祉大学COE推進委員会ニューズレター』Vol.6: 86-94, 2006.
1. 17 (『大韓リハビリテーション医学誌』掲載予定).

**関連著書・論文一覧**

本論文に収録しなかった介護（保険・保障）関連の著書・論文は以下の通りである．

**著　書**（すべて単著，出版年順．いずれも，一部の章で介護について論じている）
・『「世界一」の医療費抑制政策を見直す時期』勁草書房，1994. 11. 25.
・『日本の医療費――国際比較の視角から』医学書院，1995. 11. 15.
・『保健・医療・福祉複合体――全国調査と将来予測』医学書院，1998. 11. 15.
・『21世紀初頭の医療と介護』勁草書房，2001. 11. 20.
・『医療改革と病院――幻想の「抜本改革」から着実な部分改革へ』勁草書房，
　2004. 4. 20.

**論　文**（すべて単著，発表順．インタビュー，学会報告，講演録，対談・座談会等は除く）
**1995年発表**
・「公的介護保険一辺倒の議論に異議あり（上・下）」『社会保険旬報』No.1867: 6-11,
　1868: 9-12, 1995. 3. 11, 3. 21.
・「公的介護保険の3つの論点――老健審『中間報告』に欠けているもの（上・下）」
　『社会保険旬報』No.1887: 15-19, 1888: 22-25, 1995. 9. 21, 10. 1.
・「公的介護保険をめぐる諸問題」『公衆衛生』59(10): 680-683, 1995. 10. 15.
**1996年発表**
・「公的介護保険――問題点と改善のための提案」『メディカル朝日』25(1): 31-38,
　1996. 1. 1.
・「公的介護保険――問題点・予測・そして改善提案（上・下）」『月刊／保険診療』
　51(1): 19-27, 51(2): 19-25, 1996. 1. 10, 2. 10.
・「老人介護保険制度に反対する7つの理由」『日本歯科医師会雑誌』49(2): 25-31,
　1996. 5. 10.
・「（公的介護保険）"無保険者"生む危険」「中日新聞」1996. 4. 23 朝刊．
・「公的介護保険が利用者と看護に与える影響」『看護学雑誌』60(7): 634-639, 1996.
　7. 1.
・「公的介護保険と看護」『看護管理』6(9): 600-605, 1996. 9. 10.
・「問題多い介護保険法案――複雑・限定的で利用制限招く」「朝日新聞（名古屋版）」
　「フォーラム東海」1996. 9. 21 夕刊．
・「厚生省の介護保険法案では老後に不安がいっぱい――その3つの理由」『新生

関連著書・論文一覧

(群馬県新生会報)』第19巻秋号：3, 1996. 10. 20.

**1998年**

・「評価システムの在り方——医療経済学の立場から」『リハビリテーション医学』
35(8): 535-537, 1998. 8. 18.

**1999年**

・「介護保険と『複合体』」「毎日新聞」1999. 1. 25 朝刊.

**2000年**

・「介護保険・医療保険改革とリハビリテーション医療（病院）の将来像」『総合リハ
ビリテーション』28(1): 29-33, 2000. 1. 10.

・「介護保険の全体的評価と将来予測——歯科医療との関わりにも触れながら」『大
阪府歯科医師会雑誌』No.597: 2-13, 2000. 3. 25.

・「介護保険の全体的評価と将来予測」『日本老年医学会雑誌』37(7): 519-522, 2000.
7. 25.

・「介護保険施行後の現実と改革課題」『月刊／保険診療』55(10): 22-26, 2000. 10.
10.

**2001年**

・「保健・医療・福祉複合体と診療所の役割——21世紀初頭の医療・介護を展望しつ
つ」『月刊総合ケア』11(1): 53-63, 2001. 1. 15.

・「介護保険 1 年——人気のない在宅介護サービス」『エコノミスト』2001年 5 月15
日号：56-57.

・「リハビリテーション医療の経済的基盤——その将来像」『リハビリテーション医
学』38(7): 549-551, 2001. 7. 18.

・「在宅ケア先進診療所の実態調査——ミニ複合体を中心として」『月刊総合ケア』
11(10): 52-57, 2001. 10. 15.

・「介護保険制度の現状と将来」『臨床透析』17(13): 1667-1672, 2001. 12. 10.

**2002年**

・「21世紀初頭の医療制度改革・介護保険とリハビリテーション」『理学療法学』29
(8): 284-286, 2002. 12. 25.

**2004年**

・「特別養護老人ホームの施設内死亡とグループホームでのターミナルケアについ
ての最新調査」『文化連情報』No.320: 38-39, 2005. 11. 1.

**2005年**

・「新予防給付の科学的な効果は証明されているか？」『文化連情報』No.328:　34-

関連著書・論文一覧

36, 2005. 7. 1.

・「新予防給付の科学的な効果は証明されているか？(その2)」『文化連情報』No.
329: 23-27, 2005. 8. 1.

・「新予防給付は開始前から『死に体』」『文化連情報』No.331: 32-33, 2005. 10. 1.

**2006年**

・「高齢者の医療・介護保険制度を考える――医療経済・政策学の視点から」『日本
老年医学会誌』43(2): 190-192, 2006. 3. 25.

・「介護療養病床廃止は厚労省の思惑通りには進まない」『文化連情報』No.336: 28,
2006. 3. 1.

・「療養病床の再編・削減――手続き民主主義と医療効率の視点から」『文化連情報』
No.343: 28-35, 2006. 10. 1.

287

図表一覧

序　章
表　　　介護保険制度創設・改正の動きと本書収録論文等の対応

第 1 章
表1-1　全国調査にみる「寝たきり老人」の寝たきり期間分布等の推移
表1-2　公的ホームケアサービスを受けている65歳以上老人の割合
図1-1　65歳以上人口の10万人当たりホームヘルパー数
表1-3　70歳以上の6か月以上入院患者の医療費の推移
図1-2　入院期間別年齢構成（精神障害者を除いた場合と除かない場合）
表1-4　国民医療費と老人福祉費の対前年度伸び率の比較

第 2 章第 1 節
表2-1　公的介護保険を少しでもマシな制度にするための 5 つの改善提案
表2-2　2000年度の高齢者介護費用の財源別割合の推計
表2-3　高齢者介護の基盤整備量の将来推計

第 2 章第 2 節
表2-4　公的介護保険に反対する 7 つの理由
表2-5　介護保険の在宅サービスのモデル案の費用推計

第 3 章第 2 節
表3-1　老人ケア施設種類別の私的医療機関母体施設
表3-2　私的病院・老人保健施設・特別養護老人ホームの「3 点セット」開設グループ
表3-3　病院を開設している医療法人の「複合体」化の進展度

第 4 章第 1 節
表4-1　以前からサービスを受けていた人の介護保険開始後のサービス利用の変化
表4-2　要介護度別の支給限度額に対する平均利用割合
表4-3　京都府の介護保険指定事業者の法人種別
表4-4　京都府の介護保険指定事業者の設立母体

第 4 章第 2 節
表4-5　京都府の介護保険指定事業者「母体」別の介護給付費割合

第 4 章第 4 節
表4-6　京都府のサービス種類別介護保険指定事業者数

289

図表一覧

表4-7 法人種別介護保険指定事業者数
表4-8 社会福祉法人等の指定事業者のうち私的医療機関母体事業者数
表4-9 母体種類別の介護保険指定事業者数
表4-10 サービス種類別母体事業者の割合
表4-11 母体種類別の事業者延べ数・事業者実数・法人数・グループ数
表4-12 母体種類別の1グループ当たり事業者数とサービス種類
表4-13 営利法人の法人形態と事業者数
表4-14 京都府の私的病院チェーン
表4-15 指定事業者である私的病院グループの病院数・病床規模別の「複合体」割合
表4-16 私的診療所母体グループの内訳
表4-17 私的病院・診療所総数のうちの介護保険指定事業者
表4-18 介護保険指定事業者の母体の地域差
表4-19 京都府と全国のサービス種類別介護給付費割合
表4-20 介護保険指定事業者母体種別の介護給付費割合の推計

第4章第5節
図4-1 戦略的提携の連続体
表4-21 「在宅ケアを支える診療所全国ネットワーク」加盟診療所の「複合パターン」
表4-22 京都府の母体種類別の全介護保険指定事業者延べ数とグループ数

補章1
図6-1 人口高齢化による一般診療医療費増加率の推移
表6-1 2000年度老人・若人別1人当たり国民医療費の粗い推計
図6-2 都道府県別デイサービスと1人当たり老人診療費との相関
表6-2 広島県御調町と同県内類似2町の保健医療福祉(費)の比較

290

# あ　と　が　き

本書は，2006年9月に日本福祉大学大学院社会福祉学研究科に提出した学位（社会福祉学）請求論文である．私が「60（59歳）の手習い」で，博士論文をまとめた理由は以下の通りである．

日本福祉大学の研究プロジェクト「福祉社会開発の政策科学形成へのアジア拠点」は，全国の福祉系大学で唯一，文部科学省の21世紀COEプログラムに選ばれ，私が拠点リーダーを務めている．それの「中間評価」では，「特定分野に特化した大学としては1つの方向性を示している」と大枠で肯定的評価を受ける一方，「事業担当者の教員のうちに博士の学位を取得していない者がいるが，彼らがまずその取得を心がけるべき」等の率直な指摘や助言を受けた．日本福祉大学ではこれを真摯に受け止め，事業担当者の教員を含めてできるだけ多くの教員が本プログラム最終年（2007年度）までに博士号取得をめざすことを確認した．私自身は1983年に医学博士号（東京大学）を取得しているが，拠点リーダーとして率先垂範して，四半世紀ぶりにもう1つの学位取得に挑戦することにした．

このように博士論文はいわば義務的にまとめ始め，当初，本格的な出版は考えていなかった．しかし，1995〜2006年の12年間に執筆した介護保険論争・研究の主要論文を読み直し，それの「解題」（序章）をまとめる過程で，はしがきに書いたように，本書は厚生労働省による介護保険の公式の解説や通史には欠落している重要な事実や視点を多数含んだ「もう1つの介護保険史」になっており，介護保険研究および社会福祉研究に寄与しうると感じ，急きょ出版することにした．出版事情が厳しいにもかかわらずお引き受けいただき，ていねいな作業をしていただいた勁草書房と同編集部橋本晶子さんに感謝する．

あとがき

　最後に，本書を，本年1月20日に54歳の若さで亡くなられた故滝上宗次郎さん（エコノミスト，有料老人ホーム「グリーン東京」社長）に捧げたい。滝上さんは介護保険論争が始まった当初からの「戦友」であり，政府の政策形成プロセスと介護産業の実態を熟知し，しかも鋭い人権感覚を持つ彼から教えられることは非常に多かった。本書をまとめる過程で，このことを再確認していただけに，余りにも早すぎる死に，すっかり気落ちしてしまった。しかし生き残った自分たちが滝上さんの分も精進を続けなければならないと，今は少し気を取り直している。「死んだ人々は，もはや黙ってはいられぬ以上，生き残った人々は沈黙を守るべきなのか？」（『きけ　わだつみのこえ』渡辺一夫氏「旧版序文」より）。


　　　2007年1月24日

　　　　　　　　　　　　　　　　　　　　二　木　　立

# 事 項 索 引

## あ 行

IDS（統合医療供給システム）………225
上尾中央医科グループ………………136
旭中央病院……………………………140
「新しい介護予防サービスの効果について」
………………………………………239
新しいコロニー………………………52
新しい「自立」概念…………………82
アメニティ……………………………55
アメリカンファミリー生命保険………92
「新たな高齢者介護システムの構築を目指
して」………………………………2,19
イギリス並みのサービス……………135
「5つの改善提案」………3,15,58,69,74
──の補足提案………………………5
偽りの情報提供………………………40
医療改革についての私のスタンス……267
医療機関の2つの選択………………280
医療・高齢者ケアの日韓比較研究……269
医療施設と福祉施設との競争…………134
医療施設の自己改革…………………182
医療施設の選択肢……………………182
『医療制度改革の課題と視点』………255
医療と介護の関係の強化……………235
医療と福祉の接点……………………281
医療の出口に福祉の入り口…………150
医療費の枠が広がる…………………49
医療・福祉・産業複合体……………150
医療・福祉・年金改革の共通戦略………14

医療・福祉の連携か複合か……………225
医療法人業務の規制緩和………………57
医療法人の「複合体」化……………144
医療法第3次改正………………………57
医療保険改革の「実験」……………130
医療保険審議会「建議書」……………33
医療保険審議会「第2次報告」………111
医療保険制度の立て直し策……………98
医療保険制度抜本改革案（1997年）……129
医療保険の介護版…………110,116,126
「打ち出の小槌論」…………………2,44
運動器の機能向上……………………243
──の経済効果………………………243
永遠の安定成長産業………………234,273
栄養改善………………………………242
営利企業の医療・福祉分野への参入
…………………………………57,136
営利企業の参入………………………92
営利のみを目的とするのではない組織
………………………………………274
営利法人………………………………204
──の給付費シェア…………………224
──の法人形態………………………213
NPO法人…………………………206,222
応益負担原則…………………………73
大手介護事業者の挫折………………191
大部屋の差額徴収……………………56
「お世話料」……………………………57

293

事項索引

## か　行

外圧‥‥‥‥‥‥‥‥‥‥‥‥‥‥‥‥91
介護期間の長期化‥‥‥‥‥‥‥‥‥‥22
「介護給付費実態調査」‥‥‥‥‥‥239
介護給付費増加の主因‥‥‥‥‥‥‥238
「介護給付費の見通し」‥‥‥238,244,249
介護サービス価格の自由化‥‥‥‥‥93
介護サービス提供組織の実態調査‥‥‥12
介護サービス提供組織の将来予測‥‥‥14
介護サービスの利用法‥‥‥‥‥‥‥98
介護サービスを受ける手順‥‥‥‥‥127
介護支援専門員の業務‥‥‥‥‥‥‥174
『介護支援専門員標準テキスト』‥‥‥174
「介護実態調査」（連合）‥‥‥‥‥‥73
介護に重点をおいた訪問看護‥‥‥‥160
介護の「階層消費」‥‥‥‥‥‥‥‥93
介護の概念‥‥‥‥‥‥‥‥‥‥‥124
介護の社会化‥‥‥‥‥‥‥‥‥‥‥19
「介護は待ったなし」‥‥‥‥‥‥‥‥84
介護ビジネスの過大評価‥‥‥‥‥‥175
介護ビジネスの大苦戦‥‥‥‥‥‥‥174
介護費用の財源が急増‥‥‥‥‥‥‥44
介護費用の社会化‥‥‥‥‥‥‥‥‥26
「介護費用の将来推計」‥‥‥‥‥‥‥78
介護費用の保障‥‥‥‥‥‥‥‥‥‥27
介護福祉士の教育‥‥‥‥‥‥‥‥‥195
介護扶助‥‥‥‥‥‥‥‥‥‥‥‥‥59
介護報酬の格差‥‥‥‥‥‥‥‥‥‥197
介護報酬の「値引き」‥‥‥‥‥‥‥128
介護保険「打ち出の小槌」論‥‥‥‥‥44
介護保険開始直後の検証‥‥‥‥‥‥169
介護保険が医療に与える影響‥‥‥‥56
介護保険が医療・福祉施設に与える影響
　‥‥‥‥‥‥‥‥‥‥‥‥‥‥‥133

介護保険「過渡的産物論」‥‥‥‥‥103
介護保険給付費の抑制策‥‥‥‥‥‥273
介護保険事業者の介護給付費シェア‥192
介護保険事業者の経営が成りたつ条件
　‥‥‥‥‥‥‥‥‥‥‥‥‥‥‥198
介護保険事業者の主役‥‥‥‥‥‥‥193
介護保険市場8兆円説‥‥‥‥‥175,191
介護保険施設利用者の制限‥‥‥‥‥191
「介護保険指定事業者指定状況」‥‥‥201
介護保険指定事業者の実態調査‥‥‥200
介護保険指定事業者の地域差‥‥‥‥218
介護保険指定事業者の母体‥‥‥‥‥207
介護保険制度改革の方向‥‥‥‥‥‥233
介護保険制度開始直後の検証‥‥‥‥‥7
介護保険制度試案‥‥‥‥‥‥‥‥‥107
介護保険制度創設の目的‥‥‥‥‥‥271
介護保険制度に対する7つの反対理由‥69
介護保険制度の基盤整備‥‥‥‥‥‥277
介護保険制度の根本的矛盾‥‥‥‥‥108
介護保険制度の財政破綻‥‥‥‥‥‥101
介護保険制度の全体的評価‥‥‥‥‥‥6
「介護保険制度の見直しに関する意見」
　‥‥‥‥‥‥‥‥‥‥‥‥‥‥‥235
介護保険「制度」は短命‥‥‥‥‥‥128
介護保険と医療保険との違い‥‥‥‥110
介護保険「特別対策」‥‥‥‥‥‥‥138
介護保険と支援費制度との統合‥‥‥237
介護保険に対する基本的立場‥‥‥‥122
介護保険による老人医療費抑制効果‥109
介護保険の位置づけの転換‥‥‥‥‥96
介護保険の「打ち出の小槌論」‥‥‥‥2
介護保険の改革課題‥‥‥‥‥8,178,194
「介護保険の経済分析」‥‥‥‥‥‥‥78
介護保険のサービス給付の範囲と水準
　‥‥‥‥‥‥‥‥‥‥‥‥‥‥‥117

事項索引

介護保険の3原則 ……………………130
介護保険の実態 ………………………123
介護保険の勝者 …………………134,222
介護保険の将来予測………………6,50,128
　──の誤り……………………………13
介護保険の全体的評価 ………………123
介護保険の抜本的改革課題 …………184
介護保険の批判派 ………………………1
介護保険の普遍性原則 ………………109
介護保険の3つの不公正 ………………2
介護保険は地域での連携を阻害 ………229
介護保険は「複合体」への追い風 ……148
介護保険「バブル」………………………133
介護保険法案の改善点 ………………106
介護保険法案の国会提出見送り ………113
介護保険法改正の特徴 ………………272
介護保険法原案 ………………………109
介護保険法第1条 …108,123,173,198,270
介護保険法の本質 ……………………270
介護保険論争の原点…………………2,19
介護保険論争の中間総括 …………5,105
介護保険「ワンステップ」論 …13,45,103
介護保険をめぐる情報操作……………2,37
介護予防効果の文献集 ………………239
「介護予防市町村モデル事業中間報告」
　………………………………………245
介護予防のエビデンス………10,239,244
介護予防の経済効果 …………………240
介護予防の健康改善効果 ……………239
介護予防の推進 ………………………273
「介護予防の有効性に関する文献概要」
　………………………………………241
介護力強化型老人病棟……………………75
介護を主とした訪問看護………………197
階層消費………………………93,162,173

家屋環境の評価 ………………………247
隠れ病院チェーン ……………………204
囲い込み ……………………7,146,153
家事援助サービス………………60-61,85
家族介護依存政策の破綻………………21
家族による長期介護……………………22
加齢条項 ………………………………130
看護協会立ステーション ……………165
韓国の病院制度 ………………………273
『患者調査』……………………………263
官僚独走…………………………………84
緩和ケア病棟……………………………48
厳しい注文派…………………………4,68
義務としての健康………………………10
「客観的」将来予測 ……………………14
給付管理業務…………………………173
給付費総額に上限 ……………………148
給付費の伸び率の抑制 ………………234
競争的共存 ……………………………231
競争の「勝者」…………………………134
京都府の介護保険指定事業者の実態調査
　…………………………………8,200
京都府の特徴 …………………………202
京都民医連グループ …………212,217
局あって省なし…………………………37
居宅介護サービス計画費 ……………174
居宅介護支援事業者の運営基準 ………156
居宅介護支援事業者の「公正中立」……153
居宅介護支援事業の併設 ……………165
「居宅ねたきり老人実態調査」…………22
禁煙プログラムの医療費節減効果 ……249
クリーム・スキミング ………………146
ケアプラン作成費 ……………………174
ケアプランの作成………………………99
ケアマネージャー等の人件費 ………100

295

事項索引

ケアミックス病院 ……………………135
経営多角化 ……………………………152
経済企画庁「介護保険の経済分析」……78
「軽度者の重度化要因調査研究報告書」
　………………………………………251
軽度者への介護サービス ……………238
現金給付 …………………………132,181
「健康日本21」 ………………………183
減免制度の法定化 ……………………194
高額医療・高額介護合算制度…………15
高機能訪問看護ステーション ………164
広義の病院チェーン …………………204
口腔機能向上 …………………………241
公私混合制度 ……………………111,118
公私2階建て化 ………………………125
公私2階建て制度 ………54,90,111,118
厚生省が「囲い込み」を奨励 ………155
厚生省の医療・福祉・年金改革の共通戦略
　…………………………………………54
厚生省の「応援団」……………………43
厚生省の「自主財源」…………………51
厚生省の従来の政策・路線の破綻………21
厚生省の2大不祥事 ……………………5
『厚生白書』…………21,23,33,189,257
厚生労働省調査の制約 ………………200
公的介護保険 → 介護保険を見よ
「公的介護保険と民間活力の活用」………92
『公的介護保険に異議あり』………………2
「公的介護保険」は通称 ………………2
公的介護保険は富士山…………………88
公的介護保障システム…………………58
公的ホームケアサービス………………32
公費負担の主な財源 …………………185
公費負担方式への転換 ………………184
高福祉低負担……………………………83

公立「複合体」…………………………140
公立みつぎ総合病院 …………………140
高齢者以外の障害者の排除 …………34,78
高齢者医療・介護保険 ………………128
――制度試案 …………………………129
高齢者介護研究会報告書 ……………236
高齢者介護・自立支援システム研究会
　…………………………2,19,72,236
「高齢者介護に関する調査」……………82
「高齢者介護についての基本的考え方」…59
高齢者介護の基盤整備量の将来推計……80
高齢者介護費用 ………………………101
――の過小推計 ………………………101
――の財源割合…………………………77
――の推計 …………………………39,79
「高齢社会対策大綱」……………111,118
高齢者ケア施設…………………………55
――の一元化 …………………………49,62
――の一元化の3条件…………………62
高齢者ケア費用に関する神話………11,256
高齢者自身の自立・自助………………81
「高齢者トータルプラン研究会報告」…55
「高齢者に対する漸増抵抗筋力増強訓練の
　体系的文献レビュー」………………246
高齢者の自立支援………………………81
高齢者の尊厳 ……………………………9
高齢者の転倒予防 ……………………247
高齢者保健福祉推進10か年戦略
　………………………………46,51,277
高齢障害者………………………………35
ゴールドプラン ………………………277
『国保直診と新しい介護システムに関する
　研究報告書』…………………………265
国民医療費の伸び率……………………46
「国民生活基礎調査」………………29,70

296

事項索引

国民的議論 ……………………67,84,105
国民年金の空洞化…………………………28
国民年金の月額平均…………………………29
コクラン・レビュー ……………………247
コストシフティング ……………………271
コストシフト ………………50,75,109
コムスン ………………174,192,213
コロニー ……………………………………152
コングロマリット的多角化 ……………152
「混合負担」制度 ……………………………45

### さ 行

サービス受給権のない負担者……………76
サービス種類別の介護給付費割合 ……219
サービス種類別の母体事業者 …………209
サービスの普遍性………………………20
—— 原則 ………………52,94,162
サービスモデル …………………86,94
—— の費用推計………………………95
サービス利用の抑制 ……………8,170
最悪の社会保険制度………………………69
財源調達方式の転換………………………25
彩光会 ……………………………………136
在宅ケアと施設ケアの関係 ……………135
在宅ケアにおける家族の役割……………20
在宅ケアの拡充 …………………………263
在宅ケアを支える診療所全国ネットワーク
………………………………228
在宅サービス利用は低調 ………………188
在宅総合ケア施設 ………………………166
在宅福祉サービス利用率 ………………277
最低生活費非課税の原則 ………………178
サテライト施設 …………………………150
「3点セット」開設グループ………6,142
—— の2類型 ………………………143

三党連立政権政治・政策課題文書 ……129
COE プログラム ………………………269
資格証明書……………………………………28
支給限額に対する平均利用割合 ………172
事業主負担の法定化………………71,106
自己負担上限額の「プール制」……3,15,60
施設介護サービスの1件当たり費用 …188
施設開設「複合体」………………………215
施設需要の急増 …………………………188
—— の理由 ………………………………190
施設の複合化 ……………………………150
『市町村における医療費医の背景要因に関
する報告書』………………………264
室料差額収入割合…………………………49
私的医療機関母体の事業者 ……………208
—— のシェア ……………………………220
私的介護保険育成政策の破綻…………21
指名料 ……………………………………128
社会的入院 ………………………………262
—— 医療費………………………………40
—— 医療費の推計 ……………………262
—— の解消 ………………………………187
—— の精神障害患者 …………………263
—— の是正…………………………36,271
—— の認知………………………………75
「社会福祉基礎構造改革について（中間ま
とめ）」………………………………150
社会福祉研究への寄与……………………13
社会福祉士・介護福祉士法 ……………124
社会保険原則の自己否定…………78,108
社会保険方式一辺倒の議論……………26
社会保険方式に固執する理由……………50
社会保険方式の利点………………………27
社会保険方式美化の根拠 ………………112
社会保障関係審議会会長会議 …………124

297

事項索引

社会保障構造改革具体化の第一歩
　　……………………………124,130
「社会保障構造改革の方向」……………124
社会保障2階建て論………………………91
若年障害者の排除 …………………76,78
重介護を要する老人の収容施設…………62
住宅ケアと施設ケアの経済分析…………81
周辺サービス………………………………55
終末期医療の在り方の見直し …………260
『終末期におけるケアに係る制度及び政策
　に関する研究報告書』…………………262
終末期の定義 ……………………………262
従来の福祉研究の弱点……………………14
受益者負担原則……………………………73
受益の権利の対応関係……………………76
障害者排除に固執する理由………………36
『障害者白書』………………………………35
「障害者保健福祉施策推進本部中間報告」
　………………………………………………35
小規模・多機能型サービス ………234,273
条件付き反対派 …………………………4
情報戦略………………………………43,114
情報操作 ………………………………37,83
情報提供の不十分さ………………………37
ショーウィンドウ・サービス……………47
所得段階別の定額保険料 ………………106
自立概念……………………………………82
自立支援 …………………………………236
人口高齢化による医療費急増 …………256
人口高齢化による医療費増加の測定法
　………………………………………………256
新ゴールドプラン……………………84,107
身体障害者手帳……………………………35
人頭税………………………………………70
新予防給付 ………………………………234

――導入の政策的意図 …………………250
――のエビデンス………………………10
――の行方 ………………………………237
診療所チェーン …………………………217
垂直統合 …………………………………145
スーパーゴールドプラン ………………107
ステーション管理者の「意識革命」……166
「すでに起こった未来」……………57,140
スペクトラム（連続体）…………………226
諏訪中央病院 ……………………………226
生活障害 …………………………………180
生活保護の「適正化」……………………179
政策形成のプロセス………………………12
政策研究と実態調査研究の統合…………12
政策優先度…………………………………46
政治家・行政との癒着 …………………146
精神障害者 ………………………………131
――の除外・抹消………………………41
拙速主義……………………………………82
絶対的抑制 ………………………………171
絶対反対派 ………………………………68
全国老人福祉施設協議会 ………………164
全社協調査（1968年）………………22-23
全身性障害者介護人派遣事業……………33
漸増抵抗筋力増強訓練 …………………246
早期リハビリテーション ………………249
「総合的」ステーション…………………160
相対的抑制 ………………………………171
総理府「高齢者介護に関する調査」……82
措置制度の解体 …………………………124
措置制度の欠点……………………………27
措置制度の廃止……………………………51
措置制度の複眼的検討……………………30
措置制度の復活 …………………………234
措置に代わる名称変更……………………31

298

事項索引

尊厳を支えるケア ……………………236

### た 行

大韓リハビリテーション医学会…………11
対日通商交渉……………………………91
第2の国保 ………………………………113
「高かろう良かろう」式サービス ………54
多角化 ……………………………………152
武田病院グループ ………………………212
縦割行政…………………………………37
短期保険…………………………………96
　――証…………………………………28
地域医療計画 ……………………274,276
地域ケアの実証研究 ……………………109
地域独占 …………………………………146
地域保健研究会 …………………………251
知的発達障害者 …………………………131
中医協医療経済実態調査…………………49
中央社会福祉審議会 ……………………150
中核的サービス…………………………55
長期保険…………………………………96
付き添い看護制度の廃止…………………50
低額保険料逆累進性……………………59
定額保険料のジレンマ…………………71
定額保険料は逆進的負担………………70
低所得者層に対する軽減措置……………74
低所得者への配慮 ………………………118
転倒予防 …………………………………247
デンマークの高齢者福祉費用 …………103
デンマークの「老人ケアの3原則」……33
ドイツの介護保険………31,70,71,112,270
同居家族に対する訪問介護の提供 ……132
統合医療供給システム（IDS）…………225
特定疾病 …………………………………131
特定非営利活動法人 ……………………206

特別徴収…………………………………97
特別養護老人ホーム入所希望の激増 …190
特別養護老人ホーム入所の待機者数 …272
「特別養護老人ホーム入退所計画実践試行
　的事業」…………………………………164
特別養護老人ホームの性格が一変 ……148
特別養護老人ホームの費用………………188
独立型訪問看護ステーションの地盤沈下
　…………………………………………160
取引費用 …………………………145,148,230

### な 行

2階建て制度………3,14,48,52,54,90,125
　――下の在宅ケア………………………55
「21世紀福祉ビジョン」………………25,49
24時間対応の在宅ケア……………………47
24時間対応を基本とした在宅サービス…60
「2015年の高齢者介護（高齢者介護研究会
　報告書）」………………………………236
2段階制度 ……………………………111,118
ニチイ学館 ……………………174,192,214
日米経済摩擦対策………………………91
日経連社会保障特別委員会………………59
ニッセイ基礎研究所 …………………175,192
日本医師会………………………………92
　――総合研究機構………………………238
日本看護協会 …………………………161,197
日本と韓国の病院制度の比較 …………273
日本の介護保険制度……………………270
日本福祉大学21世紀COEプログラム
　…………………………………………269
寝たきり高齢者数等の将来推計…………37
寝たきり老人は高齢障害者………………35
寝たきり老人比率 ………………………266
「ネットワーク」形成……………………150,182

299

事項索引

年金からの特別徴収⋯⋯⋯⋯⋯⋯⋯97
年金未加入者⋯⋯⋯⋯⋯⋯⋯⋯⋯28
脳性マヒの正常化 ⋯⋯⋯⋯⋯⋯248
脳卒中患者の体力増強訓練 ⋯⋯⋯247
脳卒中の早期リハビリテーション
⋯⋯⋯⋯⋯⋯⋯⋯⋯⋯249,269

**は　行**

排除原理⋯⋯⋯⋯⋯⋯⋯⋯76,184
ハイテク在宅ケア ⋯⋯⋯⋯⋯164
パイの奪い合い ⋯⋯⋯⋯148,230
「箱物」レベルの調査⋯⋯⋯⋯⋯223
パパ・ママ・ストア ⋯⋯⋯⋯⋯199
パワーリハビリによる医療費削減効果
⋯⋯⋯⋯⋯⋯⋯⋯⋯⋯⋯244
範囲の経済 ⋯⋯⋯⋯⋯⋯⋯145
反省なき政策転換⋯⋯⋯⋯⋯⋯26
反対派 ⋯⋯⋯⋯⋯⋯⋯⋯⋯4
『ばんぶう』⋯⋯⋯⋯⋯⋯⋯⋯34
非営利組織⋯⋯⋯⋯⋯⋯⋯⋯137
ヒッププロテクター ⋯⋯⋯⋯247
1人当たり医療費とデイサービスの相関
⋯⋯⋯⋯⋯⋯⋯⋯⋯⋯⋯264
1人当たり医療費の老若比率 ⋯⋯258
病院給食の患者負担導入⋯⋯⋯⋯50
病院経営への営利企業参入 ⋯⋯136
病院チェーン ⋯⋯⋯⋯⋯⋯142
　　　―の分類 ⋯⋯⋯⋯⋯204
病院の IT 化 ⋯⋯⋯⋯⋯⋯274
病院の機能分化⋯⋯⋯⋯⋯⋯134
病院の倒産⋯⋯⋯⋯⋯⋯⋯274
標準的サービス⋯⋯⋯⋯⋯⋯94
広島県御調町⋯⋯⋯⋯⋯135,265
「複眼的」介護保険批判⋯⋯⋯⋯122
複合体 ⋯⋯6, 57,134,139,153,203,275

―― 育成方針 ⋯⋯⋯⋯⋯⋯183
―― 化率 ⋯⋯⋯⋯⋯144,215
―― 研究の軌跡 ⋯⋯⋯⋯⋯225
―― 出現・急増の理由 ⋯⋯⋯276
―― の新たな展開形態 ⋯⋯⋯280
―― の効果 ⋯⋯⋯6,145,278
―― の功罪 ⋯⋯⋯⋯145,278
―― の実態 ⋯⋯⋯⋯⋯275
―― の全体像 ⋯⋯⋯⋯⋯140
―― の多様化 ⋯⋯⋯⋯⋯150
―― の中核・典型 ⋯⋯⋯142
―― の展開 ⋯⋯⋯⋯⋯148
―― のマイナス面 ⋯⋯⋯6,146,278
―― への追い風 ⋯⋯⋯⋯278
―― への追い風になる理由 ⋯⋯⋯7
―― への第2の追い風 ⋯⋯9,235,279
―― への3つの批判 ⋯⋯⋯152
「福祉汚職」事件⋯⋯⋯⋯5,136,138
福祉政策の破綻⋯⋯⋯⋯⋯⋯21
福祉の医療化 ⋯⋯⋯⋯⋯146
　　　―― 政策⋯⋯⋯⋯⋯⋯24
福祉のターミナルケア ⋯⋯⋯260
福祉費・医療費抑制政策⋯⋯⋯⋯24
福祉モデル自治体⋯⋯⋯⋯⋯266
負担金の徴収⋯⋯⋯⋯⋯⋯⋯76
普遍主義の原則⋯⋯⋯⋯⋯⋯35
平均事業所数⋯⋯⋯⋯⋯⋯212
ペナルティ措置⋯⋯⋯⋯⋯⋯96
ヘルスケア・グループ⋯⋯⋯⋯225
ヘルスケア・チェーン⋯⋯⋯⋯225
ヘルパー地獄 ⋯⋯⋯⋯⋯176
保育所⋯⋯⋯⋯⋯⋯⋯⋯⋯33
　　　―― 問題検討会⋯⋯⋯⋯30
ボイタ法 ⋯⋯⋯⋯⋯⋯⋯248
訪問介護の主役は介護福祉士⋯⋯195

事項索引

訪問看護ステーション………………55,157
　——「サバイバル」の条件…………165
　——への営利企業参入……………57,136
訪問看護の営利化……………………161
訪問看護の抑制………………………159
訪問看護は介護保険の最大の「被害者」
　………………………………………158
訪問看護婦の裁量権の制約…………159
ホームヘルパー数の国際比較…………39
「ホームヘルパー派遣事業実態調査報告書」
　…………………………………………61
ホームヘルプサービス事業の有料化……54
北欧諸国の公費負担方式………………31
北欧並みの介護………………………133
保健医療サービス及び福祉サービス
　………………………………………123,270
保健・医療・福祉複合体 → 複合体を見よ
保険金・負担金の強制徴収……………97
保険原理………………………………132,181
保険の「第3分野」……………………92
保険料収納率……………………………28
保険料滞納者……………………………28
保険料の減免…………………………178
保険料・負担金未納者のペナルティ……96
保険料未納者……………………………29
保険料免除者……………………………28
ホスピス…………………………………48
母体種類別の事業者…………………210
母体別の介護給付費割合……………219

ま　行

松下電工グループ……………………205
御調町…………………………………135,265
　——の長期入院比率…………………267
3つの改善提案…………………………119

みなし指定……………………………201,205
ミニ複合体……151,153,154,204,227,275
未来はまだ決まっていない…………130
民間介護保険奨励………………………91
ムダの制度化…………………………99,174
無保険者………………………52,59,71,97
　——が発生しないような仕組み………59
　——の発生……………………………28
メイ訳…………………………………241
もう1つの介護保険史……………………1
萌気会…………………………………227

や　行

薬害エイズ裁判……………………………5
薬害エイズ事件………………………138
有意症（有意差症候群）……………245
豊かな社会……………………………125
要介護者の多数派……………………131
要介護者の発掘・確保………………149
要介護度の追跡調査…………………239
要介護認定システムの根本的欠陥……179
要介護認定システムの廃止…………179
要介護認定は「ムダの制度化」………99
『要介護老人のケア』（OECD）…………264
「横だし・上乗せ」サービス……………126
予後予測………………………………249
予測の妥当性の検証……………………14
淀川キリスト教病院……………………48
予防の強制………………………………10
4段階システム…………………3,52,126

ら　行

リハビリテーション医療施設・専門職の責
務………………………………………280
利用が伸び悩んだ要因………………189

301

事項索引

利用者の「囲い込み」……………7,146,153
利用者の権利的性格…………………33
利用者の選択………………………32
利用者の掘り起こし ……………157
利用者負担の急増…………………72
領地争い ……………………………197
療養型病床群 ………………………135
　——の要件の緩和…………………75
利用率の地域格差 …………………171
利用料・保険料の減免 ……………178
類似分野での多角化 ………………152
歴史の証言…………………………1,12
連携か複合か ………………………225
連携と「複合体」は連続 ……………226
連合「介護実態調査」………………73
連続体（スペクトラム）……………226
老後が安心になるための3条件 ……116
老人医療費の削減 …………………186
老人介護施設の削減………………79
老人介護保険法案…………………68
老人ケア施設種類別の私的医療機関母体施
　設 …………………………………141
老人長期ケア保険 …………………123

老人の社会的入院 …………………262
老人病院等の保険外負担……………73
老人福祉費の伸び率…………………46
老人負担の拡大……………………56
老人保健施設の創設 ………………277
老人保健施設の長期入所施設化 ………190
老人保健・福祉施設 ………………140
老人保健福祉審議会「最終報告」
　………………………………4,88,161
老人保健福祉審議会「最終報告（素案)」
　…………………………………………91
老人保健福祉審議会「第2次報告」
　………………………………3,67,111
老人保健福祉審議会「中間報告」
　…………………………………19,37,187
老人保健法の延命策………………25
労働集約産業………………………137
老齢年金受給者……………………71

## わ　行

若い障害者は権利意識が強い…………60
「若人」………………………………258

# 人 名 索 引

## あ 行

| | |
|---|---|
| 阿部正俊 | 91 |
| 池上直己 | 268 |
| 石井暎禧 | 261 |
| 一圓光彌 | 112 |
| 一番ヶ瀬康子 | 36 |
| 伊藤雅治 | 183 |
| 伊東敬文 | 2,39,58,100 |
| 伊原和人 | 34,61 |
| 今井澄 | 49 |
| 宇沢弘文 | 73 |
| エヴァンス | 274 |
| 大熊由紀子 | 31,51 |
| 大渕修一 | 243,252 |
| オールセン | 179 |
| 岡本悦司 | 155 |
| 岡本祐三 | 30,33,35,46,126 |
| 小川博史 | 136 |
| 尾辻秀久 | 239 |

## か 行

| | |
|---|---|
| 片岡佳和 | 262 |
| 加藤寛 | 35 |
| 香取照幸 | 113 |
| 鎌田實 | 226 |
| 神山吉輝 | 244 |
| 亀井静香 | 138 |
| 川上武 | 146 |
| 川越雅弘 | 238 |

| | |
|---|---|
| 神田裕二 | 183 |
| 菅直人 | 89,108,114 |
| キャンベル | 71 |
| 京極高宣 | 53,126 |
| 行天良雄 | 43 |
| 公文昭夫 | 28 |
| 黒岩卓夫 | 227,231 |
| 権丈善一 | 258 |
| 幸田正孝 | 21,50 |
| 小林良二 | 33 |
| 小山秀夫 | 7,158,163,250 |

## さ 行

| | |
|---|---|
| 笹川修 | 240 |
| 佐々木英忠 | 242 |
| 里見賢治 | 2,58,78,106,112,184,185 |
| 佐栁進 | 183 |
| 島崎謙治 | 52 |
| 島田裕之 | 243 |
| 白澤政和 | 7,100,135,155,156 |

## た 行

| | |
|---|---|
| 高山憲之 | 28,29 |
| 滝上宗次郎 | 25,47,86,95,98,102,109,123,173,176,186 |
| 竹内孝仁 | 244 |
| 田中甲子 | 251 |
| 辻一郎 | 240,241,243,247,251 |
| 土屋正忠 | 266 |
| 堤修三 | 250 |

人名索引

| | | | |
|---|---|---|---|
| 都留重人 | 4,174 | 堀勝洋 | 72 |

**ま 行**

| | | | |
|---|---|---|---|
| 寺田明彦 | 192 | 丸尾直美 | 28 |
| 栃本一三郎 | 13,26,45,103,132 | 水野肇 | 35 |
| ドラッカー | 57,140 | 宮武剛 | 44 |

**な 行**

| | | | |
|---|---|---|---|
| | | 向井治紀 | 34 |
| 中村秀一 | 10,28,239,249 | 村瀬敏郎 | 50 |
| 中村努 | 49 | 本沢巳代子 | 132 |
| 西三郎 | 85 | 森山美知子 | 163 |
| 西博儀 | 249 | 森喜朗 | 170 |

西村周三……86,95,98,102,107,101,102

**や 行**

| | | | |
|---|---|---|---|
| 丹羽雄哉 | 129 | | |
| 野村秀和 | 204 | 八代尚宏 | 29,71 |
| 野村文枝 | 61 | 山井和則 | 126 |

**は 行**

| | | | |
|---|---|---|---|
| | | 山崎史郎 | 45 |
| 橋本泰子 | 128,191 | 山崎泰彦 | 52,72,129,132 |
| 橋本龍太郎 | 54,55,105,91 | 山本隆 | 100 |
| 八田達夫 | 27 | 山本美智予 | 240 |
| 林和美 | 155 | 横内正利 | 261 |

**ら 行**

| | | | |
|---|---|---|---|
| 樋口恵子 | 30,229 | | |
| 広井良典 | 13,103,260 | レイサム | 246 |

**わ 行**

| | | | |
|---|---|---|---|
| 廣末利弥 | 214 | | |
| 府川哲夫 | 259,261 | ワイザート | 36 |
| 藤田伍一 | 13 | | |
| 舟谷文男 | 150 | | |

**著者略歴**
1947年生
1972年 東京医科歯科大学医学部卒業
    代々木病院リハビリテーション科科長・病棟医療部長を経て
現 在 日本福祉大学教授
主 著 『保健・医療・福祉複合体』(医学書院, 1998),『介護保険と医療保険改革』(勁草書房, 2000),『医療改革と病院』(勁草書房, 2004) 等

---

介護保険制度の総合的研究

2007年2月20日　第1版第1刷発行
2008年7月15日　第1版第3刷発行

著者　二木　立

発行者　井村寿人

発行所　株式会社　勁草書房

112-0005 東京都文京区水道2-1-1 振替 00150-2-175253
(編集) 電話 03-3815-5277／FAX 03-3814-6968
(営業) 電話 03-3814-6861／FAX 03-3814-6854
三協美術印刷・青木製本

©NIKI Ryū 2007

Printed in Japan

<㈱日本著作出版権管理システム委託出版物>
本書の無断複写は著作権法上での例外を除き禁じられています。
複写される場合は、そのつど事前に㈱日本著作出版権管理システム
(電話 03-3817-5670、FAX03-3815-8199) の許諾を得てください。

＊落丁本・乱丁本はお取替いたします。

http://www.keisoshobo.co.jp

介護保険制度の総合的研究
2022年9月20日　オンデマンド版発行

著者　二　木　　　立

発行者　井　村　寿　人

発行所　株式会社　勁<sub>けい</sub>草<sub>そう</sub>書房

112-0005 東京都文京区水道 2-1-1　振替 00150-2-175253
（編集）電話 03-3815-5277／FAX 03-3814-6968
（営業）電話 03-3814-6861／FAX 03-3814-6854
印刷・製本　（株）デジタルパブリッシングサービス

Ⓒ NIKI Ryū 2007　　　　　　　　　　　　　AL334
ISBN978-4-326-98544-9　Printed in Japan

<u>JCOPY</u> ＜出版者著作権管理機構 委託出版物＞
本書の無断複写は著作権法上での例外を除き禁じられています。
複写される場合は、そのつど事前に、出版者著作権管理機構
（電話 03-5244-5088、FAX 03-5244-5089、e-mail: info@jcopy.or.jp）
の許諾を得てください。

※落丁本・乱丁本はお取替いたします。
https://www.keisoshobo.co.jp